本书为国家自然科学基金青年项目（71904156）、国家博士后基金（面上）项目（2020M683530）、陕西省社会科学基金项目（2022D057）的阶段性研究成果。

共同富裕之路

▶ 公共支出助力跨越
城乡消费鸿沟

刘飞 著

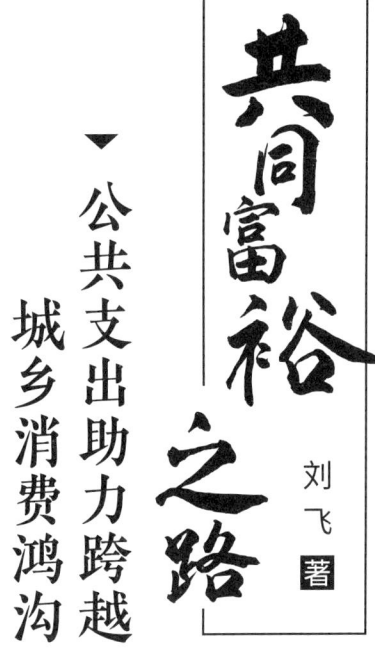

中国社会科学出版社

图书在版编目（CIP）数据

共同富裕之路：公共支出助力跨越城乡消费鸿沟／刘飞著．—北京：中国社会科学出版社，2023.10
ISBN 978-7-5227-2366-2

Ⅰ.①共…　Ⅱ.①刘…　Ⅲ.①共同富裕—研究—中国　Ⅳ.①F124.7

中国国家版本馆 CIP 数据核字（2023）第 143507 号

出 版 人	赵剑英
责任编辑	彭　丽　李　沫
特约编辑	单　钊
责任校对	刘　健
责任印制	王　超

出　　版	中国社会科学出版社
社　　址	北京鼓楼西大街甲 158 号
邮　　编	100720
网　　址	http://www.csspw.cn
发 行 部	010-84083685
门 市 部	010-84029450
经　　销	新华书店及其他书店

印　　刷	北京君升印刷有限公司
装　　订	廊坊市广阳区广增装订厂
版　　次	2023 年 10 月第 1 版
印　　次	2023 年 10 月第 1 次印刷

开　　本	710×1000　1/16
印　　张	15.5
插　　页	2
字　　数	246 千字
定　　价	78.00 元

凡购买中国社会科学出版社图书，如有质量问题请与本社营销中心联系调换
电话：010-84083683
版权所有　侵权必究

序　一

　　共同富裕是全体人民物质生活和精神生活都富裕。衡量物质生活共同富裕的维度可以有收入、财富和消费的差距等方面。消费是人的生产再生产过程，是为经济社会发展提供目的和创造条件的过程。缩小城乡消费差距应当是实现共同富裕的重要内容，刘飞博士新著《共同富裕之路：公共支出助力跨越城乡消费鸿沟》对此进行了有益的探索。

　　如何通过公共支出、公共消费来弥补个人消费在可获得性、可及性方面的短板，缩小城乡个人消费差距，从而改变社会预期，至关重要。该作从政府公共支出入手，直面城乡公共支出不均的特征事实，基于生产—消费的一般均衡模型、家庭效用函数等推演各类公共支出影响居民消费及消费差距的理论机制，得出了城乡居民消费差距源于城乡公共支出产出弹性与居民的风险厌恶系数差异，突破了以往从地方总公共支出入手，剖析城乡居民消费差距成因的局限，深化了公共支出对居民消费差距的理论机制分析。

　　现代化最终是为了人的全面自由发展。人的发展核心体现在人的各项能力上，最终体现在人的解放和自由上。基本公共服务对人的能力的形成是非常重要的。公共支出着力于缩小城乡居民能力的差距，服务于国民基本能力普遍提升。该著作在剖析不同公共支出的产出特性之后，将其分为生产性支出、民生性支出与转移性支出三类，通过构建无限期界消费模型进行理论推导，得出公共支出中民生性支出、生产性支出及转移性支出因特性与功能不同，在影响城乡居民消费差距的过程中存在差异化的机制与异质性的效应，进而在该推论下，以教育支出、基础设施投资及社会保障支出为例，构建空间计量模型与面板门限模型，分别检验了民生性、生产性及转移性支出对农村和城市居民消费支出与结构的影响效应，在此基础上，测算城乡间三种支出不均指数，估计其对城乡居民消费差距的影响效应，证明理论假说，同时对以往研究进行拓展与延伸。更为精准地刻画了公共支出的功能特性，对深入探索公共支出问题具有一定理论意义和价值。

该著以财政学、政治经济学与区域经济学的基本理论与方法为指导，沿着理论建模—实证推演—路径提出的逻辑思路，分析了城乡居民消费支出与结构差距的成因、形成机制及改善路径。试图从完善公共支出结构、平衡公共支出差异着手，不断缩小城乡居民消费鸿沟，挖掘乡村消费潜力，推进共同富裕。具体而言，该著作客观分析了多种类型公共支出影响居民消费的机理异同；基于城乡不同质消费者的消费函数和相同的生产函数，在一般均衡框架下，推导了城乡公共支出不均对居民消费差距的影响机理；在城乡协调分异下，实证检验转移性支出不均对城乡居民消费差距的影响作用，为因地制宜提出扭转政府支出结构、跨越居民消费鸿沟提供政策设计的科学依据。

刘飞博士在做博士后期间一直致力于地方政府行为研究，敏于思考，勤于钻研。作为合作导师，我相信她的这部著作能够带给阅读者有益的学术、实践启示。期待她有更多的新作问世！

故以为序！

西北大学教授　博士生导师
任宗哲
2022 年 7 月

序　二

因长期城乡经济政策差异与发展环境不同，中国城乡形成了典型的二元经济结构。虽然近年来政府面向农村的公共支出不断增加，但城乡公共支出不均状况依然严重，致使城乡存在严重不均衡发展状态。当前，要促进城乡均衡发展，应关注城乡居民消费支出与结构的差距问题，刘飞博士的这部著作从公共支出入手，探索了跨越城乡消费鸿沟的问题，旨在回答：如何找准公共支出最优区间，提高居民消费水平、挖掘农村居民消费潜力；如何调整城乡公共支出结构，缩小城乡居民消费差距、促进城乡协调与均衡发展。这一研究不仅能助益于形成双循环发展格局，而且有利于通过跨越城乡消费鸿沟，促进共同富裕。

在理论方面，该著作在梳理了公共支出、居民消费、城乡消费差距三个关键概念及其相关关系的文献之后，借鉴陈共先生对公共支出进行分类的思想，将其分为投资性支出、民生性支出与转移性支出三类，并引入无限期界的消费模型、生产—消费一般均衡模型、家庭效用函数等推演公共支出及分类影响居民消费的理论机制，得出不同公共支出类型因产出弹性不同对居民消费的影响存在异质性，并在此基础上结合城乡居民风险厌恶系数的特征差异，推论提出公共支出不均对城乡居民消费差距的影响也存在较大差异。这一理论机制分析过程既放松了以往的假设条件，使理论模型更趋近于现实，解释力更强，且纳入了中国特征事实，更符合中国发展需求。

在实证分析方面，该书将公共支出做出特征分类，以论证理论假设为目标，构建了面板门限模型与空间面板计量模型，不仅验证了各类公共支出影响居民消费的动态与空间效应，而且考虑城乡公共支出配置的实际差异，实证检验了各类城乡公共支出不均对居民消费差距的动态与空间影响效应，试图突破以往笼统检验公共支出对城乡居民消费差距影响效应的限制，精确度量城乡居民消费差距中公共支出不均的引致部分，为地方政府调整公共支出结构、缩小城乡居民消费差距提供实证依据。

在政策启示部分，该著作从调整民生性支出、优化投资性支出、改善转移性支出入手，提出缩小城乡居民消费差距的实施路径与保障措施。总体而言，该著作的价值体现在：第一，回应了公共支出在一次分配与二次分配中的重要作用，为跨越城乡消费鸿沟、促进城乡生活一体化的路径设计进行了有益探索；第二，从城乡公共支出不均等现实背景出发，探索了城乡消费差距的成因与机制，深化了地方政府对加速城乡公共服务均等化、平衡城乡公共支出差异的认识；第三，考虑城乡差距对公共支出的约束作用，在城乡协调分异的四阵营划分下，实证检验了公共支出不均对城乡居民消费差距的影响作用，为因地制宜制定优化公共支出结构、缩小城乡消费差距的路径提供理论依据。

该书作者刘飞博士是我的博士后，她对学术研究具有浓厚兴趣，近年来致力于地方政府行为研究，在该领域获批并完成多项国家级、省部级课题。刘飞博士善于思考、勤于钻研，时常与我探讨地方政府行为及其对经济影响的相关问题，她对财政分权等相关学术问题有自己的独到见解。我相信，该著作能为地方财政支出问题研究提供一定的理论支撑，也能为缩小城乡消费差距、推进城乡均衡发展做出贡献！期待刘飞博士在该著作基础上再接再厉，不断创新，取得更多佳绩！

以此为序！

西北大学教务处处长、公共管理学院教授

曹　蓉

2022 年 6 月

目　录

第一章　导论 …………………………………………………… （1）
　　第一节　研究背景及意义 ………………………………… （1）
　　第二节　研究思路及方法 ………………………………… （4）
　　第三节　主要研究内容及框架 …………………………… （8）
　　第四节　可能的创新点 …………………………………… （10）

第二章　相关理论研究综述 …………………………………… （17）
　　第一节　公共支出理论研究综述 ………………………… （17）
　　第二节　居民消费的相关文献综述 ……………………… （26）
　　第三节　公共支出不均与城乡居民消费差距的
　　　　　　相关性研究综述 ………………………………… （37）
　　第四节　研究述评 ………………………………………… （45）

第三章　内涵界定及理论机理分析 …………………………… （47）
　　第一节　相关概念内涵界定及特征 ……………………… （47）
　　第二节　总体公共支出不均影响城乡居民消费差距的
　　　　　　理论机理 ………………………………………… （60）
　　第三节　分类公共支出不均影响城乡居民消费差距的
　　　　　　理论机理 ………………………………………… （69）
　　第四节　本章小结 ………………………………………… （78）

第四章 民生性支出影响城乡消费差距的实证研究：以教育支出为例 …………………………………………（81）

第一节 民生性支出影响城乡居民消费支出差距实证分析 ………（81）

第二节 民生性支出影响城乡居民消费结构差距的实证分析 …………………………………………………（98）

第三节 本章小结 …………………………………………（113）

第五章 投资性支出影响城乡居民消费差距的实证分析：以基础设施投资为例 …………………………………（117）

第一节 投资性支出影响城乡居民消费支出差距的实证分析 …………………………………………………（117）

第二节 投资性支出影响城乡居民消费结构差距的实证分析 …………………………………………………（139）

第三节 本章小结 …………………………………………（156）

第六章 转移性支出不均影响城乡消费差距的实证分析：以社会保障支出为例 …………………………………（159）

第一节 转移性支出影响城乡居民消费支出差距的实证分析 …………………………………………………（159）

第二节 转移性支出影响城乡居民消费结构差距的实证分析 …………………………………………………（177）

第三节 本章小结 …………………………………………（190）

第七章 公共支出视角下缩小城乡消费差距的路径与政策建议 ……………………………………………（195）

第一节 公共支出视角缩小城乡居民消费差距的实施路径 ………………………………………………（195）

第二节 公共支出视角缩小城乡居民消费差距的政策建议 ……（204）

第八章 结论及进一步研究的问题 (212)
第一节 研究结论 (212)
第二节 进一步研究的问题 (219)

参考文献 (221)

后 记 (236)

第一章

导　　论

第一节　研究背景及意义

我国城乡二元经济结构下，城乡发展差距仍然巨大，社会矛盾日益突出，这阻碍了共同富裕的进程，而公共支出作为国家宏观调控的重要手段，对缩小收入差距、促进社会公平具有重要作用，鉴于此，本书从公共支出入手研究城乡居民消费问题，试图通过对该问题的回答，提升公共支出效率，缩小城乡居民消费差距，促进共同富裕。

一　研究背景

改革开放后，因城乡经济政策差异和发展环境不同，导致城乡形成二元经济结构，贫富差距不断拉大。纵观1990—2021年政府公共支出总额，其呈明显逐年上升趋势，且2021年占到GDP的21.5%，但我国城乡差距问题依然严峻，可见，以往大范围发放物资补贴或项目投资的公共支出形式已不适应中国经济发展新常态下内涵式发展要求，也不符合促进城乡协调发展、共同富裕的目标要求。在此背景下，2013年11月，习近平总书记在湖南湘西考察时首次做出了"实事求是、因地制宜、分类指导、精准扶贫"的重要指示。[1] 2015年10月16日又在减贫与发展高层论坛上强调，中国扶贫攻坚工作实施精准扶贫方略，增加扶贫投入。[2] 而在精准扶贫的要求下，公共支出应有准确的方位，体现集约型发展目标，

---

[1] 唐任伍：《习近平精准扶贫思想阐释》，《人民论坛》2015年第30期。
[2] 习近平：《携手消除贫困　促进共同发展》，《人民日报》2015年10月17日第2版。

推进贫困地区快速脱贫,切实为改善人民生活水平、促进经济增长发挥应有作用。

居民消费是城乡居民生活水平的重要评价指标,改革开放30年以来,我国的GDP一直保持在9.8%左右的高水平状态,但近几年,因受到美国"次贷"危机、欧洲"债务"危机、英国"脱欧"以及全球公共卫生事件的影响,我国经济长期依赖的增长点"出口"严重受阻,2012—2021年我国的出口总额增长率总体呈现出波动态势。在"出口"受阻的情况下,刺激经济增长的主要手段为投资和消费。在国际市场需求量锐减的状况下,刺激内需是目前促进经济增长的重要措施。然而,我国农村人口占到总人口的一半以上,是内需的主体,但因长期以来存在的二元经济结构导致农村居民消费水平较低,与城镇产生较大差距,使得这一增长点难以挖掘,阻滞了经济的快速增长。此外,公共支出作为刺激经济增长的政府投资手段,对农村居民消费的带动作用尚待增强。基于此,本书研究公共支出与居民消费的关系,试图从优化公共支出视角提出缩小城乡居民消费差距的科学措施,跨越城乡消费鸿沟,在促进农村经济增长的同时,实现共同富裕目标。

二 研究意义

本书选择研究公共支出对城乡居民消费差距的影响作用这一选题,在理论和实践方面都具有一定意义。

在理论方面:第一,在异质性消费的基础上构建公共支出与居民消费的理论框架,拓展了基准消费理论模型。以往研究公共支出与居民消费的模型多使用Baro的模型,重在考虑公共支出与同质性居民消费的关系。而本书将消费者分为城镇和农村两种类型,城镇居民属于富裕者,而农村居民属于贫困者,在这样的假定下,构建理论模型研究公共支出分别与城镇居民、农村居民消费的关系,得出公共支出对城乡居民消费差距的影响作用取决于城乡经济差距,城乡经济差距越大,公共支出对缩小居民消费差距的作用越大;反之亦然。这一研究对Baro模型仅研究同质性居民消费的前提做了拓展,有助于支撑后期研究者进一步放松假设条件,接近现实,研究居民消费问题。第二,厘清了城乡公共支出不均影响居民消费差距的理论机理,为城乡关系理论研究提供了新视角。

以往文献将侧重点置于讨论公共支出影响居民消费的理论机制上，对居民消费通过何种渠道影响城乡居民消费差距的研究较少，而本书对此做了详细的论证。本书首先将公共支出分为购买性支出和转移性支出两类，又进一步将购买性支出细化分类为投资性支出和民生性支出两类，在三种类型下分别研究各类公共支出如何影响城镇或农村居民消费。在影响城镇居民消费的途径中，投资性支出和民生性支出分别通过要素收益、储蓄习惯、可支配收入变动、物价变动等影响居民消费，而转移性支出则通过影响居民收入或引致退休效应影响居民消费。与城镇不同的是，公共支出影响农村居民消费更多是通过影响居民储蓄习惯、消费习惯和未来预期等。在此基础上，本书阐明了城乡公共支出不均与城乡居民消费差距之间的关系，得出在公共产品保有量不均的状况下，城乡等额公共支出依然会带来城乡消费差距，城乡公共支出差距也会引致居民消费差距，但这一影响作用受到居民收入、储蓄等的约束，在不同时间、不同地区，因城乡公共产品保有量、居民收入和储蓄等的变动会导致公共支出对城市居民消费差距的效应产生异质性。总之，从城乡公共支出不均的视角研究城乡居民消费差距的问题为以后研究城乡关系理论提供了新视角。

在实践方面：第一，实证分析了公共支出各分类与城乡居民消费差距的关系，为各地区研究"以城促乡"方案提供了依据。本书对公共支出的三个分类：民生性支出、投资性支出和转移性支出与城乡居民消费差距的理论机理进行了详细梳理；为检验理论分析部分所得结论是否可靠，本书分别选取城乡基础设施支出、城乡教育支出和城乡社会保障支出分别表征投资性支出、民生性支出和转移性支出，进而使用实证研究方法客观评定三者与城乡居民消费差距的关系，得出三类公共支出不均对城乡居民消费差距的影响作用存在一定差异，城乡社会保障支出对居民消费差距具有非线性影响，而基础设施与教育支出则对城乡消费差距存在线性影响，同时，实证结果还得出了我国不同区域城乡三类公共支出不均对居民消费差距的客观影响效应，为后期各地区利用公共支出政策缩小城乡居民差距的相关措施制定提供了理论依据，也有助于"以城促乡"方案的制订。第二，研究了从公共支出视角提出促进城乡居民消费支出的政策措施，为缩小城乡居民消费差距提供了有针对性的新思路。

本书根据城乡三类公共支出不均对全国和各区域城乡居民消费差距的实证研究结果分析得出城乡公共支出不均确实会影响城乡居民消费差距，但究竟是扩大城乡居民消费差距还是缩小城乡居民消费差距，这不仅与城乡公共支出不均程度有关，还受到地区城乡差距水平的约束。为此，本书提出可通过优化城乡公共支出配置进一步缩小城乡居民消费差距，例如可加强西部地区基础设施建设、优化城镇基础设施投入结构等缩小城乡投资性公共支出差距，进而缩小城乡居民消费差距；可通过完善农村社会保障制度等均衡城乡转移性公共支出，缩小城乡居民消费差距；也可通过优化城乡教育支出比例，改善城乡民生性支出不均状况，缩小城乡居民消费差距。这一政策建议思路较以往笼统地提出如何通过完善公共支出政策，缩小城乡居民消费差距更有针对性。

第二节　研究思路及方法

为准确且深入地研究公共支出对城乡消费差距的影响作用，本书具体研究思路与方法如下。

一　研究思路

本书基于长期的城乡二元经济结构、城乡发展差异较大的现实背景，重点回答如何通过提升公共支出效率，提升居民消费水平，进而缩小城乡居民消费差距，实现城乡协调发展的问题。在具体研究中，拟从理论研究、经验研究及政策建议三个层次展开。具体如图1-1所示。

第一，在理论研究部分，本书梳理了现有研究分歧，并在前人研究基础上得出本书主要需克服的理论问题，进而在对相关理论的内涵分析基础上研究城乡公共支出不均影响城乡居民消费差距的理论机理，构建全书研究的理论基础。首先，在研究过程中将前人对公共支出、居民消费、公共支出与居民消费的相关关系、公共支出与城乡居民消费差距的相关关系研究文献进行系统梳理，得出前人研究重在公共支出与居民消费的关系分析上，而涉及城乡公共支出不均影响居民消费的相关文献还较少，但该方面的理论研究更切合我国公共支出现实，更有助于客观探讨提升公共支出效率、缩小城乡差距的问题。其次，本书对公共支出的

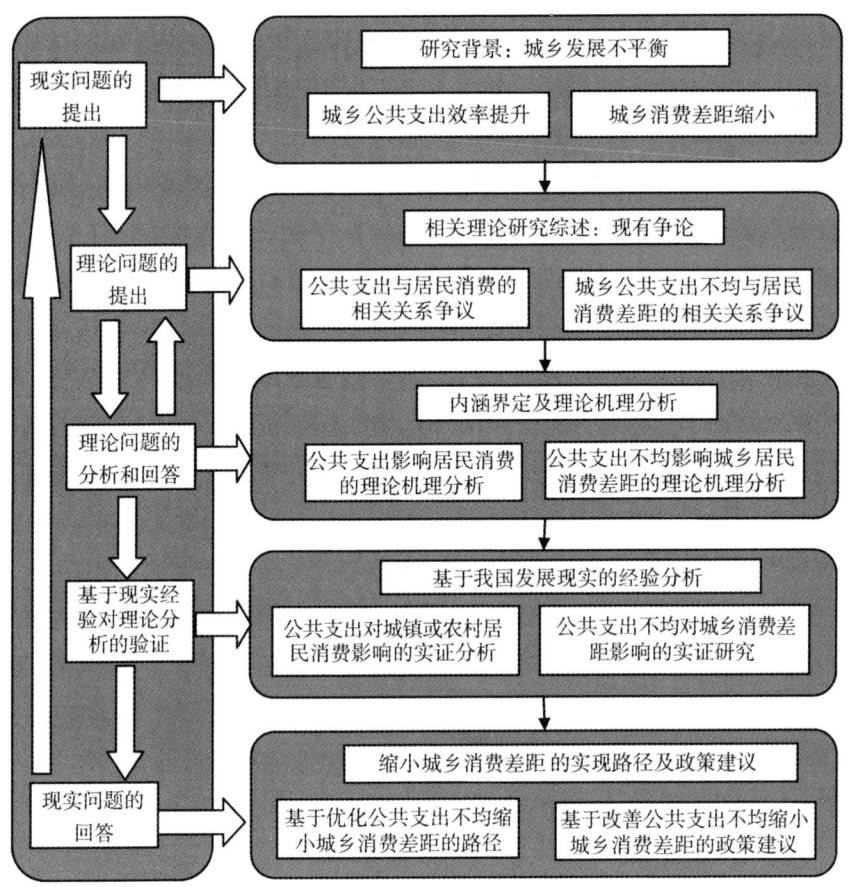

图 1-1 研究思路流程

概念及内涵进行了重新定义，并将公共支出按照职能划分为购买性支出和转移性支出，又将购买性支出细分成投资性支出和民生性支出。最后，本书重新构建理论模型并阐述了投资性、民生性及转移性公共支出影响居民消费的理论机理，并引入异质性消费者假设拓展理论模型，厘清了城乡三类公共支出不均影响居民消费差距的理论机制。

第二，在经验研究部分，主要对理论研究部分所得出的理论推论进行了实证检验，并在对城乡公共支出影响城乡居民消费支出的效应估计基础上，从城乡公共支出不均视角研究居民消费差距扩大的成因。首先，本书利用城乡基础设施投资表征城乡投资性支出，构建空间面板SEM、SAR与SDM模型对1994—2015年30个省域（除西藏、港、澳、台外）的数据进行实证检验，研究城乡投资性支出不均如何影响城乡居民消费差距的问题。其次，利用城乡教育支出衡量城乡民生性支出，构建动态面板模型，利用我国30个省（除西藏、港、澳、台外）1998—2015年的面板数据衡量城乡教育支出不均如何影响城乡居民消费差距，并检验理论研究部分所提出的部分假设。最后，利用城乡社会保障支出代表城乡转移性支出，利用我国30个省（除西藏、港、澳、台外）1991—2015年的面板数据，构建多重面板门限模型实证检验城乡转移性支出不均如何影响城乡居民消费差距，验证理论分析部分的相关假说。

第三，在对策研究部分，基于理论研究和经验研究结论本书提出了缩小城乡居民消费差距的主要路径及保障措施。首先，在缩小城乡居民消费差距的路径设计上，从调节公共支出不均入手，分别研究了调节城乡转移性支出不均、城乡投资性支出不均和城乡民生性支出不均的措施，进而缩小城乡居民消费差距，为提高对策建议的针对性，在缩小城乡居民消费差距的同时，促进区域协调发展，进一步在东、中、西部区域划分下，根据各地区自身发展特点，从优化民生性支出、改善投资性支出，调整转移性支出视角提出缩小城乡居民消费差距的路径，并提出相对应的保障措施。

二 研究方法

本书从公共支出视角研究如何缩小城乡居民消费差距，实现城乡生活水平相协调的问题。在研究过程中以政治经济学、区域经济学、公共经济学及经济地理学等学科相关理论为依据，研究过程中使用了扎根理论分析法、系统分析法、比较分析法及定量分析法等研究方法，具体如图1-2所示。

一是扎根理论分析法。扎根理论分析法是一种定性研究方法，即使用系统化的程序，从现实材料中归纳式地引导出研究的理论。具体包括以下步骤：资料搜集、数据归纳整理、发展理论性概念、理论抽样、讨论分析、建构理论。第一，本书利用该方法分析了公共支出的理论文献，

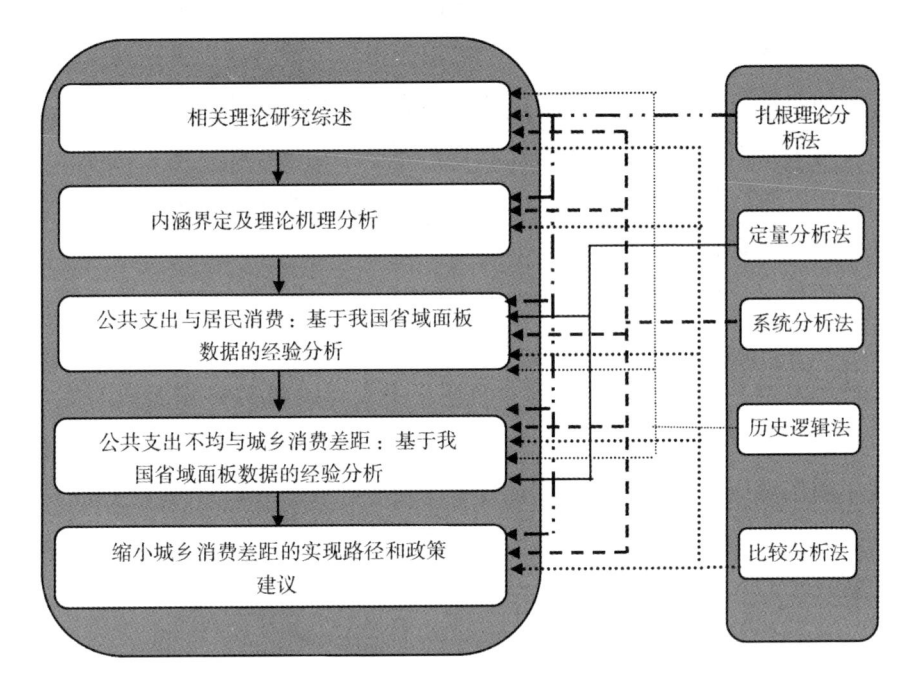

```
┌─────────────────────────────┐      ┌─────────┐
│     相关理论研究综述         │◄────┤扎根理论分│
└──────────────┬──────────────┘      │  析法   │
               ▼                      └─────────┘
┌─────────────────────────────┐      ┌─────────┐
│   内涵界定及理论机理分析     │◄────┤定量分析法│
└──────────────┬──────────────┘      └─────────┘
               ▼
┌─────────────────────────────┐      ┌─────────┐
│ 公共支出与居民消费：基于我国省域面板│◄────┤系统分析法│
│      数据的经验分析          │      └─────────┘
└──────────────┬──────────────┘
               ▼
┌─────────────────────────────┐      ┌─────────┐
│公共支出不均与城乡消费差距：基于我│◄────┤历史逻辑法│
│   国省域面板数据的经验分析    │      └─────────┘
└──────────────┬──────────────┘
               ▼
┌─────────────────────────────┐      ┌─────────┐
│ 缩小城乡消费差距的实现路径和政策│◄────┤比较分析法│
│           建议               │      └─────────┘
└─────────────────────────────┘
```

图 1-2 研究方法运用

进而研究公共支出对居民消费所产生的挤出效应和挤入效应，在此基础上分析了这一挤出或挤入效应在公共支出影响居民消费过程中的详细传导机制；第二，利用该分析方法归纳了前人对城乡消费差距成因的相关研究，得出城乡居民消费差距的形成与收入效应、财富效应等具有一定相关性，同时公共支出对居民消费产生的挤出或挤入效应存在差异，进而导致城乡居民消费出现差距。

二是系统分析法。系统分析法是指在研究过程中对所要研究问题的各项要素及相关关系进行系统化综合分析，进而研究相关解决方案的研究方法。本书研究过程中多次使用了系统分析法，如在研究公共支出与居民消费的关系、城乡投资性支出不均与居民消费差距的关系、城乡民生性支出不均和居民消费差距的关系、城乡转移性支出不均与居民消费差距间关系时都广泛使用了该方法。

三是比较分析法。比较分析法一般用于对研究过程中的相似概念进行对比分析，进而判定其差异性、相似性的研究方法。本书在研究公共支出的各种分类内涵时大量使用了比较分析法，重点分析了公共支出各类别的差异性，并将其影响居民消费的途径进行了对比分析。此外，在研究缩小城乡居民消费差距的针对性措施时，比较了东、中、西部地区的经济发展特点、城乡经济发展差距等状况，在此基础上结合实证研究结论提出相应的对策建议。

四是定量分析法。在本书研究过程中大量使用定量分析法验证理论研究部分所得出的相关理论假说。首先，在研究城乡投资性支出不均影响居民消费差距的效应时构建了面板 SAR、SEM 和 SDM 模型进行定量分析。其次，在研究城乡民生性支出不均对居民消费差距的影响时，构建了固定效应面板模型进行实证分析。最后，在研究城乡转移性支出不均对居民消费差距的影响效应时构建了多重面板门限模型进行实证分析。

第三节　主要研究内容及框架

基于上述部分的研究背景、思路及方法运用，该部分主要阐明本书的研究内容与分析框架。

一　研究内容

本书在城乡二元结构明显，城乡居民消费差距不断扩大的背景下，从公共支出视角研究缩小城乡居民消费差距的问题，通过对公共支出、居民消费以及公共支出与居民消费的相关关系的理论梳理，并对公共支出影响居民消费的理论机理及城乡各类公共支出不均与居民消费差距的相关关系进行理论分析之后，利用面板数据，构建空间面板模型、固定效应面板模型及多重面板门限模型估计了城乡投资性支出不均、城乡转移性支出不均及城乡民生性支出不均分别对居民消费差距的影响效应，并从公共支出视角入手，深入剖析了阻碍城乡居民消费差距缩小的因素，在此基础上，本书提出缩小城乡居民消费差距的路径及政策建议。在具体研究中，主要分为以下几个部分。

第一，导论。该部分作为本书的总揽部分，重点阐述了本书的研究背景及意义、研究思路及方法、研究内容及框架、研究创新点等。

第二，相关理论研究综述。该部分主要梳理了公共支出的基础理论、居民消费的基础理论、公共支出与居民消费相关关系的基础理论。

第三，理论机理分析。首先，该部分对公共支出的相关概念、内涵及分类进行了界定与阐述；其次对公共支出影响居民消费的理论机理进行了全面分析；最后对城乡投资性、民生性及转移性公共支出不均影响居民消费差距的理论机理进行了数理推导与演化。

第四，城乡民生性支出不均影响消费差距的实证分析。该部分使用城乡教育支出衡量民生性支出，构建多重门限面板模型，利用我国30个省（除西藏、港、澳、台外）1998—2015年的面板数据，在实证检验城镇或农村教育支出对居民消费支出总量及结构的影响效应基础上，进一步估计了城乡教育性支出不均对居民消费量及结构差距的影响效应。

第五，城乡投资性支出不均影响居民消费差距的实证分析。该部分使用城乡基础设施衡量投资性支出，构建空间面板 SEM、SAR 与 SDM 模型对1994—2015年30个省（除西藏、港、澳、台外）的样本数据进行实证检验，得出：第一，缩小城乡基础设施投资差异对缩小1994—2003年城乡消费差距作用显著，却微小地扩大了2004—2015年的城乡居民消费差距；第二，不同地区基础设施投资不均对城乡消费差距的影响存在差异，缩小城乡基础设施投资差距对缩小西部城乡消费差距作用较大，中部次之，但对东部地区并无作用。

第六，城乡转移性支出不均影响居民消费差距的实证分析。该部分使用城乡社会保障支出衡量转移性支出，在城乡经济协调水平分异的四阵营划分下，研究城乡社会保障支出不均对消费支出总量及结构差距的影响。构建面板模型与多重面板门限模型，首先，实证检验了城镇或农村社会保障支出对城镇或农村自身居民消费支出总量及结构的影响作用。其次，利用多重面板门限模型实证检验了城乡社会保障支出不均对城乡居民消费支出总量及结构差距的影响作用。最后，分析得出两点：一是城乡经济协调的高水平区域社会保障对城乡居民消费影响差异不大，其余区域社会保障对农村居民消费支出的影响作用是城镇的3—6倍；二是城乡社会保障支出不均加剧不一定会扩大城乡消费差距：在城乡收入差距约束下，因城乡经济差距存在差异导致城乡社会保障支出不均对居民消费差距的影响作用存在显著差异，在某些区域缓解城乡社会保障支出不均不一定能缩小城乡居民消费差距，可见，扩大农村社会保障支出的措施应谨慎使用。

第七，缩小城乡居民消费差距的路径及政策建议。本部分结合理论及实证部分的结论，从公共支出视角出发提出缩小城乡居民消费差距的实施路径及政策建议。

二 研究框架

本书以城乡公共支出不均与城乡居民消费差距的理论研究与经验研究为题，基于以上研究内容与研究方法，以图1-3所示的框架。

第四节 可能的创新点

本书可能存在的创新点主要包括研究视角创新、理论研究创新及经验研究创新三个方面，具体如下。

一 研究视角的创新

在以往研究公共支出与居民消费的理论基础上，创新地从城乡公共支出不均视角探索城乡居民消费差距的成因。纵观我国城乡发展现状，因二元经济结构的存在，致使城乡发展差距日益突出，而缩小城乡居民消费差距体现了城乡居民生活水平差距的缩小，有助于在兼顾效率的同时，注重城乡平衡发展。在现有文献中对居民消费的研究普遍集中在消费结构的研究层面，如 Edward（1868）、Keynes（1997）、Friedman（1957）[1]、R. Stone（1954）、Cherchey（2007）、Ray Brooks（2010）[2]、

---

[1] Milton Friedman, "Savings and the Balance Sheet", *Bulletin of the Oxford University Institute of Economics & Statistics*, Vol. 15, No. 2, 1957.

[2] Stevern Barentt and Ray Brooks, "China: Does Government Health and Education Spending Boost Consumption", *IMF working paper*, No. 10, 2010, p. 14.

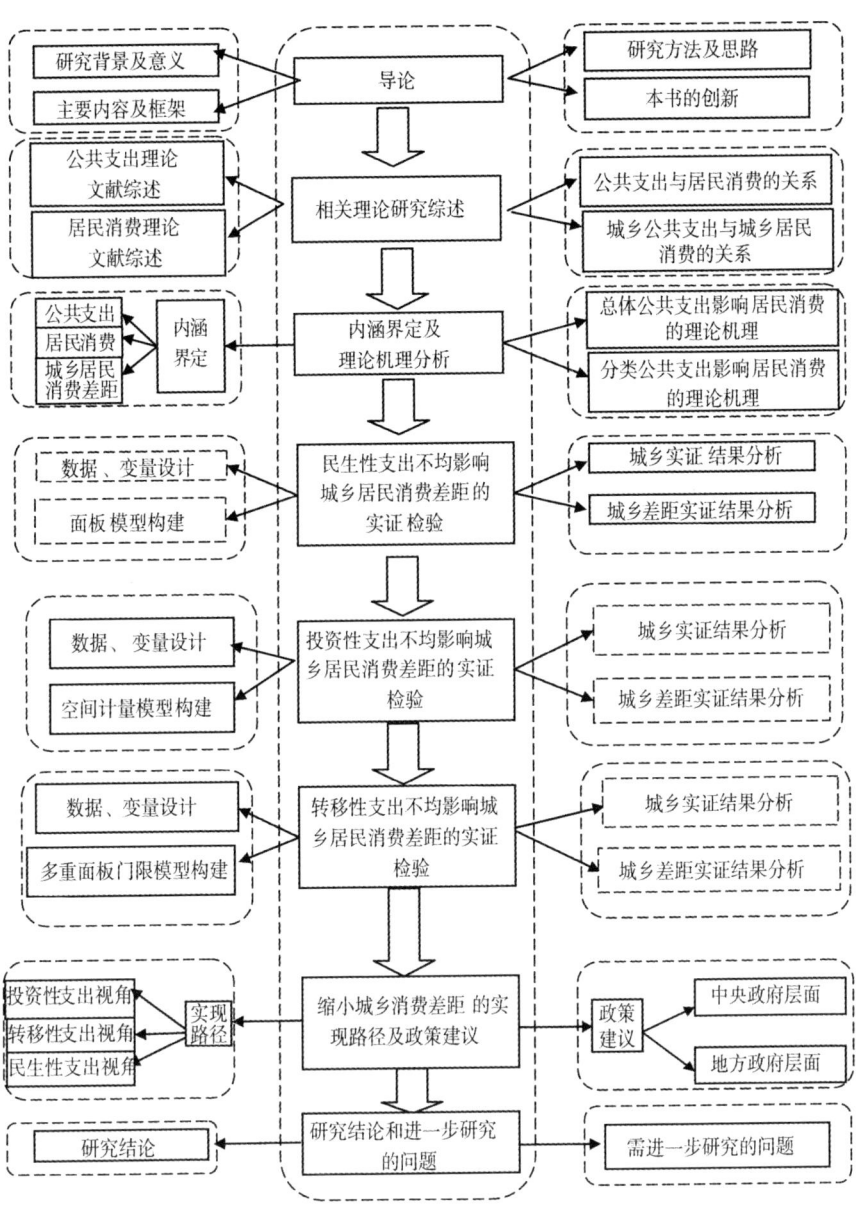

图1-3 研究框架

沈妍（2011）[①]、查道中（2011）[②]、吴瑾等（2010）[③]、俞剑等（2015）[④]、王怡等（2012）[⑤]、李翔等（2013）[⑥] 等都从不同角度研究了居民消费结构问题；还有一部分研究集中在对居民消费行为的研究上，如 Zeldes（1989）[⑦]、Rabin（1998）、Meghir 和 Weber（1996）[⑧]、Carroll 等（2000）[⑨]、Alessie & Lusardi（1997）[⑩]、Rossi（2002）[⑪]、M. Hashem Pesaran（2001）、Greg M. Allenby（2003）[⑫]、A. Wachter（2005）、王雪琪等（2016）[⑬]、陈冲（2014）[⑭]、王小华等（2016）[⑮]、崔海燕和范纪珍

[①] 沈妍：《消费结构变迁拉动我国经济增长的传导机制分析——基于跨期结构式凯恩斯乘数的视角》，《未来与发展》2011 年第 2 期。

[②] 查道中：《吉文惠·城乡居民消费结构与产业结构、经济增长关联研究——基于 VAR 模型的实证分析》，《经济问题》2011 年第 7 期。

[③] 吴瑾、张红伟：《消费结构与经济增长相互影响机制研究》，《现代经济探讨》2010 年第 10 期。

[④] 俞剑、方福前：《中国城乡居民消费结构升级对经济增长的影响》，《中国人民大学学报》2015 年第 5 期。

[⑤] 王怡、李树民：《城镇居民消费结构与经济增长关系的实证研究》，《统计与决策》2012 年第 10 期。

[⑥] 李翔、朱玉春：《农村居民收入与消费结构的灰色关联分析》，《统计研究》2013 第 1 期。

[⑦] Stephen P. Zeldes, "Optimal Consumption with Stochastic Income: Deviations from Certainty Equivalence", *The Quarterly Journal of Economic Literature*, Vol. 104, No. 2, 1998.

[⑧] Costas Meghir and Guglielmo Weber, "Intertemporal Nonseparablity or Borrowing Restrictions? Adisaggregate Analysis Using a U. S. Consumption Panel", *Econometrica*, Vol. 64, No. 2, 1996.

[⑨] Christopher D. Carroll ed., "Saving and Growth with Habit Formation", *American Economic Review*, Vol. 23, No. 9, 2000.

[⑩] Rob Alessie and Annamaria Lusardi, "*Consumption, Saving and Habit Formation*", Economics Letters, 1997, pp. 103 – 108.

[⑪] Alessandra Guariglia and Mariacristina Rossi: Consumption, Habit Formation and Precautionary Saving: Evidence from British Household Panel Survey, Ph. D. Dissertation, Oxford Economic Papers, 2002.

[⑫] Sha Yang and Greg M. Allenby, "Modeling Interdependent Consumer Preferences", *Journal of Marketing Research*, Vol. 40, No. 2, 2003.

[⑬] 王雪琪、赵彦云、范超：《我国城镇居民消费结构变动影响因素及趋势研究》，《统计研究》2016 年第 2 期。

[⑭] 陈冲：《政府公共支出对居民消费需求影响的动态演化》，《统计研究》2011 年第 5 期。

[⑮] 王小华、温涛等：《习惯形成、收入结构失衡与农村居民消费行为演化研究》，《经济学动态》2016 年第 10 期。

(2011)[1] 及黄娅娜和宗庆庆 (2014)[2] 研究了居民消费行为的相关问题。但纵观以上研究文献，在居民消费的研究基础上进一步研究城乡居民消费差距成因的论文较少，现有文献研究较为深入的为王猛等 (2013)[3] 从土地财政、房价波动等视角研究城乡消费差距，而高帆、汪娅楠 (2016)[4] 从劳动力市场扭曲视角研究城乡消费差距的成因，王子敏 (2012)[5] 则研究了空间溢出对城乡消费差距的影响，王笳旭 (2015)[6] 研究了人口老龄化对城乡居民消费差距的影响，徐敏和姜勇 (2015)[7] 从产业结构升级视角研究了城乡居民消费差距问题。而本书创新性地提出从公共支出视角研究城乡居民消费差距的成因问题，原因在于我国长期以来对农村与城镇采取的不同发展战略，导致城乡公共支出比例并不一致，加之城镇发展基础显著好于农村，导致公共支出在城乡间的支出效率存在一定差异，进而影响居民收入、地区经济增长、居民消费选择，最终可能扩大或缩小城乡居民消费差距。

二 理论研究的创新

首先，对公共支出影响居民消费挤入、挤出效应的产生机理进行详细分析，并构建理论模型进行推导与演绎，提高论证客观性。以往研究公共支出的文献大都从经验分析中得出公共支出挤入居民消费，如 Blan-

---

[1] 崔海燕、范纪珍：《内部和外部习惯形成与中国农村居民消费行为——基于省级动态面板数据的实证分析》2011 年第 7 期。
[2] 黄娅娜、宗庆庆：《中国城镇居民的消费习惯形成效应》，《经济研究》（增）2014 年第 1 期。
[3] 王猛、李勇刚、王有鑫：《土地财政、房价波动与城乡消费差距——基于面板数据联立方程的研究》，《产业经济研究》2013 第 5 期。
[4] 高帆、汪亚楠：《劳动力市场扭曲与城乡消费差距：基于省际面板数据的实证研究》，《学术月刊》2016 年第 12 期。
[5] 王子敏：《基于空间溢出视角的城乡消费差距问题研究》，《农业技术经济》2012 年第 2 期。
[6] 王笳旭：《人口老龄化对我国城乡居民消费差距的影响研究——基于省际动态面板数据的实证分析》，《当代经济科学》2015 年第 5 期。
[7] 徐敏、姜勇：《产业结构提升能够缩小城乡消费差距吗？》，《数量经济技术经济研究》2015 年第 5 期。

chard、Perotti（2002）①、Perotti（2004）②、Tryphon（2004）③、胡书东（2002）④、贺俊等（2016）⑤、胡宝娣等（2011）⑥或挤出居民消费Aiyagari（1992）⑦、King（1993）⑧、Burnside（1996）⑨、Mountford（2009）⑩、方福前等（2014）⑪，但究竟公共支出对居民消费的影响作用是正向还是负向尚未有定论。为清晰地阐述公共支出与居民消费的相关关系，本书引入无限期界的消费函数，在消费者效用最大化的目标下，推导公共支出与居民消费的相关关系，得出公共支出从以下三种间接途径刺激居民消费：一是通过改变消费者的预期收入，刺激居民消费。公共支出将大量资金投入科教文卫等公共产品上，提升了居民的教育水平和医疗保障，使居民对于自己未来收入的稳定性有了更高的预期，从而可能增加当期消费。二是公共支出通过改变生产与消费环境，刺激居民消费需求。公共支出用于交通道路建设将会改变地区的投资环境，降低原有的生产投资成本，提高了私人投资意愿，增加就业机会，提升劳动收入，从而增加消费；同时，公共支出用于提升行政办事效率，做好消费品监管工作，

---

① Olivier Blanchard and Roberto Perotti, "An Empirical Characteriziation of the Dynamic Effects of Changes in Government Spending and Taxes on Output", *Quarterly Journal of Economics*, Vol. 107, No. 4, 2002.

② Roberto Perotti, "Estimating the Effects of Fiscal Policy in OECD Countries", *University Bocconi Discussion Paper*, No. 276, 2004, p. 60.

③ Riccardo Fiorito and Tryphon Kollintzas, "Public Goods, Merit Goods, and the Relation between Private and Government Consumption", *European Economic Review*, Vol. 48, No. 6, 2004.

④ 胡书东：《中国财政支出和民间消费需求之间的关系》，《中国社会科学》2002年第6期。

⑤ 贺俊、刘亮亮、张玉娟：《财政分权、政府公共支出结构与居民消费》，《大连理工大学学报》2016年第1期。

⑥ 胡宝娣、汪磊：《基于分位数回归的我国居民消费研究》，《商业研究》2011年第1期。

⑦ S. Rao Aiyagari and Lawrence J. Christiano ed., "The Output, Employment and Interrest Rate Effects of Government Consumption", *Journal of Monetary Economics*, Vol. 30, No. 1, 1992.

⑧ Marianne Baxter and Robert G. King, "Fiscal Policy in General Equilibrium", *American Economic Review*, Vol. 83, No. 3, 1993.

⑨ A. Craig Burnsidea and Martin S. Eichenbaum, "Sectoral Solow Residuals", *European Econonic Review*, No. 40, pp. 861–869.

⑩ Andrew Mountford and Harald Uhlig, "What are the Effects of Fiscal Policy shocks?", *Journal of Applied Econometrics*, Vol. 24, No. 6, 2009.

⑪ 方福前、孙文凯：《政府支出结构、居民消费与社会总消费——基于中国2007—2012年省级面板数据分析》，《经济学家》2014年第10期。

将有助于提高商品质量，打消居民消费顾虑。三是通过改变消费习惯，减少储蓄，增加消费。随着公共支出效率不断提升，转移性公共支出等的效果更能体现出来，卫生医疗保障水平提升，居民将会改变以往先储蓄、后消费的传统消费习惯，不断提升当期消费水平。

其次，将公共支出分为投资性支出、民生性支出与转移性支出，客观分析了多种类型公共支出对居民消费影响机理的异同。以往研究多将公共支出分为生产性支出与消费性支出两类，如王麒麟（2011）[①]、刘尚希（2002）[②] 等就在将公共支出分为两类的状况下分析公共支出与经济增长的相关关系。而本书在以往研究基础上创新性地将公共支出分为投资性支出、民生性支出与转移性支出三类，并分别阐明三类公共支出与居民消费的相关关系，得出：第一，投资性支出影响居民消费时存在最优规模，但这一最优规模由投资性支出弹性决定；第二，民生性支出存在拥挤状况，当民生性支出不足时将刺激居民消费增长，而当民生性支出拥挤时将会导致居民消费增长率下降；第三，转移性支出对居民消费的影响是双向的，可能因人们转移性收入增加而提高居民消费，也可能因为累退效应的存在而挤出居民消费。

最后，对城乡公共支出影响城乡居民消费的理论机理异同进行分析，并引入无限期界消费函数推导得出城乡公共支出不均对居民消费差距影响的不确定性结论。在以往对公共支出与城乡居民消费差距的相关研究中，学者们仅阐述了公共支出与居民消费的相关理论关系，并未将农村居民消费和城镇居民消费的环境及特点考虑在内，使研究结论与现实背景存在一定冲突，实践支撑作用大打折扣。如陈冲（2011）[③] 在将公共支出分为民生性支出、投资性支出与消费性支出的基础上，研究了公共支出对城镇和农村居民消费的影响，但在理论机理中仅剖析了公共支出对居民消费总体的影响机制。本书在前人基础上研究得出了要素收益、消费环境、交易成本、消费选择等是农村公共支出对居民消费的主要影响

[①] 王麒麟：《生产性公共支出、最优税收与经济增长》，《数量经济技术经济研究》2011年第5期。
[②] 刘尚希：《公共支出范围：分析与界定》，《经济研究》2002年第6期。
[③] 陈冲：《政府公共支出对居民消费需求影响的动态演化》，《统计研究》2011年第5期。

途径，而引致退休效应和税收挤出效应是城镇公共支出影响居民消费的主要途径。正因两种影响机制不同，导致相同公共支出水平也会引致差异化的消费支出比例或结构。

三 经验研究的创新

一方面是在经验研究维度的创新。以往从公共支出视角研究居民消费的文献多集中在对单一空间的分析上，如靳涛等（2016）[①] 研究了我国东、中及西部地区公共支出对居民消费的不同影响。忽略了我国区域差异较大的实际情况，而本书研究了公共支出的三种分类：投资性支出、民生性支出和转移性支出三类，分别与城镇消费、农村消费及城乡消费差距的实证关系，在研究过程中，对投资性支出考虑其空间溢出效应，并分时段、分区域从两个维度，使用空间面板模型进行实证分析；对转移性支出与城镇或农村居民消费及城乡居民消费差距的实证关系进行检验时，考虑到转移性支出、民生性支出与居民消费之间的非线性关系，以及城乡经济发展状况对支出的经济增长弹性及消费效用的影响，在聚类分析城乡协调指数的情况下，将我国区域按照城乡协调水平由高到低划分为四个阵营，进而研究每一个阵营的公共支出对城镇、农村居民消费的影响，以及城乡公共支出不均对居民消费差距的影响。

另一方面是在论文经验研究部分考虑了空间因素的影响效应。考虑到区域间的空间联系，创新地在论文经验研究部分使用了空间模型进行分析。以往研究文献在研究公共支出与居民消费的相关关系时忽略了公共支出自身的空间溢出效应，而本书在对公共支出分类后，将存在空间溢出效应的投资性支出单独考虑，在分析城乡投资性支出不均影响城乡居民消费差距的实证研究过程中考虑投资性支出本身的空间溢出效应，构建空间计量模型分析城乡居民消费差距形成原因，并考虑空间溢出效应提出地方政府在制定缩小城乡居民消费差距的相关措施时应保持相互协作的态度，追求协同发展。

[①] 靳涛、陶新宇：《政府支出和对外开放如何影响中国居民消费？——基于中国转型式增长模式对消费影响的探究》，《经济学》（季刊）2017 年第 1 期。

第二章

相关理论研究综述

本章主要梳理本书研究主题的相关文献综述，本书的主要研究关键词为公共支出、居民消费以及城乡居民消费差距，鉴于此，本章主要梳理了公共支出的相关文献、居民消费的相关文献、公共支出影响居民消费的相关文献及城乡公共支出不均影响居民消费差距的相关文献。

第一节 公共支出理论研究综述

本小节重点研究公共支出的理论起源及主要理论，并在此基础上梳理公共支出的相关研究文献，为下一步研究奠定基础。

一 经典理论回顾

公共支出理论起源于亚当·斯密（Adam Smith）的《国富论》，在《国富论》中斯密从君主的义务开始阐明了政府的收入与支出，并阐明了政府的三类基本支出与征税原则和体系，从而使财政学成为一门独立学科。而后经大卫·李嘉图（David Ricardo）、约翰·穆勒（John Mill）、马歇尔（Alfred Marshall）和庇古（Arthur Pigou）等的发展，形成了以马歇尔关于税收转嫁和归宿的实证理论和庇古的规范税收理论为核心的盎格鲁—萨克森传统，也被称为公共财政学的英美传统。而后，维克赛尔（Wicksell，1986）发表了《财政理论研究》一文，首次将新古典经济学中所提的边际效用理论用于公共部门分析，并提出税收应该和公共支出进行自愿交换的理论，即公平税收原则。林达尔（Lindahl）1919年在自己的论文《公平税收：一个积极的解决方案》中再一次强调了"自愿交易理论",并同时考虑了公共支出与税收的效用均衡问题,这是对马歇尔和庇古的财政不足理论的弥补。而后,随着布坎南(1949)发表《政府财政的纯理论》一文后,公共支出中的重要理论内容——公共选择理论被明确阐释,这使得公共支出理论在新古典经济学的框架中取得长足发展,此后,阿罗(Arrow,1951)、塔洛克(Tullock,1962)、唐斯(Downs,1957)等都在其著作或论文中分析了公共选择的个人或集体决策理论,进一步补充了公共支出理论。后来,纯公共支出理论也有了长足发展,其重要代表人物为萨缪尔森(Samuelson),他在自己的论文《公共支出的纯理论》《公共支出理论图解》探讨了公共产品提供的效率优化问题,正式构建了现代公共支出与公共产品理论。然而,以上公共支出理论都是从静态进行分析的,阿罗和库兹(Arrow and Kurz,1970)创新性地在新古典经济分析中引入了公共支出,同时,巴罗(Barro,1990)在分析内生经济增长稳态时,研究了公共支出最优路径,从而建立了公共支出的动态分析理论。

具体而言,公共支出理论主要包括四种:外部性理论、公共产品理论、公共选择理论及福利经济学的一般均衡理论。

(1)外部性理论。外部性[1]是福利经济学的重要研究对象,萨缪尔森等人将外部性定义为:"生产或消费对其他团体强征了不可补偿的成本或给予了无须补偿的收益的情形。"用公式表达如下:

$$W_i = F(X_{1i}, X_{2i}, \cdots, X_{ni}, X_{1j}) \, i \neq j$$

其中,i与j代表不同的厂商或个人,即i厂商的福利中包括j厂商的收益或成本,表明某一经济体在并未对其他个人或经济体提供报酬或索取补偿的情况下却获得或承担了这部分报酬或成本。由于经济活动中存在外部性问题,导致厂商或个人无法在利益最大化的目标下进行经济决策,进而造成资源配置扭曲。而要解决外部性问题,按照庇古的理论与思路,则需要个体间协作或政府通过公共收支与公共政策等干预手段来解决。如征收"庇古税"消除外部性。可见,政府的公共支出有助于消除外部性对资源配置的不利影响,但同时外部性的存在会推动社会合作,而社会合作的条件需要政府通过提供公共产品、公共服务等满足。

---

[1] 外部性是一个较为复杂的概念,在很多研究与著作中,都回避了对外部新概念的界定。

（2）公共产品理论。大卫认为公共产品是在不排除购买者享受其收益的同时广大消费者也可同时分享其收益的产品。其与私人物品存在不同特征，具有效用非竞争性、非排他性与不可分性。在公共产品理论中，与本书研究较为相关的是林达尔提出的关于公共产品供给决策理论，即"林达尔均衡"。其主要表明两点：一是林达尔均衡讲求一致性同意原则，当投票者全票通过某一公共产品供给时，决策将被通过；二是投票显示了个人的偏好，但未必是真实意愿，在此情况下利用市场选择解决公共产品供给，优化资源配置难以实现，仅有政府能够通过制度设计，利用公共支出提供公共产品，提高资源配置效率。

（3）公共选择理论。丹尼斯认为公共选择理论是在理性人假设前提下进行分析的。其将人类社会分为经济与政治两个市场，且两个市场都是在理性人假设下进行决策，从个人的行为基础研究集体协作的政府资源配置决策，具体过程为选民通过投票表达自我偏好与需求，表决政治家所提供的公共支出方案是否可行，集体投票是对偏好的加总，但由于偏好意愿表达的非真实性存在，导致个人偏好很难直接加总为集体偏好，从而决定政府决策。这使得政府不得不面临如何在市场失灵的状况下实现效率公平的问题，为解决这一问题，就需要制度或规范来约束政府行为，使政府能够在资源有效配置的目标下进行政治决策，如公共支出项目设置、结构安排等规范制定。

（4）福利经济学的均衡理论。均衡理论包括两种，一种是一般均衡理论，由瓦尔拉斯1874年在《纯粹经济学要义》中提出，其在完全竞争的假设下，考虑交换、生产、资本形成与货币流通四方面的影响作用，从而确定生产、交换各市场的均衡价格。希克斯等人对瓦尔拉斯的一般均衡模型进行拓展与改进，得出一般均衡处于一种稳定状态，能够满足整个社会效率最优的条件。另一种是局部均衡理论，是在假定其他市场条件不变的前提下，单独或孤立地考察某一市场、某种商品的供求平衡状态下的价格均衡。当公共支出由某一个决策者以社会福利综合最大化为目标制定时，公共支出的资源配置效应可以实现居民均衡状态，即帕累托最优状态。可见，公共支出额的改变能够影响资源配置，改变资源配置效率。

二 现有文献述评

（一）国外公共支出研究述评

国外对公共支出相关文献的研究主要集中在以下三个方面：第一，关于公共支出结构的研究。主要分为以下几个方面：一是对公共支出结构变动的研究。其代表性理论为罗斯托和马斯格雷夫的发展阶段论。该理论认为在经济发展的不同阶段公共部门投资在投资总额中所占比例存在差异。在经济发展的初期阶段，公共部门投资在投资总额中所占的比例较高；在中等发达阶段，政府依然进行公共投资品投资，但只作为私人投资的补充；而在经济发展的发达阶段，政府的公共投资比例进一步降低，但此时，收入维持和福利再分配的支出将大幅增加。二是对公共支出各项目科学组合的研究。其代表理论是邹恒甫（1996）提出公共支出的比例适度论，他在将公共支出分为生产性和非生产性支出的基础上，首先假定生产函数是 CES 型，政府支出来源于税收，代表性家庭的效用函数为：

$$U = \int_0^\infty U(c) c^{-\rho t} dt, k = (1-\tau)y - c, U(c) = \frac{c^{1-\sigma}-1}{1-\sigma}$$

按照这一公式，邹恒甫将公共支出分为投资支出、国防支出、教育支出、医疗支出等，用"是否能够促进经济增长"来衡量公共支出各项目比例是否设置合理。在此基础上，他将公共支出从生产性与非生产性扩展到 N 个政府支出比例。三是公共支出政策与经济增长关系理论。阿尔弗雷德·格雷纳在公共政策外生性的假定下，利用内生经济增长模型分析了平衡预算的财政政策，得出公共消费对平衡经济增长率具有抑制作用，转移支付也可能降低经济增长速率，且投资补贴会使得消费转为投资，从而以乘数效应促进经济增长，但政府资源由公共资本转向投资补贴可能会因为公共资本与资本比率降低，从而减缓经济增长。此外，他将税收和支出联系起来考虑其对经济增长的影响。

第二，关于公共支出效率的研究。首先，公共物品由谁提供更有效率的探讨。对于该问题的研究一部分西方学者认为应由政府提供，这一理论观点起源于霍布斯（1651）对"人类社会为什么需要政府？"这一问题的回答，休谟（1739）进而分析了公共草地排水、桥梁、公路修建问题，提出公共物品需要政府提供。而后，林达尔（1919）通过"林达尔均衡"的分析，证明了公共物品由政府提供更有效率。萨缪尔森（1954）在他的论文《公共支出的纯理论》中也提出市场无法解决外部性问题，公共物品由政府提供效率更高。由于寻租等问题的存在，政府可能存在失灵状况，加之，近年来兴起了对新公共物品管理与新公共服务理论的研究，因此，一部分学者提出部分公共物品由第三方机构提供更有效率。韦斯布罗德（Weisbrod，1974）认为公共物品的提供不一定只由政府承担，政府和第三方机构对公共物品的提供具有互补关系。汉斯曼（Hansman，1980）通过对营利性组织与非营利性组织的对比分析得出，某些非政府机构的非营利性组织在提供公共物品上具有更高的效率。赛拉蒙（Seamount，1987）提出第三方机构在提供某些公共物品上较政府具有更高效率，政府应建立与第三方机构的合作机制，从而提升公共物品的供给效率。其次，对如何提升公共支出效率问题的研究。帝布特（Dibut，1956）假定居民可以自由在各区迁移，从而可以利用"用脚投票"的机制使地方政府的公共支出达到居民满意的状态，从而提升公共支出效率。斯蒂格勒（Stigler，1957）对地方政府的公共支出效率与中央政府进行比较，得出通过地方政府提供公共物品效率更高。再次，对公共支出的效率标准的分析。帕累托（Pareto，1908）通过对产品市场、要素市场的分析得出交换、生产、交换—生产的帕累托最优条件，由此说明了公共支出的效率标准为帕累托最优。此后，较多学者对该标准进行了补充与扩展，主要可分为两类：一类是卡尔多（1939）、希克斯（1941）、西托夫斯基（1962）等提出的补偿原则；另一类是关于社会福利函数的研究，包括功利主义、罗尔斯主义和平均主义的社会福利函数。同时，布坎南（1962）也提出了使群体中所有成员在行动前达成一致的一致同意原则。最后，关于公共支出效率的测度研究。一是关于"最优税制"的建立。雷伊（1986）、阿特金森（1970）、斯蒂格利茨（1972）等研究结果表明，公共支出效率测度关键在于"最优税制"的建立。二是使用随机前沿分析。Greene 利用随机前沿面板分析方法研究了 191 个国家的医疗卫生支出效率问题，同时，Ramananthan 和 Pan 利用该方法研究了意大利地方政府在提供公共支出时的效率问题。

第三，公共支出分类的研究。其一，将公共支出分为生产性支出与消费性支出两类。Arrow 和 Kurtz（1970）最早基于新古典经济学框架将政府公共支出划分为消费性与生产性支出两类，并将这两类支出引入效用函数与生产函数中，进而阐明生产性公共支出与经济增长的关系。Devarajan、Swaroop 和 Zou（1996）也将政府公共支出分为生产性支出与消费性支出两类，并在此基础上研究了这两类支出之间的比例关系，认为它们的产出弹性之比决定了这两类支出的合理比例。此外，Easterly 和 Rebelo（1993）、Ghosh 和 Gregoriou（2008）[①] 等也都将政府公共支出分为生产性支出与消费性支出两类，并在此基础上研究生产性支出与经济增长之间的关系。第二，将公共支出分为生产性支出与非生产性支出两类。Devarajan、Swaroop 和 Zou（1996）[②] 对公共支出进行了明确分类和定义，将公共支出分为生产性支出和非生产性支出两类，认为生产性支出是指在总公共支出中比例上升会提高经济稳态增长率的那一部分支出，而非生产性支出则与其相反，同时，他们还进一步将生产性支出划分为公共经常性支出和公共资本性支出，认为公共经常性支出增加有助于促进经济增长，而公共资本性支出增加会抑制人均经济增长。

（二）国内公共支出研究述评

国内对公共支出的研究起步较晚，在以上三方面的研究上存在一定异同。第一，公共支出结构的研究。具体包括以下几个方面：一是公共支出结构变动的分析。时磊、田艳芳（2017）[③] 基于跨国数据的实证分析，得出收入不平等将会影响"公共支出结构偏向"；二是公共支出各项目比例合理配置的研究。龚锋、卢洪友（2009）[④] 通过 1999—2005 年中国内地 28 个省的面板数据，联立估计了教育支出等 7 类公共支出的需求函数，在此基础上，使用 Logit 模型实证研究了财政分权与公共支出的匹配关系，说明了在财政分权情况下每一种公共支出项目对财政分权的影

[①] Sugata Ghosh and Andros Gregoriou, "The Composition of Government Spending and Growth: Is Current or Capital Spending Better?" *Oxford Economic Papers* (*New Series*), Vol. 60, No. 3, 2008.

[②] Shantayanan Devarajan and Vinaya Swaroop ed., "The Composition of Public Expenditure and Economic Growth", *Journal of Monetary Economics*, Vol. 37, No. 2, 1996.

[③] 时磊、田艳芳：《收入不平等、"公共支出结构偏向"与长期经济增长》，《浙江社会科学》2017 年第 5 期。

[④] 龚锋、卢洪友：《公共支出结构、偏好匹配与财政分权》，《管理世界》2009 年第 1 期。

响及合理的比例配置。张晓娣、石磊（2013）① 运用梯度求解法对我国1998—2011年的省际面板数据进行实证分析得出在中国经济增长效率最大化的目标下存在"最优公共支出结构纵横方案"，认为可根据地区经济发展状况不同来适当调整各类公共支出项目，从而实现总公共支出效率的提升。三是公共支出与经济增长关系理论的研究。金戈、史晋川（2010）② 通过构建Barro模型和Chamley模型，在经济增长的稳态过程中研究税收和最优公共支出在经济增长中的路径，从而估计了中国宏观税负水平。而贺俊、吴照龚（2013）③ 利用1997—2010年的省际面板数据进行实证分析，得出经济建设类支出与一般性支出会抑制经济增长，而社会性支出对经济增长存在推动作用。严成樑、龚六堂（2009）④ 利用1997—2007年的省际面板数据进行实证分析得出生产性公共支出对经济增长的影响不一定为正，这一作用存在地区差异。

第二，公共支出效率的研究。一是关于公共支出效率的测度，国内学者进行公共支出效率测度时，大多使用数据包络分析法，并利用随机前沿分析法进行测算，但测算一般集中在某一类公共支出上。如林江和蒋涌（2009）⑤ 通过对医疗保障制度的分析，利用随机前沿分析法估计了现行医疗保障制度的成本方程，并采用OLS与MLE的对比进行了实证分析，研究国家财政补贴的成本效率问题。而郭锐（2010）⑥ 利用随机前沿模型对我国2005—2007年全国31个省的社会救助效率进行了测算。陈东、程建英（2011）⑦ 利用随机前沿模型对2000—2009年我国31个省的农村医疗卫生支出效率进行测算，并对各省的支出效率测算结果进行对

---

① 张晓娣、石磊：《中国公共支出结构的最优调整方案研究——区域聚类基础上的梯度求解法》，《财经研究》2013年第10期。
② 金戈、史晋川：《多种类型的公共支出与经济增长》，《经济研究》2010年第7期。
③ 贺俊、吴照龚：《政府公共支出结构与内生经济增长——基于省际面板数据的分析》，《上海经济研究》2013年第6期。
④ 严成樑、龚六堂：《财政支出、税收与长期经济增长》，《经济研究》2009年第6期。
⑤ 林江、蒋涌：《新医改中的公共医疗支出效率探讨》，《现代财经》（天津财经大学学报）2009年第11期。
⑥ 郭锐：《我国社会救助支出效率研究》，博士学位论文，西北大学，2010年。
⑦ 陈东、程建英：《我国农村医疗卫生的政府供给效率——基于随机生产边界模型的分析》，《山东大学学报》（哲学社会科学版）2011年第1期。

比分析。阎东彬、付正（2016）[①]利用随机前沿模型对2009—2013年河北省的公共支出相关数据从投入—产出角度分析测算城镇的公共支出效率。二是公共支出效率提升的影响因素。陈志广（2012）[②]对地方政府的职能进行研究得出相对财政自主对公共支出效率提升具有正向作用，而绝对财政自主对公共支出效率提升具有抑制作用。刘勇政、冯海波（2011）[③]在传统的内生经济增长模型中引入公共支出，并建立一般均衡模型和动态面板模型从理论与实证都证明了腐败对公共支出效率的提升具有逆向效应。陈诗一、张军（2008）[④]利用两阶段研究框架分别核算了分税制改革前后的政府公共支出效率变化，表明不同的地理环境、人口禀赋等都会使公共支出效率产生地区差异。三是公共支出效率的标准研究。梁东黎（2004）[⑤]提出通过人均产量与公共支出在总产量中占比的商来衡量公共支出效率，并以此标准对杭州与南京的公共支出效率进行了比较分析。郭长林（2007）[⑥]提出公共支出效率的标准在于它是否能够实现资源的合理配置、收入的合理分配以及经济增长。吴俊培（2003）[⑦]指出公共支出效率是指政府的资源配置效率和生产执行效率的总和，前者反映效率实现的总量和结构，而后者反映效率提升的组织管理过程。

第三，公共支出分类的研究。首先，将公共支出按照支出的经济性质分为生产性与消费性两类，在此基础上研究生产性支出与经济增长的关系。如庄腾飞（2006）[⑧]通过对我国1991—2003年省际面板数据的分析，在生产性与消费性支出的分类下，研究得出消费性与生产性公共支

[①] 阎东彬、付正：《基于DEA的河北省城市公共支出效率评价研究》，《经济研究参考》2016年第33期。

[②] 陈志广：《财政自主与公共支出效率：自地方政府实践维度观察》，《改革》2012年第1期。

[③] 刘勇政、冯海波：《腐败、公共支出效率与长期经济增长》，《经济研究》2011年第9期。

[④] 陈诗一、张军：《中国地方政府财政支出效率研究：1978—2005》，《中国社会科学》2008年第4期。

[⑤] 梁东黎：《提高财政支出效率的结构因素》，《南京审计学院学报》2004年第3期。

[⑥] 郭长林：《财政分权与经济增长的相关性分析》，博士论文，东北财经大学，2007年。

[⑦] 吴俊培：《财政支出效益评价问题研究》，《财政研究》2003第1期。

[⑧] 庄腾飞：《公共支出与经济增长关系的新视角——基于省际面板数据的经验研究》，《财经科学》2006年第11期。

出都对经济增长具有显著的正向影响。严成樑、龚六堂（2009）①认为将公共支出分为生产性与消费性两类，其中生产性公共支出可以直接引入生产函数，进而通过对资本—劳动的边际生产率影响经济增长，而消费支出直接进入人们的效用函数，对人们的社会福利起到直接效用。其次，以公共支出的功能为依据，将公共支出划分为经济建设类支出、社会性支出与一般性支出。如贺俊、吴照龚（2013）②将政府公共支出分为以上三类，他认为经济建设类支出主要包括基本建设、农林水务、环保、地质勘察、交通运输、企业挖掘改造、国家物资储备等支出；而社会性支出主要是指科教文卫及社会保障支出；一般性支出指行政管理、国防、外交、公共安全等相关费用支出。在此划分基础上，他研究了三类支出与经济增长之间的关系。再次，将公共支出按照统计口径分为更细致的类别。如张晓娣、石磊（2013）③将公共支出分为医疗卫生支出、国防公共支出、公共教育支出、生产建设支出和一般性、社会服务支出五类，其中生产建设支出包括农林水务、交通运输与资源勘查、电力信息、商业服务、金融监管、环境保护、灾后重建与粮油物资储备等，而一般社会服务支出包括社会保障和就业、城乡社区事务、住房保障支出与其他支出。最后，将公共支出各分类按照产出弹性和效用分为纯生产性、纯消费性与生产—消费混合性支出三类。如金戈、史晋川（2010）④认为经济中存在一类公共支出既能进入生产函数，又能促进企业效率，还能引入效用函数，提升消费者效用，该类公共支出被称为生产—消费混合性公共支出。

纵观国内外对公共支出相关文献的研究，得出以下三点：一是对公共支出结构的研究，以往国内外研究重点在于公共支出结构变动、公共支出各支出项目的比例配置及公共支出项目对经济增长的影响作用分析上，表明公共支出结构变动、支出项目比例变动及各项目对经济增长具

---

① 严成樑、龚六堂：《财政支出、税收与长期经济增长》，《经济研究》2009年第6期。
② 贺俊、吴照龚：《财政分权、经济增长与城乡收入差距——基于省际面板数据的分析》，《当代财经》2013年第5期。
③ 张晓娣、石磊：《中国公共支出结构的最优调整方案研究——区域聚类基础上的梯度法求解》，《财经研究》2013第10期。
④ 金戈、史晋川：《多种类型公共支出与经济增长》，《经济研究》2010年第7期。

有显著的影响作用，但影响作用大小及方向取决于公共支出结构及项目比例的协调程度。二是对公共支出效率的研究，国内外学者重点对以效率提升为目标的公共产品提供者选择、公共支出效率测度、如何提升公共支出效率以及公共支出效率标准等方面进行研究，但对比中外研究发现，国外学者对公共物品由谁提供的观点存在较大分歧，而国内学者对该部分研究较少，关注点更多在于公共支出的效率提升的影响因素，表明区域差异、人口禀赋、政府治理能力等都会影响公共支出效率。三是对公共支出分类的研究。国外学者大多将公共支出按照支出的经济性质笼统地分为生产性支出和消费性支出两类，并重在研究这两类支出与经济增长之间的关系，而国内学者对公共支出的划分更加灵活，从公共支出功能、统计口径、支出项目等不同角度将公共支出划分为多种类型。可见，对公共支出的具体分类研究依然存在较大分歧，其划分标准重在关注研究的目的性。

第二节　居民消费的相关文献综述

一　经典理论回顾

经典的消费理论产生于20世纪30年代的经济大危机时期，经历长期的发展，已形成完善的理论体系，具体包括以下六个方面。

（一）绝对收入理论

绝对收入假说是凯恩斯（Keynes，1936）在《就业、利息和货币通论》中提出的。结合经济危机的背景，提出有效需求不足引发经济危机，导致"萨伊定理"失效。有效需求不足的原因在于边际投资回报率递减、流动性陷阱和边际消费倾向递减。其中，他将"收入"作为变量引入消费研究中，认为过度储蓄将抑制需求，从而阻碍经济增长，造成经济周期性波动与停滞。而消费与收入的关系在于：居民将一部分收入用于消费，但随着收入不断提高，消费所占的比例将不断减小，即存在边际消费递减规律，进而提出政府通过货币政策和财政政策，刺激有效需求。在具体函数中，凯恩斯认为，消费由两部分组成，一是固定消费部分，即不随收入变动影响的部分，一般为保证消费者日常基本生活的消费开支部分；二是增量消费部分，即随着收入变动而变动的部分，且随着收入增加呈现边际增量递减的趋势。

凯恩斯消费理论的积极作用在于奠定了消费理论研究的基础，特别是将消费与收入相联系，并提出边际消费递减的观点。但是，凯恩斯的理论是从短期角度分析收入与消费的关系，并静态地以绝对收入作为消费的决定因素，这与现实发展存在一定差异。

（二）相对收入理论

对于绝对收入理论在现实解释中的不足，杜森贝利（Duesenberry，1951）进一步扩展了消费的影响因素，构建了以消费习惯为核心，包括"相对效应""消费惯性""棘轮效应""习惯弹性"等具体效用，其中，"相对效应"是相对收入的主要影响机制，而消费者行为不仅受到自身收入的影响，而且会受制于相对物价水平和周围其他人的消费水平，并非绝对收入假说中所界定的短期性和独立性；"消费惯性"是指个人消费习惯对于当期消费具有直接影响，具体表现为处于高消费层次的消费者，难以在短时间内逆转；"棘轮效应"是指消费者的消费水平会随着收入水平而提升，但是当收入水平下降时，消费水平并不会当期随之下降；"习惯弹性"是指当消费者消费层次下降之后，一段时间后可能恢复到之前水平。在具体函数方面，当期消费由三部分影响：其一是固定消费部分，即不依赖于收入的消费部分；其二是由当期收入影响的边际消费部分；其三是由过去消费习惯决定的边际消费部分。

相对收入理论在肯定收入对于消费有直接影响的同时，进一步放松和扩展了绝对收入理论的假设前提，通过引入消费习惯，分别对"相对效应""消费惯性""棘轮效应""习惯弹性"等影响因素进行分析，使相对收入理论的分析更加贴近现实，也为具体行为对消费的影响分析研究奠定了基础。但不足之处在于，相对收入理论的分析框架仍然建立在个人短期决策方面，对长期发展中收支平衡、风险防范等因素考虑较少。

（三）生命周期理论

莫迪利安尼和布伦贝格（Modigliani & Brumberg，1954）等学者从长期发展的角度，提出了生命周期理论，认为消费者出于理性人假设和风险防范的考虑，消费决策是基于整个生命周期做出的，即根据整个生命周期的收入情况决定不同阶段的消费与储蓄份额，以达到整体收入与消费的相对平衡。在具体函数方面，当期消费由两部分决定：其一是由实际财富决定的边际消费量;其二是由当期收入水平决定的边际消费量。函数的含义在于,个人当期消费不仅取决于当期收入水平,还取决于个人财富存量情况和收入预期。在收入预期分析中,将个人分为三个阶段,即未成年阶段、劳动者阶段以及老年阶段,其中,在未成年阶段和老年阶段,个人收入较低而支出较高;劳动者阶段个人收入较高。因此,在对消费和储蓄进行调配的过程中,未成年阶段和老年阶段为负储蓄阶段,消费与收入的差额应当在劳动者阶段进行正储蓄以补足,从而实现整体生命周期中收入和消费的均衡。

生命周期理论对于宏观经济政策也具有重要影响,就社会整体而言,处于劳动者阶段的人口储蓄能够抵消处于老年阶段和未成年阶段的人口消费,即达到全社会的消费均衡。对于老龄化社会,则可能存在社会总储蓄的下降,这与退休年龄、社会保障水平等因素相关。综上可知,生命周期理论将年龄因素纳入个人消费分析,进而在不同年龄阶段划分下分析消费问题具有重要的实践意义。但不足之处在于,生命周期理论将人的生命周期作为整体进行分析,却忽视了财富的代际转移效应以及家庭内部的转移支付效应,而上述效应可能直接抵消社会老龄化带来的消费率上升阻滞影响。

(四)家庭消费需求理论

萨缪尔森(Samuelson,1958)等学者在生命周期理论的基础上,考虑代际财富转移效应,以家庭为分析单位进行消费决策分析,从而提出家庭消费需求理论。该理论将未成年阶段视为家庭单元的投资行为,即未成年人不具有收入,但仍需要进行大量消费。家庭在储蓄与抚养子女之间进行决策,目的是一致的,即成为未来养老的保障,当家庭抚养子女数较少时,则需要多进行养老储蓄;若子女数较多时,抚养子女的当期消费实质可视为未来养老的投资替代。此外,贝克尔(Becker,1983)对该理论进行进一步扩展,提出家庭抚养子女也存在数量和质量之间的替代关系,当家庭收入一定时,需抚养子女数量与每个子女得到人力资本投资的数量成反比。

家庭消费需求理论的分析更加贴近于现实,特别是将未成年阶段视为家庭的投资阶段,将抚养儿童视为储蓄的替代品,不仅是对生命周期理论的发展和扩展,而且也能更加客观地解释人口出生率对消费结构的影响，对于后续消费经济的研究具有重要影响。

（五）预防性储蓄理论

该理论开启了对于微观消费行为研究的新阶段，费舍尔（Fisher，1956）和弗里德曼（Friedman，1957）对个人消费决策进行研究，提出当个人预期未来收入存在下降趋势时，将提早减少消费，以规避风险和收入降低的冲击。兰德（Leland，1968）进一步发展提出了预防性储蓄理论，即基于理性人和风险厌恶的基本假设，为了规避未来可能存在的不确定性和风险冲击，消费者可能不断降低个人消费而进行储蓄。因此，个人对未来收入水平、通货膨胀水平、宏观经济发展的预期对于当期消费决策具有重要影响作用，此外，社会保障水平、公共福利支出等风险防范因素也会影响消费决策。

预防性储蓄理论对于公共支出政策决策具有重要作用。当前，我国居民消费支出的方向主要在于子女抚养及教育、医疗支出以及养老支出方面，在教育、医疗及社会保障水平有待提升的时期，预防性储蓄广泛影响宏观货币政策及财政政策的有效性。结合预防性储蓄理论的观点，从提升我国居民对未来发展预期的角度设计公共政策，能够提升有效需求水平，驱动经济长效发展。因此，预防性储蓄理论在我国公共政策分析中具有重要的指导作用。

（六）消费者行为理论

上述消费理论都建立在完全信息、完全理性的基本假设前提下，但是，在现实中，由于消费者无法对一生整体财富进行准确掌握，不具有完全自我控制和效用的理性分析能力，导致难以实现完全信息，并难以在完全理性的前提下进行最优的消费决策，从而产生类似"超前消费""高储蓄现象"等问题，而上述问题在传统消费理论中难以得到合理解释。在进一步的研究发展中，学术界逐步向微观研究演进，特别是对"有限理性"的分析，开启了行为消费学的研究领域。消费者行为理论是以行为分析作为主要研究对象，认为消费者是有限理性的，导致消费行为与理论最优之间存在偏差，具体影响因素包括个人偏好差异、行为控制不足、心理构建及核算等。此外，性别、年龄、教育程度、文化特点等异质性，也是个体消费行为差异的重要影响因素。

消费者行为理论从个体心理、社会特征等因素出发，结合不完全信息、不完全理性、不完全计算能力等，对微观消费行为进行分析，从而达到对现实解释的高拟合度。同时，消费者行为理论也是现阶段消费经济的研究热点。但是，如何将微观消费者行为加总，分析对宏观经济发展的影响，是消费者行为理论的分析难点（见表2-1）。

表2-1　　　　　　　　　经典消费理论观点对比

学者	观点	评价
凯恩斯	绝对收入理论：消费由绝对收入水平决定，包括固定消费部分和边际消费部分，其中，边际消费部分随着收入增加呈递减趋势	奠定了消费理论研究的基础；从短期角度分析收入与消费的关系，并静态地以绝对收入作为消费的决定因素
杜森贝利	相对收入理论：消费由固定消费部分、边际消费部分以及消费习惯共同决定	进一步放松和扩展了绝对收入理论的假设前提，分析更加贴近现实，但仍建立在个人短期消费决策方面
莫迪利安尼、布伦贝格等	生命周期理论：消费决策是基于整个生命周期的收支平衡做出的，消费由实际财富决定的边际消费量和当期收入水平决定的边际消费量构成	从长期发展视角分析消费决策，对宏观经济分析有重要影响，但忽视财富的代际转移效应以及家庭内部的转移支付效应
萨缪尔森	家庭消费需求理论：以家庭为分析单位进行消费决策分析，将抚养子女视为家庭单元的投资行为，认为其与储蓄之间存在替代关系	更加贴近于现实，对生命周期理论的发展和扩展，对于后续消费经济的研究具有重要影响
兰德	预防性储蓄理论：基于理性人和风险厌恶的基本假设，为了规避未来可能存在的不确定性和风险冲击，消费者可能不断降低个人消费而进行储蓄	预防性储蓄理论在我国公共政策分析中具有重要指导作用
所罗门	消费者行为理论：以行为分析作为主要研究对象，认为消费者是有限理性和不完全信息的，导致消费行为与理论最优之间存在偏差	对现实分析的解释度较高，对宏观机制的分析是难点和方向

二 现有文献述评

（一）居民消费研究的相关文献述评

以往对居民消费的相关研究集中在以下两个方面。

第一，对居民消费结构的研究。首先，从数理层面对消费结构进行研究。R. Stone（1954）提出使用线性支出系统模型（LES）来研究消费结构问题，Luch（1973）利用扩展线性支出系统模型（ELES）来分析消费结构。Chiappori（1992）通过构建集体化决策模型，在家庭成员都能通过博弈达到帕累托最优的内部资源配置状态的假设前提下，将家庭成员的不同偏好加以区分，从而分析家庭的消费结构。Cherchey（2007）构建非参数化的家庭集体消费模型，研究家庭内部消费是实现帕累托最优配置状态的充要条件，在此基础上得出家庭集体理性所需要的最小商品数量是不存在的，应该被拒绝。Steven Barnett、Ray Brooks（2010）[①]通过研究表明政府可通过扩大财政支出从而促进居民消费的结构演化。其次，从全国总体范围分析消费结构变动，得出其与经济增长的关系。沈妍（2011）[②]从跨期替代模型入手，研究消费结构变动对经济增长的拉动作用，研究结论表明不同部门的投资拉动作用因部门差异存在一定区别，因而消费在不同部门间表现出消费倾向异质性的特点。查道中等（2011）采用向量自回归模型研究了我国城镇居民消费结构升级与产业结构升级之间的相关关系，表明在城镇与农村居民消费结构升级对产业结构升级会产生不同的作用，进而对经济增长的作用也并不一致。吴瑾等（2010）从收入分配的视角研究了消费需求与产业结构，结果表明消费结构的变化可通过三种机制对经济增长产生影响。俞剑等（2015）运用30个省的面板数据研究了城乡居民消费结构对经济增长的影响机制。最后，从某一区域入手进行消费结构变动与经济增长关系的研究。王怡等（2012）[③]

[①] Stevern Barentt and Ray Brooks, "China: Does Government Health and Education Spending Boost Consumption", *IMF working paper*, No. 10, 2010, p. 14.

[②] 沈妍：《基于不同部门消费结构的跨期结构式凯恩斯乘数分析》，《经济与管理研究》2010年第12期。

[③] 王怡、李树民：《城镇居民消费结构与经济增长关系的实证研究》，《统计与决策》2012年第10期。

利用东部10个省份的数据进行实证分析得出城镇居民消费结构升级对城镇经济增长产生推动作用；温涛等（2013）[①]、李翔等（2013）[②] 将农民收入与消费都进行了分类，在此基础上研究了东、中、西部的农民收入结构对消费结构的不同影响作用，结果显示东、中、西部农民各项收入对各项消费的影响存在区域差异，且中西部地区农民较东部地区农民具有更明显的"心理账户"。

第二，对居民消费行为的研究。首先，在不确定条件下研究消费行为。在"理性预期革命"出现后，经济学界开始研究不确定条件下的消费者行为，如 Zeldes（1989）研究了收入对消费行为的影响，他假定收入是随机波动的，从而在收入不确定的情况下研究收入对消费最优化行为的影响，结果表明不确定性会影响消费者决策行为。随着研究的深入，近年来，将消费者的心理、偏好也纳入了消费者行为影响因素的考虑范围内，如 Rabin（1998）从心理学角度入手研究消费者偏好，进而研究其对消费者行为的影响。Noldeke 和 Samuelson 利用"逆转工程"的研究方法得出消费的环境信息也会影响消费者的决策，从而影响消费行为。在国内也有学者从这方面研究消费者行为，如李文星等（2007）[③] 使用我国1989—2004年省际面板数据，并采用动态面板模型，得出儿童抚养系数显著影响消费率，而老年抚养系数的作用并不显著。高梦滔等（2012）[④] 利用从我国8个省所获得的1420户农户的收入与消费相关数据实证分析得出农村的流动性约束显著影响居民消费行为，同时，农户的消费行为用持久收入假说和生命周期假说进行解释更有效。王雪琪、赵彦云等（2016）[⑤] 利用我国2003—2013年省际面板数据，采用动态面板模型，研

[①] 温涛、田纪华、王小华：《农民收入结构对消费结构的总体影响与区域差异研究》，《中国软科学》2013 第3期。

[②] 李翔、朱玉春：《农村居民收入与消费结构的灰色关联分析》，《统计研究》2013 第1期。

[③] 李文星、徐长生等：《中国人口年龄结构和居民消费：1989—2004》，《经济研究》2008 第7期。

[④] 高梦滔、毕岚岚：《家庭人口学特征与农户消费增长——基于八省微观面板数据的实证分析》，2010年第6期。

[⑤] 王雪琪、赵彦云、范超：《我国城镇居民消费结构变动影响因素及趋势研究》，《统计研究》2016年第2期。

究得出人口结构对我国城镇居民的消费结构影响显著,且城镇居民消费支出存在较强的惯性。陈冲(2014)[①]研究了收入不确定性条件下,利用"预期收入离差率"这一指标来衡量农村居民收入的不确定性,进而研究居民消费行为在收入不确定条件下的影响。

其次,从习惯形成理论视角研究居民消费行为。习惯形成理论认为消费效用不仅取决于当期消费,还取决于过去习惯存量。其中,有一部分学者认为消费习惯存量只与自身的过去消费水平有关。Meghir 和 Weber(1996)[②]、Carroll 等(2000)[③]都认为在消费存在惯性的状况下,居民收入一旦受到冲击,那么居民消费行为的调整会存在一定的滞后期。Alessie & Lusardi(1997)[④]、Rossi 等(2002)[⑤]假设消费者为常相对风险厌恶者,使用风险厌恶效用函数,求得消费的封闭解,在此基础上得出现期消费的变化受到持久收入、劳动收入风险系数和以往消费的显著影响。还有一部分学者认为消费者的效用并不依赖于自身的消费习惯存在,而是依赖于周围人或社会平均消费水平的影响,且消费行为在消费者间是相互影响的。Michael Binder、M. Hashem Pesaran(2001)经过研究得出消费决策受到社会平均消费水平的影响,且相关人之间的相互影响会加强某种消费习惯的形成。Sha Yang 和 Greg M. Allenby(2003)[⑥]利用贝叶斯空间自回归模型,对个体消费者相互间的依赖偏好进行研究,得出不同个体消费者之间的消费决策是相互影响、相互依赖的。而 Jessica A. Wachter(2005)推导出外部习惯模型,并在此基础上实证检验得出消

[①] 陈冲:《收入不确定性的度量及其对农村居民消费行为的影响研究》,《经济科学》2014年第3期。

[②] Costas Meghir and Guglielmo Weber. "Intertemporal Nonseparablity or Borrowing Restrictions? A Disaggregate Analysis Using a U. S Consumption Panel", *Econometrica*, Vol. 64, No. 5, 1996, .

[③] Christopher D. Carroll ed., "Saving and Growth with Habit Formation", *American Economic Review*, Vol. 23, No. 9, 2000.

[④] Rob Alessie and Annamaria Lusardi, "*Consumption, Saving and Habit Formation*", Economics Letters, 1997, pp. 103 – 108.

[⑤] Alessandra Guariglia and Mariacristina Rossi: Consumption, Habit Formation and Precautionary Saving: Evidence from British Household Panel Survey, Ph. D. Dissertation, Oxford Economic Papers, 2002.

[⑥] Sha Yang and Greg M. Allenby, "Modeling Interdependent Consumer Preferences", *Journal of Marketing Research*, Vol. 40, No. 3, 2003.

费者决策受到外部习惯的显著影响。国内从习惯形成理论研究消费者行为起步较晚，但近几年这已成为研究重点。王小华、温涛等（2016）[①]对我国31个省1993—2013年的面板数据采用广义矩估计进行实证分析得出农村居民消费的习惯形成存在明显的棘轮效应，且在2004年之后棘轮效应更加显著。崔海燕、范纪珍（2011）[②]利用26个省的入户调查数据，采用省级动态面板数据理论模型和系统广义矩进行实证分析得出农村居民消费受内部习惯养成的显著影响。而黄娅娜、宗庆庆（2014）[③]在对Dynan的理论模型进行扩展的基础上，加入不确定因素，利用1992—2003年的城镇调查数据进行实证分析得出中国城镇居民的食品消费存在显著的习惯形成效应。

（二）城乡居民消费差距的相关文献述评

以往对城乡消费差距研究的文献，主要集中在以下两个方面。

一是对城乡消费差距的影响因素分解。对以往研究进行汇总，其中认为与城乡消费差距有反向关系的因素为：经济增长和城乡人口结构（城乡少儿和老年人口抚养系数比）；如王子敏（2012）[④]、朱诗娥、杨汝岱（2012）[⑤]提出经济增长的空间溢出效应对城乡消费差距产生较大影响，会缩小城乡消费差距。吴海江、何凌霄等（2013）[⑥]通过运用灰色关联分析对城乡人口结构差异与城乡消费差距的关系进行了实证分析，结果显示城乡人口结构与城乡消费差距之间高度反向相关，即城乡少儿抚

[①] 王小华、温涛等：《习惯形成、收入结构失衡与农村居民消费行为演化研究》，《经济学动态》2016年第10期。

[②] 崔海燕、范纪珍：《内部和外部习惯形成与中国农村居民消费行为——基于省级动态面板数据的实证分析》，《中国农村经济》2011年第7期。

[③] 黄娅娜、宗庆庆：《中国城镇居民的消费习惯形成效应》，《经济研究（增）》2014年第1期。

[④] 王子敏：《基于空间溢出视角的城乡消费差距问题研究》，《农业技术经济》2012年第2期。

[⑤] 朱诗娥、杨汝岱：《城乡居民消费差距与地区经济发展水平》，《经济评论》2012年第1期。

[⑥] 吴海江、何凌霄、张忠根：《中国人口年龄结构与城乡居民消费差距：2000—2011》，《山西财经大学学报》2013年第10期。

养系数比和老年抚养系数比提高会缩小城乡消费差距。王箔旭（2015）[①]研究发现人口老龄化对城乡居民消费差距具有显著的负效应，主要原因在于老龄化对农村消费水平的影响作用高于城镇；而认为与城乡居民消费差距具有正向相关关系的因素有城乡收入差距、社会保障差异、物价水平和政府支出。刘艺容（2008）[②]研究表明城乡收入差距对城乡消费具有较长期的影响，且收入差距过大是居民消费不足的重要原因。赵伟、王丽强（2015）[③]研究发现城乡收入差距在东、中、西部影响城镇和农村消费率的方向不同，但总体而言城乡收入差距扩大了城乡消费差距。欧阳斌、何娇（2015）[④]研究发现，与没有社会保障的居民家庭相比，拥有基本养老保障的居民家庭，消费支出平均增加19.2%，说明了社会保障差距会直接扩大城乡居民消费差距。王猛、李勇刚、王有鑫（2013）[⑤]对中国31个省进行研究后发现土地财政和房价波动对城乡消费差距有显著的正向影响，原因在于地方政府对土地财政依赖的增强，导致房价上涨，进而拉大了城乡消费差距。李树培等（2009）[⑥]通过TVP模型对改革开放30年城乡消费差距与政府支出的关系进行了研究，发现我国政府支出对城乡消费存在引致效应，但因这种效应作用于农村与城镇的强度不同，导致城乡消费差距不断扩大。徐敏、姜勇（2015）[⑦]运用空间面板数据分析产业结构升级与城乡消费差距的关系，研究结果表明在不同时期二者存在不同的关系，1993—2002年产业结构升级拉大了城乡消费差距，而到2002—2013年，产业结构升级却缩小了城乡消费差距。

[①] 王箔旭：《人口老龄化对我国城乡居民消费差距的影响研究——基于省际动态面板数据的实证分析》，《当代经济科学》2015年第5期。

[②] 刘艺容：《中国城乡收入差距对居民消费影响的实证分析》，《求索》2008年第1期。

[③] 赵伟、王丽强：《新时期的城乡收入差距抑制了消费吗？——基于省级面板数据的城乡消费率差异分析》，《消费经济》2015年第6期。

[④] 欧阳斌、何娇：《城镇居民不同养老保障类型对家庭消费的影响》，《消费经济》2015年第3期。

[⑤] 王猛、李勇刚、王有鑫：《土地财政、房价波动与城乡消费差距——基于面板数据联立方程的研究》，《产业经济研究》2013年第5期。

[⑥] 李树培、高连水、魏下海：《贸易开放与发展中国家收入差距扩大——基于中国的理论与实证分析》，《财经研究》2009年第12期。

[⑦] 徐敏、姜勇：《产业结构提升能够缩小城乡消费差距吗？》，《数量经济技术经济研究》2015年第5期。

二是对城乡居民消费差距的测度。为衡量城乡居民消费水平的相对差距,以往学者主要利用三种方法对城乡居民消费差距进行测度。首先,利用四分位数方法比较城乡居民消费差距,李国正、艾小青(2017)[①] 以城镇和农村各位置统计量的比值为主要测度指标,其中包括最大值、最小值、1/4 分位数、3/4 分位数,以及平均数与中位数的比值,使用计算得出的四分位比值大小来衡量城乡居民消费差距,一般是城与乡之比,由于我国城镇消费水平普遍高于农村,因此,城乡消费比普遍大于 1,而该比值越大表明城乡居民消费差距越大,比值越小表明城乡居民消费差距越小。其次,使用基尼系数测算城乡之间的消费支出差距。马骁、王斐然等(2017)[②] 参考陈晓东(2015)的做法,引入基尼系数测度城乡居民消费差距,并利用数学推导得出城乡居民消费间的基尼系数为:

$$G_{ur} = \frac{C_{uj}P_{uj}}{C_{rj}P_{rj} + C_{uj}P_{uj}} - P_{uj} = \frac{R_j P_{uj}}{P_{rj} + R_j P_{uj}} - P_{uj}$$

其中,C_{uj} 表示城镇第 j 年居民人均现金消费支出,C_{rj} 表示第 j 年农村居民人均现金消费支出,R_j 为 j 年人均消费支出之比,P_{uj} 和 P_{rj} 分别表示城镇和农村第 j 年的人口比重。最后,使用城乡居民消费相对差或以城乡居民消费支出比来测度城乡居民消费差距。焦健、罗鸣令(2018)[③] 在运用全国 31 个省及东、中、西部地区 2005—2015 年的经验数据,实证检验民生性财政支出对城乡居民消费差距的影响效应时,使用城镇居民实际消费支出与农村居民实际消费支出之差的对数,来表征城乡居民人均消费差距,数值越大表示城乡消费差距越大;反之亦然。袁宇晨(2017)[④] 在对我国城乡居民消费差异进行研究时,将城乡居民消费差距区分为相对差距与绝对差距两种,其中,城乡居民消费的绝对差距由城镇人均消费支出减去农村居民消费支出得出,而相对差距由城镇人均消费支出除以

[①] 李国正、艾小青:《"共享"视角下城乡收入与消费的差距度量、演化趋势与影响因素》,《中国软科学》2017 年第 11 期。

[②] 马骁、王斐然、陈红娜:《我国城乡收入差距测度:一种新思路的应用》,《财经科学》2017 年第 8 期。

[③] 焦健、罗鸣令:《民生性财政支出对城乡居民消费差距的效应检验》,《经济与管理》2018 年第 1 期。

[④] 袁宇晨:《我国城乡居民消费差异问题研究》,《农村金融研究》2017 年第 8 期。

农村居民消费支出测度。刘吕吉、申经宇（2017）[①] 虽在研究福利性财政支出对城乡居民消费差距的过程中提到了相对差距与绝对差距的概念，但在实证检验中对城乡居民消费差距的度量仅使用城乡居民消费支出之比来测度城乡居民消费差距。

纵观国内外对居民消费及城乡居民消费差距的相关研究得出：第一，在对居民消费结构的研究中，国外学者从绝对收入理论、相对收入理论、持久收入理论等出发分析居民消费与居民收入之间的关系，而国内研究重在分析消费结构变动对经济增长、产业结构等调整的影响作用。第二，在对居民消费行为的研究中，国外学者从理性预期理论出发，重在研究居民在不确定性收入下如何实现最优化消费支出，此外，从习惯形成理论出发研究在消费惯性存在的前提下，居民在收入变动时的消费选择问题，可见，居民消费支出受制于居民收入预期与消费习惯。国内学者主要采用经验研究法在不确定预期的约束下研究居民消费增长的影响因素，认为居民消费行为的影响因素较多，在对居民消费习惯影响消费选择的研究中，更注重从实证层面检验消费惯性是否显著影响了居民消费的问题，普遍认为消费习惯会显著影响居民消费，而消费习惯可以由居民的风险厌恶系数来衡量。第三，在对城乡居民消费差距形成的影响因素及测度的研究中，认为各类影响因素与城乡居民消费差距的相关关系可分为三类：缩小、扩大及不确定影响作用；而对城乡居民消费差距的测度主要使用城乡居民消费支出比、城乡居民消费支出差值及城乡居民消费的基尼系数。这三种方式各有利弊，对城乡居民消费差距的相对量和绝对量能够简单测度，且应用面较为广泛。

第三节　公共支出不均与城乡居民消费差距的相关性研究综述

本节主要研究公共支出影响居民消费的文献综述，并在此基础上对城乡公共支出不均影响城乡居民消费差距的相关文献进行述评。

[①] 刘吕吉、申经宇：《福利性财政支出对城乡居民消费差距的影响》，《首都经济贸易大学学报》2017 年第 3 期。

一 公共支出影响居民消费的文献综述

以往学者在公共支出影响居民消费的作用方面的研究结论存在较大分歧，具体存在以下三种观点。

（一）公共支出挤入居民消费

Bailey（1971）对公共支出挤入居民消费进行了研究，认为公共物品和服务与私人消费是等价的，只是这种等价关系存在一个大于0、小于1的比例关系，这就表明公共支出对私人消费具有挤入效应。而后很多西方学者利用实证分析检验了Bailey的研究结论，得出公共物品和服务确实等价于一定比例的私人消费（Kormendi，1983；Aschauer，1985；Ahmed，1986）[1][2][3]。Karras等（1994）[4]利用欧、美、日等30个国家的数据进行实证分析得出公共支出与私人消费之间存在互补效应，且公共支出在国民收入中的比例越高，这种互补效应越小，原因在于公共支出比重更大时，消费者会降低储蓄率。也有一些学者通过建立公共支出与私人消费间的VAR模型估计二者之间关系，得出公共支出对私人消费具有持续的、较大的挤入效应，公共支出增加时居民消费也会显著提高（Blanchard、Perotti，2002；Perotti，2004）[5][6]。而Riccardo和Tryphon（2004）[7]在将公共物品分为公共品和有益品两种类型的基础上，利用系统广义矩估计对欧洲12个国家的样本数据进行实证研究，得出公共品对居民消费具有

---

[1] Roger C. Kormendi and Philip Meguire , "Government Bebt, Government Spending and Private Sector Behavior", *American Economic Review*, Vol. 73, No. 5, 1983.

[2] David Alan Aschauer , "Fiscal Policy and Aggregate Demand ", *American Economic Review* , Vol. 75, No. 1, 1985.

[3] Shaghil Ahmed, "Temporary and Permanent Government Spending in an Open Economy", *Journal of Monetary Economics*, Vol. 17, No. 1, 1986.

[4] Paul Evans and Georgios Karras , " Are Government Activities Productive? Evidence from a Panel of U. S. States", *The Review of Economics and Statistics*, Vol. 76, No. 1, 1994.

[5] Olivier Blanchard and Roberto Perotti , "An Empirical Characteriziation of the Dynamic Effects of Changes in Government Spending and Taxes on Output", *Quarterly Journal of Economics*, Vol. 107, No. 4, 2002.

[6] Roberto Perotti, "Estimating the Effects of Fiscal Policy in OECD Countries", *University Bocconi Discussion Paper* , No. 276, 2004, p. 60.

[7] Riccardo Fiorito and Tryphon Kollintzas, "Public Goods, Merit Goods, and the Relation between Private and Government Consumption", *European Economic Review*, Vol. 48, No. 6, 2004.

挤出效应，但有益品对居民消费具有较强的挤入效应，综合起来看公共物品对居民消费具有显著的挤入效应。

我国学者研究公共支出与居民消费的相关关系起步较晚，但依然有大量的研究成果。胡书东（2002）[1]利用微观基础的理论框架分析了积极的财政政策对民间消费的影响作用，结果表明扩大财政支出，并加快基础设施建设能够刺激民间消费增长。李晓嘉等（2016）[2]利用空间面板模型对相邻地区政府公共支出影响居民消费的空间效应进行了估计，结果表明公共支出的空间外溢性对居民消费具有挤入效应。贺俊等（2016）[3]通过构建内生经济增长模型研究财政分权与居民消费的相关关系，结果表明政府公共支出能够很好地推动居民消费，财政分权在间接层面上通过经济建设性支出、一般性支出渠道所产生的辐射效应促进居民消费提升，而通过社会性支出渠道的辐射效应将会挤出居民消费。李晓嘉、钟颖（2013）[4]通过研究我国地方政府支出与居民消费的关系，得出我国地方政府支出从总体上对居民消费产生挤入效应。潘彬等（2006）[5]采用加入政府购买的一般化恒常收入模型，利用我国的时间序列数据和城镇、农村居民家庭数据，估计得出政府购买性支出与居民消费间呈互补关系。胡宝娣、汪磊（2011）[6]在效用函数中引入收入、政府消费性财政支出与闲暇的变量，推导出不确定条件下的消费函数，并在此基础上利用分位数回归检验居民消费变动效应，得出政府的消费性财政支出有利于拉动居民消费。

---

[1] 胡书东：《中国财政支出和民间消费需求之间的关系》，《中国社会科学》2002年第6期。

[2] 李晓嘉、蒋承等：《地方财政支出对居民消费的空间效应研究》，《世界经济文汇》2016年第1期。

[3] 贺俊、刘亮亮、张玉娟：《财政分权、政府公共支出结构与居民消费》，《大连理工大学学报》2016年第1期。

[4] 李晓嘉、钟颖：《地方政府支出对居民消费需求的影响研究——来自中国区域面板数据的证据》，《上海经济研究》2013年第8期。

[5] 潘彬、罗新星等：《政府购买与居民消费的实证研究》，《中国社会科学》2006年第5期。

[6] 胡宝娣、汪磊：《基于分位数回归的我国居民消费研究》，《商业研究》2011年第1期。

（二）公共支出挤出居民消费

Aiyagari 等（1992）[①]、Baxter 和 King（1993）[②]、Burnside 等（1996）[③] 经过研究表明，由征收一次总额税而产生的财政收入进行政府支出，支出增加时会使产出和真实利息提高，但会降低居民消费和真实工资。Mountford 等（2009）[④] 经过研究得出在预算平衡的情况下，政府支出对居民消费具有挤出效应。杨智峰（2008）[⑤] 利用跨期优化理论推导出实证方程，而后利用省际面板数据研究公共支出的功能性分类与当地居民消费的关系，结果表明地方公共支出对居民消费是一种不显著的挤出效应，且这一挤出效应存在明显的时空差异。李春琦等（2010）[⑥] 建立跨期迭代理论模型，采用宏观数据，实证研究了财政支出结构与私人消费的关系，得出政府的行政管理费用支出对私人消费具有挤出作用，而基础经济建设支出在短期内对私人消费具有拉动作用，而在长期内对私人消费产生抑制作用。方福前等（2014）[⑦] 研究了经济增长稳态路径上政府支出结构与居民消费的关系，得出在不同的模型框架下政府支出对居民消费的影响作用不同，但消费性支出对居民消费率和总效率存在挤出效应。申琳、马丹（2007）[⑧] 认为政府支出可以通过消费倾斜性渠道和资源撤出渠道来影响居民消费，一般会通过消费倾斜性渠道挤入居民消费，而通过资源撤出性渠道挤出居民消费，但总体来看，人均政府支出会通过两种渠道挤出人均居民消费，即人均居民消费与人均政府支出之

[①] S. Rao Aiyagari and Lawrence J. Christiano ed. , "The Output, Employment and Lnterrest Rate Effects of Government Consumption", *Journal of Monetary Economics*, Vol. 30, No. 1, 1992.

[②] Marianne Baxter and Robert G. King, "Fiscal Policy in General Equilibrium", *American Economic Review*, Vol. 83, No. 3, 1993.

[③] A. Craig Burnsidea and Martin S. Eichenbaum, "Sectoral Solow Residuals", *European EconomicReview*, No. 40, pp. 861 - 869.

[④] Andrew Mountford and Harald Uhlig, "What are the effects of fiscal policy shocks?", *Journal of Applied Econometrics*, Vol. 24, No. 6, 2009.

[⑤] 杨智峰：《地区差异、财政支出与居民消费》，《经济经纬》2008 年第 4 期。

[⑥] 李春琦、唐哲一：《财政支出结构变动对私人消费影响的动态分析——生命周期视角下政府支出结构需要调整的经验证据》，《财经研究》2010 年第 6 期。

[⑦] 方福前、孙文凯：《政府支出结构、居民消费与社会总消费——基于中国 2007—2012 年省际面板数据分析》，《经济学家》2014 年第 10 期。

[⑧] 申琳、马丹：《政府支出与居民消费：消费倾斜渠道与资源撤出渠道》，《世界经济》2007 年第 11 期。

间呈替代关系。

(三) 公共支出对居民消费的不确定影响

西方学者中 Kwan (2006)、Brown 和 Wells (2008)[1]、Horvath (2009)[2] 等研究表明公共支出对居民消费的影响效应是不确定的。苑德宇等 (2010)[3] 利用30个省的省级面板数据，构建居民消费与财政支出的动态模型，并将公共支出分为科教文卫支出、政府消费性支出和经济建设支出，结果表明科教文卫支出对居民消费有挤入作用，而消费性支出对居民消费有挤出作用，经济建设性支出对居民消费的作用微弱，综合起来看，公共支出对居民消费的作用方向并不确定。陈守东、杨东亮 (2009)[4] 研究了财政支出的内生冲击和随机性外生冲击导致的财政支出不确定性对居民消费增长率产生了不确定的作用。胡永刚等 (2012)[5] 构建了包含存量与流量两部分的政府生产性支出的内生增长模型，经过研究得出政府支出增加在挤出居民消费的同时，生产性支出会挤入居民消费，政府支出究竟对居民消费产生挤出还是挤入效应取决于这两种效应的比较，同时也受到生产性支出所占比重和税负水平。武晓利等 (2014)[6] 研究结果表明消费性支出在长期内会挤出居民消费，同时会导致居民消费率下降；政府转移性支出对居民消费具有挤入效应，并能够提升居民消费率；政府服务性支出、投资性支出都能够挤入居民消费，但是不一定会促进居民消费率的提升，因此，总公共支出对居民消费的

---

[1] Anna Brown and Graeme Wells, "Substitution between Public and Private Consumption in Australian States", *New Zealand*, November 6, 2008, pp. 9–11.

[2] Michal Horvath, "The Effects of Government Spending Shocks on Consumption under Optimal Stabilization", *European Economic Review*, Vol. 53, No. 7, 2009.

[3] 苑德宇、张静静、韩俊霞：《居民消费、财政支出与区域效应差异——基于动态面板数据模型的经验分析》，《统计研究》2010年第2期。

[4] 陈守东、杨东亮：《我国财政支出不确定性对居民消费影响的实证研究》，《数量经济技术经济研究》2009年第9期。

[5] 胡永刚、郭新强：《内生增长、政府生产性支出与中国居民消费》，《经济研究》2012年第9期。

[6] 武晓利等：《财政支出结构对居民消费率影响及传导机制研究——基于三部门动态随机一般均衡模型的模拟分析》，《财经研究》2014年第6期。

影响取决于政府消费性支出的比例。刘小川、汪利锬（2014）[①] 运用萨缪尔森的乘数—加速数相互作用模型研究了政府公共支出与居民消费的关系，结果表明二者关系取决于居民边际消费倾向和政府的边际支出倾向，总体而言，政府支出与居民消费之间呈倒"U"型关系，即先是挤入效应，而后转为挤出效应，但如果分类来看二者的关系，检验结果存在一定差异，这表现在：公共事务性支出挤出居民消费、民生性支出挤入居民消费、经济性支出先挤入后挤出居民消费。

以上学者认为公共支出会挤入居民消费，也可能挤出居民消费或因挤出、挤入效应的共同存在而对居民消费产生不确定性影响。但持公共支出挤入居民消费观点的学者其理论基础来源于公共支出提供公共物品，从而节约了私人消费，私人可将该部分节余用于其他商品消费，进而刺激居民消费增长。但以往仅有少数学者致力于对公共支出挤入居民消费的理论机理分析，大部分学者依然重在使用实证检验验证挤入效应的大小。而持公共支出挤出居民消费观点的学者其理论基础为公共支出来源于税收，认为税收增加将减少居民可支配收入，从而抑制居民消费。持公共支出对居民消费存在不确定性影响的学者认为公共支出因居民边际消费倾向和政府的边际支出倾向不同导致挤出效应与挤入效应在不同区域的作用效果存在差异，从而使公共支出对居民消费产生不确定性影响。

二 公共支出不均影响居民消费差距的文献综述

在对公共支出影响居民消费的相关文献进行梳理之后，该部分主要对公共支出不均影响城乡居民消费差距的相关文献进行梳理。纵观以往研究主要集中在以下两点。

（一）引入城镇和农村区域，研究公共支出对居民消费的影响

以往研究公共支出与农村或城镇居民消费的文献较多，归纳起来看主要包括以下观点：一是公共支出的各分类对农村或城镇居民消费有不

[①] 刘小川、汪利锬：《居民消费与最优政府支出：理论与动态估计》，《财贸研究》2014年第7期。

同影响。孔祥利等（2007）[①] 研究表明公共农业补贴提高会增加农村居民可支配收入，从而将促进农村消费增长。储德银等（2010）[②] 将公共支出分为民生性支出和非民生性支出，通过我国省域数据检验得出民生性公共支出对农村居民消费产生显著的挤入效应，而非民生性公共支出对农村居民消费产生显著的挤出效应。杨琦（2014）[③] 将财政支出分为两类，一类是生产性支出，另一类为非生产性支出，得出生产性支出对农村居民消费产生了挤入效应，非生产性支出对居民消费产生了挤出效应，但总体来看生产性支出所产生的正向效应系数大于非生产性支出所产生的负向效应系数。李普亮（2010）[④] 通过对我国发达程度存在差异的1745个城镇的居民进行问卷调查，得出民生性公共支出对城镇居民消费影响效应显著为正，其中社会保障支出对城镇居民消费的影响系数最高，其次为医疗、通信支出。二是公共支出对农村或城镇居民消费的影响作用存在区域差异。毛其淋（2011）[⑤] 检验得出地方政府财政支出增加显著推进农村居民消费增长，每增加1%的农业补贴支出会带来农村居民消费增加0.137%，且这一正向影响作用在中西部的效应明显大于东部地区。三是公共支出对农村居民消费结构的影响研究。胡兵等（2014）[⑥] 使用门槛模型研究得出转移性收入对农村居民的食品、居住、家庭设备、医疗保健类消费具有非线性促进作用，收入水平越高时，转移性收入对居民的食品、居住类消费水平促进作用越大，但对家庭设备类消费的促进作用越小。

（二）从公共支出视角研究城乡居民消费差距

以往研究公共支出影响城乡消费差距的论文依然较少，主要观点有

[①] 孔祥利、司强：《新农村建设财政支出与农村消费需求的相关性》，《云南民族大学学报》（哲学社会科学版）2007年第5期。

[②] 储德银、闫伟：《财政支出的民生化进程与城乡居民消费——基于1995—2007年省际面板数据的经验分析》，《山西财经大学学报》2010年第1期。

[③] 杨琦：《财政支农对农村居民消费的效应分析》，《财经科学》2014年第11期。

[④] 李普亮：《财政农业投入与农村居民消费：理论与实证分析》，《广东商学院学报》2010年第5期。

[⑤] 毛其淋：《地方政府财政支农支出与农村居民消费——来自中国29个省市面板数据的经验证据》，《经济评论》2011年第5期。

[⑥] 胡兵、涂先进、胡宝娣：《转移性收入对农村消费影响的门槛效应研究》，《财贸研究》2014年第1期。

两种：一种是公共支出增加能够缩小城乡消费差距。师玉朋和伏润民（2014）[①]通过建立城乡居民消费与公共支出的理论模型和计量模型，研究得出公共支出对城镇和农村居民消费的作用存在差别，挤入农村居民消费、挤出城镇居民消费。如果将公共支出分为社会文教支出、行政管理支出和其他支出，那么各类公共支出对城镇和农村居民消费的影响在各分类间存在不一致性，但在城镇和农村作用一致。黄威、丛树海（2011）[②]利用我国省际面板数据，构建面板模型研究得出财政支出政策对农村居民消费的挤入效应大于对城镇居民消费的作用，且通过对消费函数的估计结果表明，财政支出政策对农村居民消费的影响作用更大。

另一种是公共支出对城乡消费差距的影响作用不确定，各类型公共支出对居民消费的影响作用存在显著差异。樊行健等（2011）[③]通过构建动态面板模型，实证分析了各类型公共支出对城镇和农村居民消费产生的影响效应，得出政府投资性支出对城镇和农村居民消费产生微弱的挤出效应，而社会性支出与转移性支出对城镇和农村居民消费都产生微弱的引致效应，由此可见，公共支出是否能够缩小城乡消费差距在于投资性支出、消费性支出和转移性支出在城镇和农村的比例关系。刘琦等（2011）[④]研究了东、中、西部公共支出的具体项目与城乡居民消费差距的关系，得出经济建设支出缩小了中东部地区城乡消费差距，但扩大了西部地区城乡消费差距，支农支出在全国范围内缩小了城乡居民消费差距，但社会保障支出在全国扩大了居民消费差距，可见，公共支出对城乡居民消费差距的影响是不确定的，在不同地区影响作用存在显著差异。

[①] 师玉朋、伏润民：《公共支出结构与居民消费关系的统计检验》，《统计与决策》2014年第10期。

[②] 黄威、丛树海：《我国财政政策对居民消费的影响：基于省级城乡面板数据的考察》，《财贸经济》2011年第5期。

[③] 樊行健、李憨劼：《政府支出对城乡居民消费的影响效应——基于动态面板数据模型的经验分析》，《消费经济》2011年第5期。

[④] 刘琦、黄天华：《财政支出与城乡居民消费支出差距的关系研究——基于全国省级地区面板数据的经验分析》，《上海财经大学学报》2011年第4期。

第四节 研究述评

本章主要梳理了本书的研究综述，以公共支出、居民消费、城乡居民消费差距为关键词，首先，对公共支出及居民消费的研究演进及文献综述进行了梳理；其次，梳理了公共支出影响居民消费的相关文献；最后，梳理了农村或城镇公共支出对农村或城镇居民消费影响的相关文献，在此基础上，梳理了公共支出影响城乡居民消费差距的相关文献。通过对以上文献的梳理与总结得出：

第一，公共支出对居民消费的影响作用研究结论存在分歧，缺乏对相关理论机制的详细梳理。以往研究结论表明公共支出会挤入居民消费，也有结论表明公共支出会挤出居民消费，还有结论表明公共支出对居民消费会产生不确定性影响。持公共支出挤入居民消费观点的学者其理论基础来源于公共支出提供公共物品，从而节约了私人消费，私人可将该部分节余用于其他商品消费，进而刺激居民消费增长。但以往仅有少数学者致力于对公共支出挤入居民消费的理论机理阐述，大部分学者依然重在使用实证检验验证挤入效应的大小。而持公共支出挤出居民消费观点的学者其理论基础为公共支出来源于税收，认为税收增加将减少居民可支配收入，从而抑制居民消费支出。持公共支出对居民消费存在不确定性影响的学者认为公共支出因居民边际消费倾向和政府的边际支出倾向不同，导致挤出效应与挤入效应在不同区域的作用效果存在差异，从而使公共支出对居民消费产生不确定性影响。可见，以往对公共支出影响居民消费的研究结论莫衷一是、分歧很大，且研究重在实证检验，轻视理论机理分析，对公共支出影响居民消费的作用分析尚待深入。

第二，城乡公共支出不均对居民消费差距的影响被忽视，导致城乡公共支出在缩小城乡居民消费差距层面的效用难以发挥。以往研究城乡公共支出不均影响居民消费差距的相关文献较少。其中，对农村和城镇居民消费的研究多集中在研究生产性支出、消费性支出影响城镇或农村居民消费的实证检验层面，对其理论机理进行剖析的文献仍略显不足。而研究公共支出影响城乡居民消费差距的相关文献虽将公共支出进行了分类，研究了公共支出各项目支出类别如何影响城乡居民消费差距的问题，但缺乏理论机理分析，在实证检验过程中笼统地将公共支出各项目作为自变量检验其对城乡消费差距的影响，忽略了城乡间公共支出存在差距的现实特征，不利于更客观地检验公共支出在城乡间的效率差异。而将公共支出分类为消费性支出与生产性支出两类研究城乡居民消费差距问题也过于笼统，消费性支出直接引入模型可能与居民消费之间存在多重共线性，还应进一步细化，才能更客观地衡量城乡公共支出不均影响居民消费差距的作用。

第 三 章

内涵界定及理论机理分析

本书第二章对公共支出、居民消费及城乡居民消费差距的相关文献进行梳理，得出本书理论研究部分的导向与着力点，即重点剖析公共支出影响居民消费的理论机理，并进一步细化公共支出分类，着重分析公共支出各分类与居民消费的相关关系，并在此基础上研究公共支出影响城乡居民消费差距的理论机理。

第一节 相关概念内涵界定及特征

本节主要对公共支出、居民消费、城乡公共支出不均及城乡居民消费差距等核心概念的内涵进行界定与说明，旨在为进一步剖析公共支出影响居民消费的相关理论机制做铺垫。

一 公共支出

(一) 公共支出的内涵及作用范围

公共支出（Public Expenditure）又被称为政府支出或财政支出，简单来讲就是政府部门向社会提供公共产品与服务所支出的费用总和。从职能看，公共支出是一种财政资金分配活动，能够集中反映国家职能活动的范围及其所发生的耗费，且能够反映政府选择。在西方国家，政府的公共财政支出主要体现在公共支出上，进而实现政府通过财政政策调节宏观经济的重要职能。从资金来源看，公共支出的资金主要来源于税收，它将资金以税收的形式集中起来，然后以资金二次分配的形式有计划地投入全社会公共物品与公共服务的购买、建设中。在对公共支出进行分配的过程中，调整公共支出的规模有助于调节总需求与总供给的关系，使社会总供给与总需求趋近均衡状态，同时，调节公共支出的结构能够引导产业结构、经济结构向社会发展需求调整，也能够引导收入分配趋向效率与公平。

公共支出作用和原则在于：第一，公平原则。公共支出是在国民收入初次分配的基础上，通过体现国家意志的公共支出安排与决策，调整国民收入，进行收入再分配，进而缩小社会成员间的收入差距，公平分配社会财富，实现社会基本公共服务均等化，促进社会总福利最大化。第二，效益原则。由于公共支出来源于公共收入，而公共收入来源于全体纳税人上缴的税收，是国民生产总值的扣除，因此，公共支出应体现"取之于民，用之于民"的特点，还应注重提高资源配置效率，不断提高公共产品生产、供给与消费的经济与社会效益，提升公共支出效率。第三，稳定原则。公共支出作为政府进行宏观调控的重要手段，一方面重在社会公共需要，保持社会稳定；另一方面重在调节社会总需求，熨平经济周期，扭转市场失灵，促进宏观经济平稳运行与增长。

而公共支出的作用范围由其对政府职能来决定，按照亚当·斯密的理论，政府职能主要体现在保护国家不受外来侵略、保护社会成员不受他人侵害与压迫、必要的公共工程建设三项，这就决定了公共支出的重要目的在于政府这三项职能的实现，然而，在市场经济完善的条件下，只有当市场发生失灵时，才需要政府进行宏观调控，扭转市场失灵，此时，政府作用的范围仅为市场失灵的调控。在确定的政府工作边界下，公共支出的配置范围也就确定了，即实现政府职能。在这样的作用范围内，公共支出的主要作用体现在以下几个方面：一是通过满足社会共同体或个人需要来维持社会正常发展；二是通过调节市场失灵，提升资源配置效率，实现资源的优化配置；三是通过再分配调节居民收入差距，实现教育、医疗均等化，促进社会公平。

(二) 公共支出的分类及影响作用

公共支出根据不同的性质、职能及对宏观经济的作用等分类结果并不一致，国际货币基金组织按照公共支出的职能，将其划分为四类：一是生产性支出，即经济服务类支出，是指政府为了进行经济管制，促进经济有效运营而支出的费用。一般包括交通、燃料与能源服务、农业、林业和渔业、采矿业和制造业等；二是社会性支出，是指政府直接向家庭提供服务的支出，包括教育支出、医疗卫生保健支出、社会保障与福利支出及供水与环境卫生支出；三是政府的一般性支出，包括政府的财政、行政司法机构及外交支出、国防支出、公共秩序与安全支出等；四是其他职能支出包括利息及对其他政府机构的转移支付。而根据经济构成显示支出对象的性质可划分为资本性支出和经常性支出两类，其中资本性支出包括桥梁、道路、医院诊所的支出；经常性支出包括产品与服务、工资、薪水、社会保障、养老金、利息、补贴及其他转移性支付等。还可根据公共支出的最终用途分为积累性、补偿性与消费性支出三类。

本书在研究中参考陈共（1998）[①]对公共支出的分类，以财政支出是否与商品和服务相交换为标准，将公共支出分为两类：一类是购买性支出；另一类是转移性支出。其中，购买性支出是政府用于购买当前的商品和服务（劳动力、消费品等）、资本品和服务（道路、学校和医院等公共部门投资）等的支出。具体包括两个部分：购买政府进行日常行政事务管理和活动的相关费用支出以及行政支出、国防支出、教育支出、科研支出、公共投资支出等，虽包含项目较多，但在用途上具有一致性，政府使用资金购买劳务和商品，进而实现政府职能，完成等价交换过程。总体而言，购买性支出直接影响生产与就业，对收入与分配的调节则是间接的。而转移性支出是指政府把一部分资金的所有权无偿地转移给他人，包括财政支出部分的养老金支出、失业救济金支出与补贴支出等，其各项目共同点在于政府付出了资金，却没有任何所得，是资金的单方面支出和非等价交换，目的在于平衡收入分配，即政府从一部分人那里得到资源进而又以再分配的形式将这部分资源转移给其他人，通过调整转移性支出对收入分配起到直接的调节作用，并对生产、就业产生间接作用。这两类支出在进行分配的过程中，购买性支出占的比重越大则对生产与就业的影响作用越大，而转移性支出所占比重越大则对收入分配的直接影响越大。

由于购买性支出包含项目较多，为此，本书参照陈共（1998）的标准进一步将购买性支出划分为民生性支出与投资性支出两类，第一，民

[①] 陈共：《财政学》（第八版），中国人民大学出版社1998年版。

生性支出是指政府为提供民生性公共服务而进行的消费，与投资性支出相比不同的本质在于，民生性支出满足的一般是纯社会共同需要，所提供的产品和服务是全体公民共同无偿享受的，为这一目的进行的资金筹措遵循与一般商品交换不同的原则，那就是由政府购买并无偿提供给社会，满足公共需要。民生性支出主要包括行政管理与国防支出、教育支出、科学技术和医疗卫生支出，其中，行政管理支出以公共服务为主，可分为一般公共服务、公共安全与外交服务三类，国防支出目标在于保障国家安全，教育支出目标在于提供公民教育服务，且所提供的教育服务被认为是准公共产品，但义务教育不同于其他层次教育，属于纯公共产品。第二，投资性支出包括基本建设支出和其他资本性支出两个科目，其中基本建设支出科目反映各级政府发展部门用于购置固定资产、战略性应急储备、土地和无形资产、构建基础设施、大型修缮所发生的一般性财政支出，其他资本性支出反映非各级部门集中安排的上述各方面资金。基本建设支出中最基本的支出为基础设施投资，狭义的基础设施投资是指经济社会活动的公共设施，主要包括交通运输、通信、水利、供电、机场、港口以及桥梁的建设支出，具体如图3-1所示。

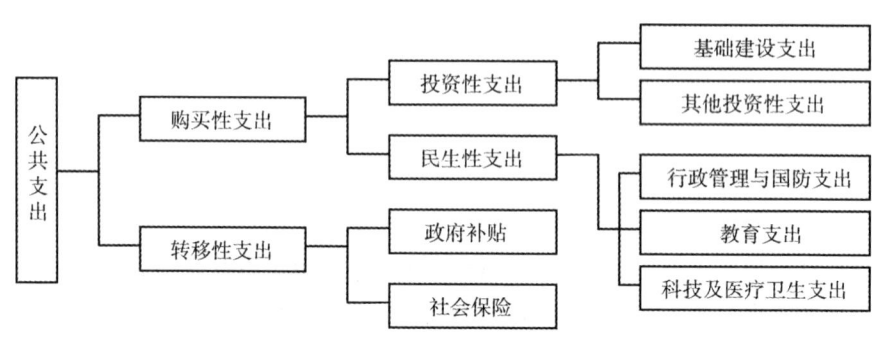

图3-1　公共支出分类

为更确切地研究购买性公共支出与转移性支出的经济作用，现从其对流通、生产和分配三个方面分析购买性支出与转移性支出对经济的影响。首先，购买性支出增减直接影响社会总需求，进而对各种物品或服务的销售得以实现产生不可或缺的影响。一方面，政府通过购买性支出增减变动可以调节社会总需求；另一方面，政府可通过购买私人产品增加私人投资，刺激总需求。其次，购买性支出结构变化会影响收入分配。原因在于，购买性支出规模一定，在增加某种公共物品和劳务的支出时，必然会减少另一种公共物品或劳务的购买，从而使得一种公共物品的需求增加、利润提高，企业工人的工资收入增加，而另一种商品生产者则存在相反的结果，可见，购买性支出间接影响了收入分配。最后，转移性支出间接影响社会生产与流通，却直接影响分配。转移性支出作为政府无偿转移给私人的使用权，私人使用这一权利购买消费品从而影响了流通和生产。同时，转移性支出在初次分配之后，利用财政补贴、贫困救济等支出使部分企业和个人在再分配中获得收入，从而缩小财富差异，促进社会公平。

二 居民消费

(一) 居民消费的内涵界定与影响因素

居民消费是指居民这一消费主体在一定的消费环境下为满足自己或家庭的某种需求使用消费客体的行为。具体而言，是指在一定时期内，一个国家（或地区）内所有常住居民对最终商品和服务的全部消费性支出，其与政府消费一起构成最终消费。其不仅包括以货币形式直接购买的商品和服务消费，还包括以虚拟形式进行消费所得的商品与服务。具体而言，居民消费主要包括三类：一是商品性消费。主要指居民使用货币购买食品、衣着、日常用品等各类物质产品的支出。二是文化生活服务性消费。主要指居民直接购买各类生活服务类产品的支出，如交通、通信、医疗保健及保险、教育等各项支出。三是住房及水、电、煤炭及天然气消费。主要包括居民租用住房的房租支出、燃料支出及物业费用等虚拟支出。四是自给性消费，主要指农民自给自足的产品消费。但为了度量居民消费结构变化，一般根据居民消费的种类将居民消费分为食品、衣着、家庭设备用品及服务、医疗保健、交通和通信、文教娱乐服务、居住、其他商品和服务八类。

影响居民消费支出的因素较多，按照消费理论，居民消费主要来源于收入，但收入增加或减少，因边际消费递减规律及"棘轮效应"的存在，居民消费并不一定同比例增加或减少；此外，居民在进行储蓄与消费选择时，会考虑家庭未来支出和预期收入，未来不确定性越大，家庭未来预期支出增加，个人预期收入减少等都会抑制当期消费，而增加当期储蓄；反之亦然。因此，影响居民消费选择的因素，如居民收入、税收政策、公共支出、商品价格等都将对居民消费支出产生较大影响，但影响效应是不确定的。

（二）居民消费的变动特征

第一，居民消费支出的变动特征。居民消费是衡量居民生活水平的重要指标，改革开放40多年来，我国居民生活水平发生了巨大改变，作为居民生活水平的重要衡量指标，居民消费也经历着在支出总量与消费结构上的巨大变化。图3-1表明了我国居民人均消费支出在1978—2021年的变化趋势，可见我国人均居民消费支出呈现出以下趋势：其一，居民消费支出总体呈现出稳定上升趋势，从1978年人均151元提高到2021年人均24100元，总体上涨159.6倍，且自1993年之后上升幅度明显增加，从1978—1993年的年平均增长率16.2%增长到1994—2021年的9.8%[1]，这与我国1992年邓小平同志"南方谈话"提出改革方向有关的发展战略有关[2]，自此中国改革开放进入新的发展阶段。其二，农村和城镇的人均消费支出也呈现出不断上升的趋势，城镇居民消费支出自1993年之后增长率不断提升，但农村居民消费支出增长率大幅上升出现在2004年之后，这与2004年后国家更加重视农村与农业发展，并不断出台各项政策措施支持农村发展有关。

第二，居民消费率的变动特征。居民消费率能够反映居民消费倾向的变化状态，是指居民消费支出占居民总收入的比率，一般使用居民消费水平占GDP的比率来衡量。按照以往的理论，居民消费水平会随着居民收入提升而呈现上升趋势，但我国改革开放40多年的客观事实是居民消费率不断下降。具体如图3-1所示。

---

[1] 计算公式为：年均增长率＝[N次根号下（末年/首年）]－1，N＝年数－1，计算的结果只能适用于以首年算末年，若算中间年份则与原值不相等，即 $m = \sqrt[n]{\dfrac{B}{A}} - 1$，其中B为最后一年，A为第一年。

[2] 1992年1月18日—2月21日，邓小平同志先后赴武昌、深圳、珠海和上海视察，并发表重要讲话，为中国改革开放指明了方向，强调沿海地区要加强对外开放，追求自我发展，并带动其他区域快速致富。

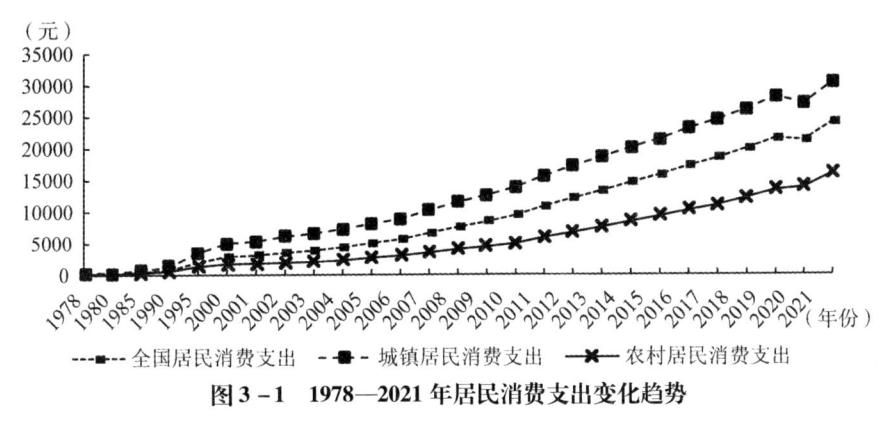

图 3–1 1978—2021 年居民消费支出变化趋势

数据来源：《中国统计年鉴》。

图 3–2 表明我国居民消费水平虽逐年上升，但居民消费率呈逐年下降趋势，以 1978 年为 GDP 和居民消费水平的基期，则居民消费率在 1980 年最高为 1.01，之后呈逐年下降趋势，2020 年我国居民消费率降低到 0.53，比 1980 年降低了一半，这表明我国居民消费倾向难以提升，更倾向于储蓄。但与世界其他国家相比，自 1990 年之后，我国居民消费率明显低于美国、日本、韩国等发达国家，且远低于"钱纳里"标准。可见，我国居民消费水平依然有较大的提升空间，而关键在于对居民消费率的刺激。

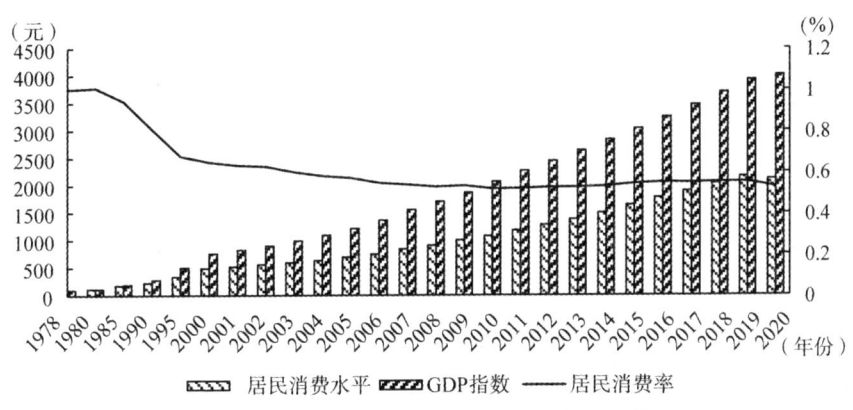

图 3–2 1978—2020 年居民消费率变化趋势

数据来源：国泰安数据库，以 1978 年为基期的居民消费水平与国内生产总值为原始数据。

三 城乡公共支出不均

改革开放后,在城镇优先发展的战略下城乡公共支出在不同政策作用下差别较大,按照上一节对公共支出的分类,本部分重点研究城乡民生性支出不均、城乡投资性支出不均与城乡转移性支出不均的界定与演变特征。

(一)城乡民生性支出不均界定及演变特征

本书将城乡民生性支出不均定义为我国城镇与农村在医疗、教育等支出量上的不一致,而这种不一致不是绝对量的不一致,而是相对量的不一致,在测算过程中使用城镇民生性支出除以农村民生性支出计算得出,所得值越大表明城乡民生性支出不均程度越高。为客观反映我国城乡民生性支出不均的演变特征,囿于数据可得性,使用教育生均支出在城乡的差距描绘出1999—2020年城乡民生性支出不均的演变图,如图3-3所示。

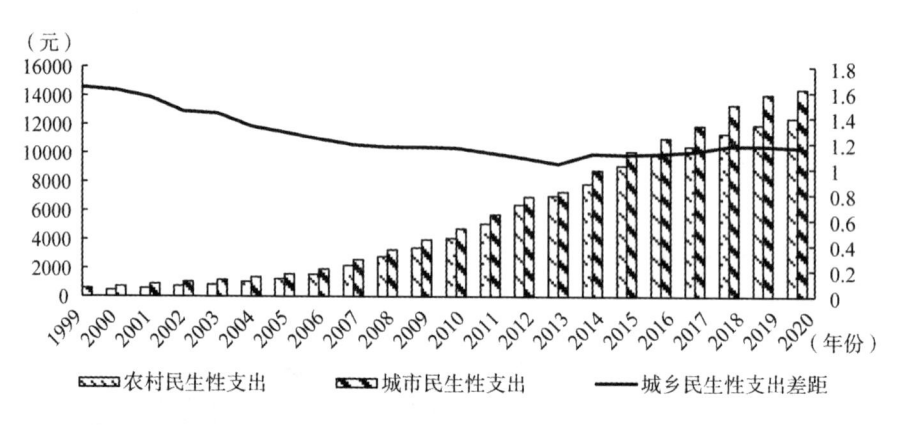

图3-3 1999—2020年城乡民生性支出不均的演变特征

图3-3表明城乡民生性支出演变呈现出以下三个特征:一是城镇民生性支出与农村民生性支出都呈现出逐年上升的趋势。二是农村民生性支出增长率高于城镇,可见,我国政府注重农村民生性投入,这与我国促进农村发展的政策有关。三是城乡民生性支出不均程度逐年降低,正趋向于城乡教育一体化发展,不断促使城乡公共服务均等化目标实现。

(二) 城乡投资性支出不均的界定及演变特征

投资性支出是指为经济生产而进行的投资,主要指社会的经济建设支出,鉴于此,本书将城乡投资性支出不均定义为财政部门因社会经济建设需要而对农村或城镇投入的公共支出量上的差异性,由城乡投资性支出比来测度,其测度结果越大表明城乡投资性支出不均程度越严重,测度结果越小,表明城乡投资性支出越均等。为客观反映城乡投资性支出不均的演变程度,并考虑城乡数据的可得性,以城乡财政固定资产投资存量来衡量城乡投资性支出,由于2010年后我国对农村固定资产投资来源项不再统计,故此本书仅能对2000—2010年的城乡投资性支出变化进行描绘,如图3-4所示。

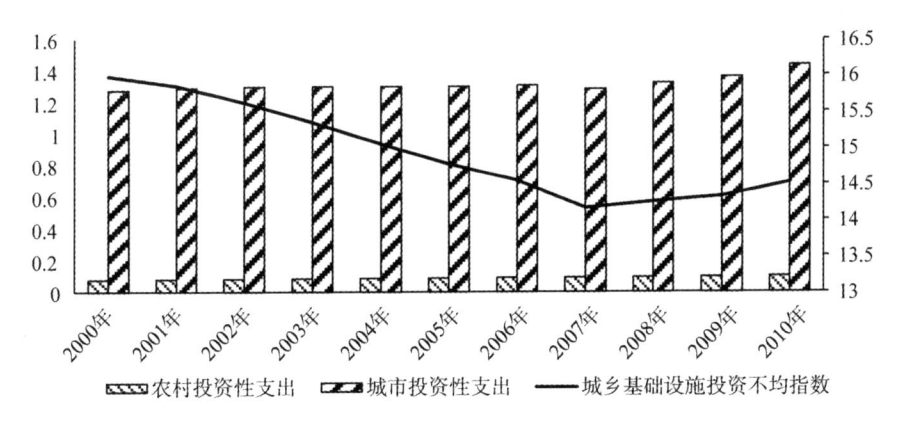

图3-4 2000—2010年城乡投资性支出演变特征

图3-4显示考察期内我国城乡投资性支出增长缓慢,这与我国的发展政策相关,改革开放后,随着固定资产投资主体多元化发展,对外直接投资和社会及私人投资比例大幅度增加,政府固定资产投资总额占总投资比例逐年下降,但由于本书在图中呈现的是存量,故城乡投资性支出依然呈现逐年缓慢增长趋势。此外,2000—2010年我国城乡投资性支出不均程度一直较高,11年中城镇投资性支出的平均值是农村的14.94倍,但城乡投资性支出不均总体呈现出由扩大到缩小的变化趋势,在2000—2007年我国城乡投资性支出不均程度不断加剧,而2007年之后城乡投资性支出不均程度逐步减弱,这与我国针对农村落后局面,提出

"三农"支持政策有关。

（三）城乡转移性支出不均的界定及演变特征

转移性支出是指政府把一部分资金的所有权无偿地转移给居民个人或家庭。包括财政支出部分的养老金支出、失业救济金支出与补贴支出等，为此，本书将城乡转移性支出不均界定为财政在城镇或农村所投入的养老金支出、失业救济金支出与补贴支出量上的差距程度，用城乡转移性支出比衡量其大小。但由于我国统计数据没有对转移性支出进行统计，因此，本书使用城乡居民转移性收入衡量城乡转移性支出，此外，由于城乡人均转移性收入差距过大，避免其对统计结果的影响，在此，使用泰尔指数测算城乡转移性支出不均，其演变特征的描述如图3-5所示。

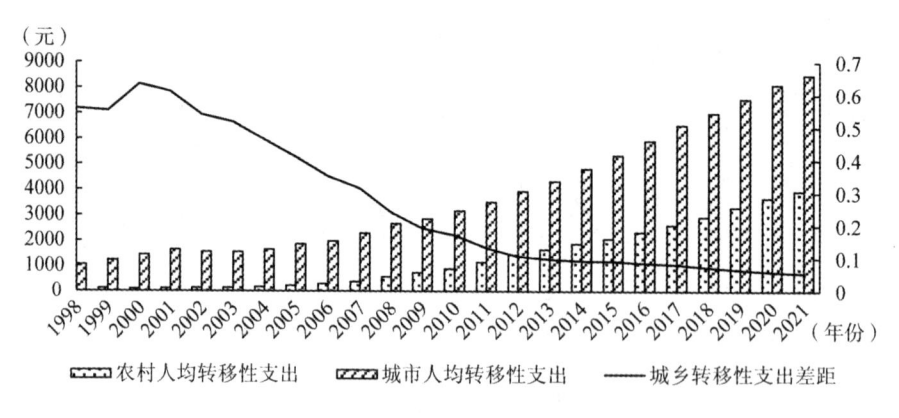

图3-5 城乡转移性支出不均演变特征

图3-6显示，第一，1998—2021年我国农村转移性支出从人均97元增长到3937元，城镇转移性支出从人均1056元增长到8497元，可见，我国城镇和农村的转移性支出总量呈逐年上升趋势，但城镇的平均增长率高于农村。这与我国农村的基本养老保险制度实施较晚有关。第二，1998—2021年我国城乡转移性支出不均程度由扩大转向缩小，而后出现一种稳定状态。2000年之前，我国城乡转移性支出不均程度逐年提高，原因在于2000年之前我国城镇的社会保障、失业补贴等制度逐步建立，但到2001—2009年，我国城乡转移性支出不均逐步缩小，这与我国进行农村"五保户"补贴、粮食补贴等政策有关，加之2002年之后"新农

合"政策的逐步推行，使农村转移性支出逐年增加，但2009—2021年我国城乡转移性支出不均程度呈现一种稳定状态，这与我国自2010年实现"新农合"全面覆盖的政策有关，这一政策更大幅度地增加了农村居民的转移性支出，但同时城镇也进行了一系列的养老保险改革，促使城镇居民转移性支出不断增加，从而出现城乡转移性支出不均呈平稳变化趋势的状态。

四 城乡居民消费差距

城乡居民消费差距是指城乡居民因我国存在长期的二元经济结构而导致的城镇与农村居民消费支出水平不一致，且城镇居民消费支出远高于农村居民消费支出。城乡消费差距是一个"生计"指标，比城乡收入差距更能反映城乡居民福利差异（林毅夫、陈斌开，2009）[1]。城乡消费差距的居高不下直接影响了城乡一体化进程，也抑制了社会公平。改革开放以来，随着经济高速发展，经济结构不断变化，致使城乡居民消费差距在数量与结构上也呈现出不断变化的状态。城乡居民消费差距反映城乡居民消费水平的差异性和不平衡性。党的十九大报告中指出，通过建立健全城乡融合发展体制机制和政策体系，实现乡村振兴[2]，且促进区域城乡协调发展依然是重点任务之一[3]。但要实现城乡融合发展，应明确城乡经济差距的变动趋势与成因，为此，以往较多学者将研究重点置于城乡收入差距上，而相对于城乡收入差距，城乡消费差距能更好地反映城乡居民生活水平差异和福利状况，也是衡量城乡经济差距的重要指标。

（一）城乡居民消费差距的影响因素及测度

由于城乡居民消费支出存在较大差距，因此，众多学者对城乡消费差距的影响因素进行了分析，以期能够通过改变这些影响因素，进而缩小城乡消费差距。以往学者经过经验分析与理论研究都表明收入对特定群体的

---

[1] 林毅夫、陈斌开：《重工业优先发展战略与城乡消费不平等——来自中国的证据》，《浙江社会科学》2009年第4期。

[2] 习近平：《决胜全面建成小康社会夺取新时代中国特色社会主义伟大胜利——中国共产党第十九次全国代表大会上的讲话》，2017年10月18日。

[3] 《2017年政府工作报告》，http://news.xinhuanet.com/politics/2017lh/2017-03/16/c_1120638890.htm。

消费支出具有重要影响（朱信凯、骆晨，2011）[①]，那么，城乡收入差距必然会影响城乡居民消费差距。此外，也有学者研究表明产业结构升级对居民消费差距具有缩小作用（徐敏、姜勇，2015）[②]。其实，影响居民消费的因素，对城乡居民消费差距都可能产生或多或少的影响，这种影响可能是直接的，也可能是通过影响收入间接影响消费。近几年，学者最关注的几个因素为公共支出、城镇化率、经济开放度等。其中，伴随着城镇化率不断提升，农村居民消费层次提高，消费支出随之增加，城乡消费差距有所缓解；经济开放度则可通过对国际贸易的依存直接影响国内消费，也可通过贸易量增加，提高居民收入，从而影响居民消费支出。

为对城乡居民消费差距状况进行客观描述，本书使用泰尔指数进行城乡居民消费差距测度，使用这种测度方法的原因在于：一是泰尔指数能够灵活地根据不同的基本空间单元，测度不同尺度下的城乡居民消费差距；二是泰尔指数是从组间与组内两种状态对城乡居民消费差距进行测度，能够灵活区分组内不平等与组间不平等。在具体测度过程中，将城与乡分成两组，则全国样本下泰尔指数的计算公式可表示如下：

$$CON = \sum_{i=1}^{2} \frac{C_{it}}{C_t} \ln \left(\frac{C_{it} N_t}{C_t N_{it}} \right)$$

分地区样本下的泰尔指数表示为：

$$CON_{j,t} = \sum_{i=1}^{2} \frac{C_{i,t}}{C_{j,t}} \ln \left(\frac{C_{j,t} N_{j,t}}{C_{j,t} N_{j,t}} \right)$$

其中，CON 表示城乡消费差距，C_{it} 表示农村或城镇在 t 时期的消费量，C_t 表示两组消费的总消费，N_{it} 表示 t 时期城镇或农村的人口，N_t 表示 t 时期的总人口，j 表示地区。

（二）城乡居民消费差距的演变趋势

随着改革开放不断深入，经济增长总量逐年提升，我国的城乡居民消费差距不仅在总量上不断变化，且在结构上也呈现出明显演变特征。

第一，城乡居民消费差距的数量演变特征。从数量上看，城乡消费

[①] 朱信凯、骆晨：《消费函数的理论逻辑与中国化：一个文献综述》，《经济研究》2011年第1期。

[②] 徐敏、姜勇：《产业结构提升能够缩小城乡消费差距吗？》，《数量经济技术经济研究》2015年第5期。

支出总量都表现出逐年增长的态势,但城乡居民消费差距却呈现出从上升到下降的趋势。图3-6所示,城乡居民消费差距从1978—2003年存在较大波动性,但总体呈现出逐年上升的趋势,由1978年的2.68增加到2003年的3.21,即在改革开放初期,城乡居民消费差距表现出不断扩大的特征。而2004—2015年城乡居民消费差距总体呈缩小的趋势,在2004—2009年缩小率较小,而2009年之后缩小率明显增加,从2009年的2.81持续减少到2021年的1.99,表明在21世纪城乡消费差距呈平稳缩减特征。虽然城乡居民消费差距在近几年不断缩小,但2021年的城乡消费差距依然大于1978年。可见,我国城乡消费差距依然受到二元经济结构的影响,缩小城乡居民消费差距依然是未来宏观经济调控的重点。

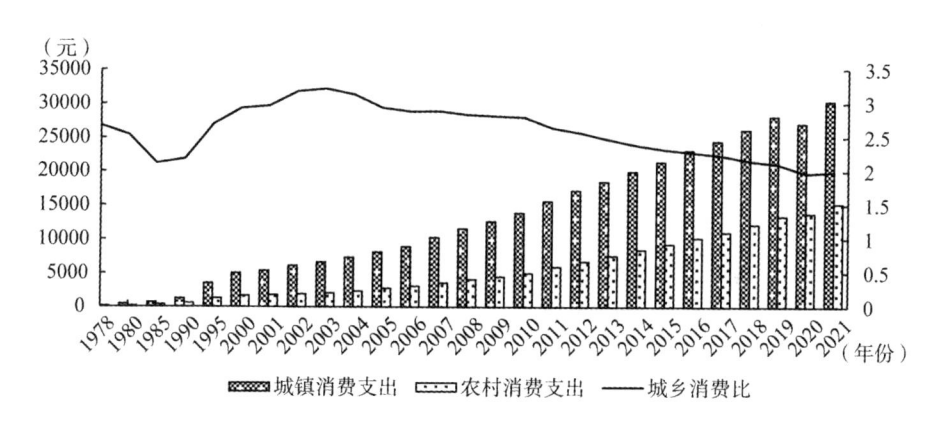

图3-6 城乡居民消费差距演变

第二,城乡居民消费差距的结构演变特征。从消费结构看,城乡居民消费中食品消费占比逐年下降,呈现出明显的"恩格尔定律",但城乡之间依然存在显著差异。由图3-7可知,1978—2020年城乡恩格尔系数总体呈平稳下降态势,城镇的恩格尔系数由57.5降到28.6,农村的恩格尔系数由67.7降到32.7,降低了2.07倍,可见,城乡居民消费支出用于生存资料的比例越来越少,但用于其他生产、生活资料的消费支出比例呈上升趋势,说明城乡居民生活已脱离"温饱型"和"糊口型",奔向"小康型"和"富裕型"。虽然城乡居民恩格尔系数整体呈现降低趋势,但城乡间依然存在差异。在改革开放初期农村居民恩格尔系数较城镇居民高出接近 10 个百分点，而到了 1984 年之后，二者的差异逐渐缩小，但始终存在，由此说明农村居民较城镇居民对"食品"的支出比更大，与城镇居民存在较大的消费结构差异。

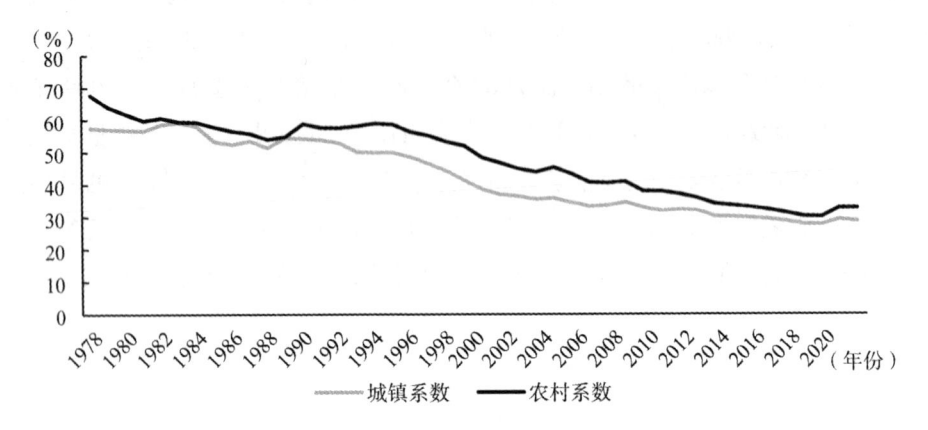

图 3-7　城乡居民消费结构差异变化

第二节　总体公共支出不均影响城乡居民消费差距的理论机理

本部分重点分析公共支出总体对居民消费的影响机理，并在此基础上探讨公共支出不均对城乡居民消费差距的作用途径。

一　公共支出影响居民消费的理论机理

公共支出对居民消费的影响效应分为直接效应和间接效应两个方面：一方面通过贫困补贴（食物补贴）直接促进居民消费支出增加；另一方面通过刺激经济增长，提升居民收入来刺激消费，但也有可能因为消费支出提升，带来更高税收，从而使居民收入降低，对居民消费产生挤出效应。具体而言，公共支出从以下三种间接途径刺激居民消费：一是通过改变消费者的预期收入，刺激居民消费。公共支出将大量资金投入科教文卫等公共产品，提升了居民的教育水平和医疗保障，使居民对于自己未来收入的稳定性有了更高的预期，从而可能增加当期消费。二是公共支出通过改变生产与消费环境,刺激居民消费需求。公共支出用于交通道路建设将会改变地区的投资环境,降低原有的生产投资成本,提高了私人投资意愿,增加就业机会,提升私人收入,从而增加消费;同时,公共支出用于提升行政办事效率,做好消费品监管工作,将有助于提高商品的质量,打消居民消费顾虑。三是通过改变消费习惯,减少储蓄,增加消费。随着公共支出效率不断提升,转移性公共支出的效果更能体现出来,卫生医疗保障水平随之提升,使得居民改变以往先储蓄、后消费的传统消费习惯,不断增加当期消费。但公共支出也可能挤出居民消费,因为公共支出来源于税收,若公共支出投入过度,其对消费增加的刺激作用小于因税收增加带来的居民消费减少作用,将可能降低居民消费,因此,公共支出在刺激居民消费增长时具有最优规模。

对以上分析进行进一步说明:第一,公共支出直接消费补贴的消费刺激作用分析。假设消费市场是封闭的,且只存在两种商品,一种是住房;另一种是食品,政府此时为居民提供食品购买券。

在图3-8中,政府进行食物券补贴之前,消费者的预算约束线为EA,消费者对食物和住房的消费组合为(25,10),而当政府向消费者发放食物券后,居民对食物的购买增加,预算线由原来的EA变为EB,居民的消费习惯并未变化,因此,无差异曲线向外平移,与新的预算约束线相交于D点,在D点时,消费者的消费品组合变为(30,12),可见,政府进行食物券补贴后,消费者的总体消费都有所增加。

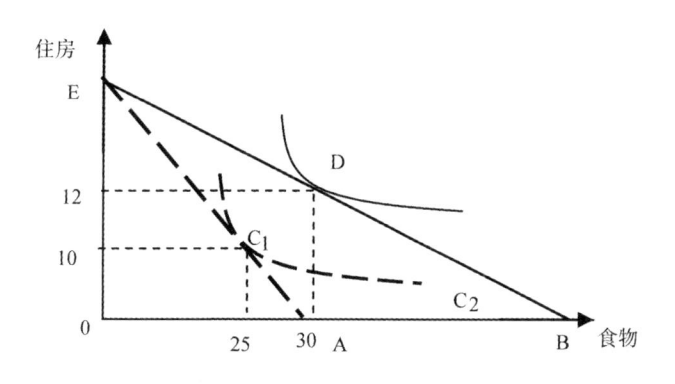

图3-8 食物券补贴下消费变化

第二，公共支出的间接消费刺激作用。由于公共支出在间接上可通过刺激经济增长，从而提高居民收入，增加居民消费，也可能由于征税而挤出居民收入，从而降低居民消费。因此，公共支出在间接刺激居民消费的过程中可能存在最优规模。

假设资本回报率即资本投入的规模收益不变，消费者都是理性的，以消费效用最大化为目标，政府征收不变的比例税。

1. 生产者

$$Y = f(K, G) = A K^{\alpha} G^{1-\alpha}, 0 < \alpha < 1 \quad (3-1)$$

式（3-1）中 Y 为社会总产出；K 为广义资本，包括人力和物质资本；G 为公共支出，而公共支出的规模 $M = \dfrac{G}{Y}$。

2. 消费者

由于消费者追求效用最大化的目标，因此，消费者的消费函数和约束条件为：

$$max \int_0^{+\infty} \frac{C^{1-\sigma}-1}{1-\sigma} e^{\rho t} dt \quad (3-2)$$

$$s.t.\ \dot{K} = (1-\pi) A K^{\alpha} G^{1-\alpha} - C \quad (3-3)$$

其中，σ 为相对风险回避系数，σ 越大，说明消费者对未来风险越厌恶。C 为消费，ρ 为贴现率，该值越小表明消费者越偏好于当前消费，π 表示不变税率。

3. 政府

政府的目标是预算收支平衡，即公共支出全部来自税收 $G = T$，T 为税收总额。那么，政府的预算约束为：

$$G = T = \pi Y = \pi A K^{\alpha} G^{1-\alpha} \quad (3-4)$$

将式（3-4）代入（3-3），构造拉格朗日函数，对式（3-2）求最优解得：

$$\emptyset = \frac{\dot{C}}{C} = \frac{(1-M)\alpha A^{\frac{1}{\alpha}} M^{\frac{1-\alpha}{\alpha}} - \rho}{\sigma} \quad (3-5)$$

式（3-5）中的 $\emptyset$ 表示消费增长率，该式总体表达了消费增长率与公共支出规模之间的函数关系。为求出消费率增长最大化时公共支出的最优规模，对式（3-5）求导得公共支出的最优规模：

$$M = 1 - \alpha$$

公共支出与消费增长率之间的关系可用图 3-9 表示。

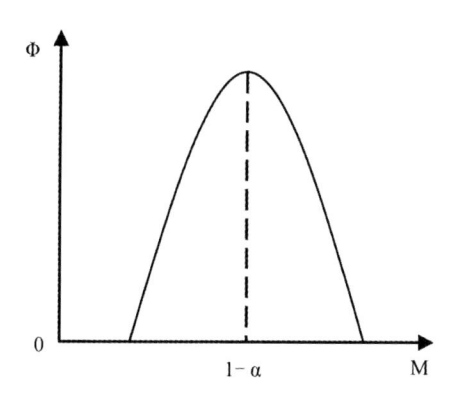

图 3-9　最优公共支出规模

由图 3-9 可知,当 $M < 1 - \alpha$ 时,公共支出规模扩大,消费增长率提升,因为此时,资本回报率不断上升,公共支出规模增加,经济增长速率提高,居民收入随之上升,从而提高了居民消费率。但当 $M > 1 - \alpha$ 时,公共支出规模进一步扩大,消费增长率反而会下降,原因在于公共支出通过征收比例税得到,在相同的资本回报率下,进一步增加公共支出规模,使得税收对居民消费产生的挤出效应将大于资本回报率促进经济增长所带来的消费增长,从而使得消费增长率下降。可见,公共支出在刺激居民消费时存在最优规模。

二　城乡公共支出不均对城乡居民消费差距的影响机理

公共支出对居民消费的影响主要来源于两种效应:一是挤入效应,是指公共支出通过增加投资刺激经济增长,从而提高居民收入水平,增加居民消费需求,或通过改变消费环境与居民消费习惯等提高居民消费水平。二是挤出效应,是指由于公共支出在进行公共投资时,为增加投资支出,不断扩大税收,从而挤出居民可支配收入,进而抑制居民消费增长,除税收产生的挤出效应外,公共民生性支出带来的公共服务拥挤,也会挤出居民消费,使居民消费增长率下降,转移性支出可能带来的引致退休效应,也会挤出居民消费。在这两种效应的影响下,公共支出增加究竟是抑制居民消费提升,还是促进居民消费增长呢?分析这一问题,要客观对比挤出效应与挤入效应的大小,若公共支出对居民消费的挤入效应大于挤出效应,那么增加公共支出投入能够促进居民消费水平提升;而当公共支出对居民消费的挤出效应大于挤入效应时,公共支出投入增加反而会抑制居民消费增长。鉴于此,本书从挤出效应与挤入效应两种途径分析公共支出对城乡消费差距的影响机制。

(一)公共支出对农村居民消费的影响途径

我国存在长期的二元经济结构,农村居民平均收入水平远低于城镇居民,公共支出对其消费的影响作用传导路径可表示为图3-10。图3-10显示,公共支出的两个分类,转移性支出和购买性支出对农村居民消费支出的影响路径并不一致。一方面,购买性支出在分为投资性支出和民生性支出之后,主要是为农民提供生活基础设施、公共产品和公共服务,其具体会通过四种途径影响居民消费:一是通过影响要素收益,进而影响居民消费。投资性支出用来为农村建设水电、网络、道路等设施,在这些基础设施建设的过程中需要劳动要素的投入,这将解决部分农村劳动力的就业问题,增加劳动要素收益,从而提升农村居民收入,扩大居民消费水平。二是通过影响居民消费环境进而影响居民消费支出。公共支出用于提供电力、网络、水资源等基础设施建设之后,使居民具有消费升级的载体,从而可能会促进洗衣机、电视、电脑、手机等消费,提升居民消费水平。三是通过节省交易成本,增加居民实际收入,进而刺激消费。公共支出用于建设道路、网络服务中心等,可以增加农村居民进城购物的便利性,节约购物时间,同时,网络信息服务中心能够帮助农村居民利用电子商务,节约农副产品交易成本,从而间接提升居民实际收入,刺激居民消费或储蓄。四是通过改变居民的储蓄习惯影响居民消费。公共基础设施建设、教育支出、医疗支出等增加,将不断提升公共服务水平,尤其是教育、医疗等保障水平提高,将减少预防性储蓄,提高居民当期消费。另一方面,公共支出可以通过转移性支出进行收入再分配,由于农村居民普遍收入低于城镇居民,因此属于转移性支出的主要对象,而转移性支出对农村居民消费的影响作用主要通过两个途径来传导:一是通过再分配增加贫困居民收入,从而刺激居民消费增长。

如家电下乡、蛋奶工程、发放贫困救助金等转移支付形式都直接或间接增加了农村居民的可支配收入，从而增加居民消费。二是通过影响居民储蓄习惯进而促进居民消费。如社会保障支出增加使农村居民预期未来养老、医疗有国家资助，从而不需要个人在劳动期间为养老进行过多储蓄，从而刺激居民将自己的可支配收入从原来用于储蓄改变为消费，提高当期消费水平。可见，公共支出通过以上途径可能促进居民消费增加，但也可能降低居民消费，如转移性支出中的贫困补助金过高，则会使一些有劳动能力的农村居民放弃劳动，长期收入水平因此降低，从而抑制消费增长。购买性支出过度也会造成基础设施闲置、教育资源浪费，最终，因公共资源配置效率低下，不仅无法刺激消费增长，反而会因税收扩大挤出居民消费。从我国的现实来看，大部分地区的农村公共服务存量尚未达到拥挤状态，因此，公共支出对农村居民消费的挤入效应可能大于挤出效应。即虽然公共支出对农村居民消费的影响是双向的，但在实际中对消费的挤入效应可能大于挤出效应。

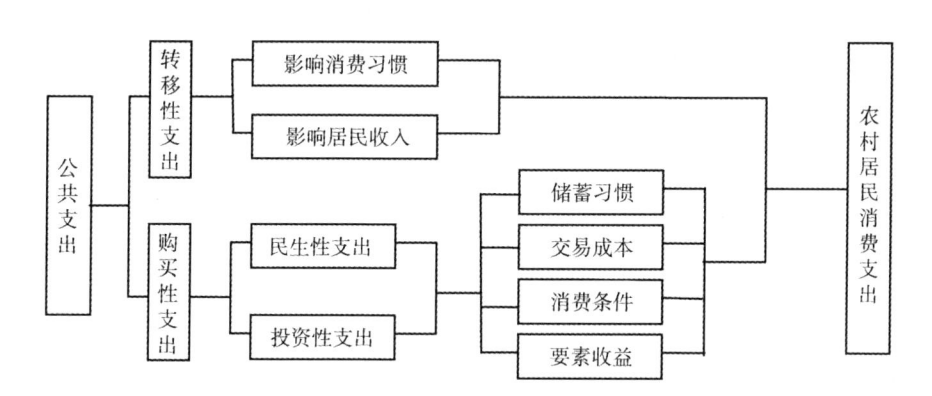

图 3-10 公共支出影响农村居民消费的路径

（二）公共支出对城镇居民消费的影响途径

公共支出对城镇居民消费影响路径与对农村居民消费影响路径具有很多相同点，但依然存在差异。这种差异是由我国长期的二元经济结构导致的，城镇居民在消费条件、消费交易成本上较农村居民有较大优势，通过改变这两点虽能够进一步推进城镇居民消费增长，但这一增长率将远低于农村。此外，我国城镇社会保障体制较农村更加健全，且城镇居民工作性质与农村不同，税收上缴比例更高，公共支出中的社会保障支出对居民消费所产生的引致退休效应强于农村，致使公共支出对城镇与对农村居民消费的影响作用存在差异（见图3-11）。具体而言，可从以下三个方面进行分析：一是城乡二元结构导致城镇公共产品与服务保有量高于农村，在边际产出递减规律的作用下，城镇增加一单位的公共产品或服务供给量对经济增长、居民消费率提升的作用将小于农村。通对公共支出影响居民消费的理论机理研究中得出，公共支出与消费增长率间呈倒"U"型关系，即在公共支出总量较小时，公共支出增加将促进消费率上升，当公共支出增加到某一水平之后，继续增加公共支出将抑制消费率提高。由于改革开放后，我国首先实施的是城镇优先发展的相关战略，使得城镇公共产品与服务保有量显著高于农村，更接近饱和水平，甚至在一些地区超越了最优标准，导致增加一单位的公共产品或服务在城镇对居民消费的刺激作用将小于农村。二是公共支出每增加一个单位对城镇居民可支配收入的挤出量更多，从而抑制城镇居民消费增加，缩小城乡居民消费差距。究其原因在于，在我国的长期发展过程中，城镇居民收入来源为工业、服务业等第二、第三产业，是税收的主要来源，此外，征收个人所得税是进行收入再分配，促进居民间收入公平的重要手段，而农村居民与城镇居民相比属于低收入者，其税收上缴比例和额度普遍低于城镇居民，因此，城镇居民组成了纳税的主要群体，是公共财政收入的主要来源对象，故增加公共支出，扩大税收，将对城镇居民可支配收入产生更大的挤出效应，进而使城镇居民消费降低率高于农村。三是公共支出对城镇居民产生的引致退休效应将大于农村。原因在于，我国城镇与农村的社会保障政策差异较大，城镇居民在工作期间个人与单位共同承担社会保险支出，而退休后国家根据以往企业与个人共同上缴总金额，加上国家补贴，为居民发放退休金。但由于未来的不确定性，居民倾向于提前退休，领取退休金，加之，居民退休后收入来源为退休金，依据生命周期假说，居民随着年龄增长，收入提升的可能性也将不断降低，为使个人退休后生活质量不受影响，居民倾向于提高当期储蓄，减少消费，从而平滑自己一生的收入。而我国农村居民大多以农业生产或临时性工作为收入来源，不存在退休选择，使公共支出所产生的引致退休效应在城镇和农村之间存在较大差异，其将在更大程度上作用于城镇居民消费，而对农村居民消费的影响作用不大。

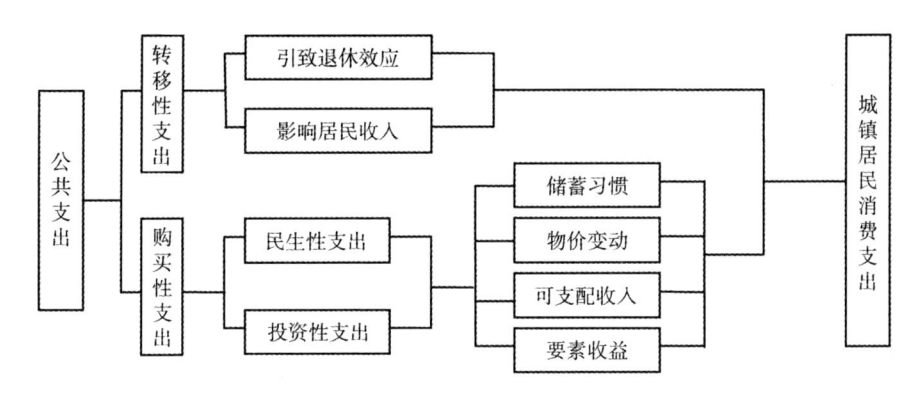

图 3-11 公共支出对城镇居民消费支出的影响途径

（三）城乡公共支出不均对城乡居民消费差距的影响途径

公共支出对农村和城镇居民的消费都会产生挤出效应和挤入效应，但等额的公共支出究竟对城镇和农村居民消费的挤出效应和挤入效应是否存在差异，存在多大差异，这直接影响城乡居民消费差距。加之我国城镇优先发展，城镇公共支出远高于农村公共支出，即使公共支出对农村和城镇居民消费支出的影响系数相同，这一公共支出差距也可能造成城乡居民消费差距。为更清楚地从理论上说明这点，本书在此构建城乡不同质消费者的消费函数和相同的生产函数，阐明城乡公共支出不均影响城乡居民消费差距的理论机理。

假设：1. 一个封闭的经济体内只存在这两种消费者，且城镇居民为高收入者，农村居民为低收入者。2. 城乡公共支出额相等。

令 con_{it} ($i=1, 2$) 表示城镇居民和农村居民两类消费者的消费量，g_t 表示公共支出，$1-\alpha$ 表示公共支出对城镇居民消费的效用弹性，$1-\beta$ 表示公共支出对农村居民消费的效用弹性。那么，

$$con_t = con_{1t}^{\alpha}(g_t)^{1-\alpha} + con_{2t}^{\beta}(g_t)^{1-\beta}$$

整个经济体的最大化效用函数为：

$$Max\ U_t = E_t \{ \sum_{t=1}^{T} \rho^{t-1} [U_{1t}[con_{1t}^{\alpha}(g_t)^{1-\alpha}]_t + U_{2t}[con_{2t}^{\beta}(g_t)^{1-\beta}]_t] \}$$

(3-6)

s.t. $K_{t+1} = K_t(1+r_t) + Y_{1t} + Y_{2t} - Con_{1t} - Con_{1t} - g_{1t} - g_{2t}$ （3-7）

$$U_{1t} = \frac{[con_{1t}^{\alpha}(g_t)^{1-\alpha}]^{1-\theta}}{1-\theta}, U_{2t} = \frac{[con_{2t}^{\beta}(g_t)^{1-\beta}]^{1-\theta}}{1-\theta} \quad (3-8)$$

将式（3-7）代入式（3-6），并在式（3-8）的约束条件下构造拉格朗日函数：

$$L = E_t \left\{ \sum_{t=1}^{T} \rho^{t-1} \left[\frac{[con_{1t}^{\alpha}(inf_t)^{1-\alpha}]^{1-\theta}}{1-\theta} + \frac{[con_{2t}^{\beta}(inf_t)^{1-\beta}]^{1-\theta}}{1-\theta} \right] \right\} +$$

$$\lambda_t [K_t(1+r_t) + Y_{1t} + Y_{2t} - Con_{1t} - Con_{1t} - g_t - K_{t+1}] \quad (3-9)$$

对式（3-9）中的 K_t、con_{1t}、con_{2t} 分别求一阶偏导数，并整理求导结果得出：

$$\rho(1+r_t)Con_{1t}^{\alpha-\alpha\theta-1}g_t^{\alpha\theta-\alpha} = Con_{1t-1}^{\alpha-\alpha\theta-1}g_{t-1}^{\alpha\theta-\alpha} \quad (3-10)$$

$$\rho(1+r_t)Con_{2t}^{\beta-\beta\theta-1}g_t^{\beta\theta-\beta} = Con_{2t-1}^{\beta-\beta\theta-1}g_{t-1}^{\beta\theta-\beta} \quad (3-11)$$

对式（3-10）和式（3-11）两边分别取对数并用式（3-10）减式（3-11）式得出：

$$(\alpha - \alpha\theta - 1)d\ln con_{1t} - (\beta - \beta\theta - 1)d\ln con_{2t} = (\beta\theta - \alpha)d\ln g_t$$
（3-12）

令：$INC_t = \frac{Y_{1t}}{Y_{2t}}$，$con_{1t} = Y_{1t} - \delta_1 Y_{1t}$，$con_{2t} = Y_{2t} - \delta_2 Y_{2t}$

其中，δ_1、δ_2 分别表示城镇与乡村居民的储蓄率，

则 $$INC_t = \frac{Y_{1t}}{Y_{2t}} = \frac{(1-\delta_2)con_{1t}}{(1-\delta_1)con_{2t}}, \quad (3-13)$$

将式（3-12）代入式（3-11）得出：

$$d\ln con_{1t} = \frac{\beta(1-\theta)-1}{1-\theta-\frac{\beta}{\alpha(1+\theta)}} d\ln INC_t + \frac{\frac{\beta\theta}{\alpha}-1}{1-\theta-\frac{\beta}{\alpha(1+\theta)}} d\ln g_t +$$

$$\frac{\beta(1-\theta)-1}{1-\theta-\beta/\alpha(1+\theta)} d\ln\left(\frac{1-\delta_1}{1-\delta_2}\right) \quad (3-14)$$

$$d\ln con_{2t} = \frac{1-\theta-1/\alpha}{1-\theta-\frac{\beta}{\alpha(1+\theta)}} d\ln INC_t + \frac{\theta-1}{1-\theta-\frac{\beta}{\alpha(1+\theta)}} d\ln inf_t +$$

$$\frac{1-\theta-1/\alpha}{1-\theta-\beta/\alpha(1+\theta)} d\ln\left(\frac{1-\delta_1}{1-\delta_2}\right) \quad (3-15)$$

据以往学者计算，公共支出对农村地区居民的消费效用更大，即 $1-\alpha$ 的值小于 $1-\beta$ 的值，那么 $\beta<\alpha$，当外界因素影响，居民整体处于风险厌恶状态，$\theta>1$，则 $\dfrac{\theta-1}{1-\theta-\beta/\alpha(1+\theta)}<\dfrac{\dfrac{\beta\theta}{\alpha}-1}{1-\theta-\beta/\alpha(1+\theta)}$，即公共支出增加对城镇居民消费的挤出或挤入效应大于农村居民。但当城乡公共支出投资环境均等化程度不断提升，且社会保障等制度更加完善时，人们的消费习惯改变，则 $0<\theta<1$ 时，$\dfrac{\dfrac{\beta\theta}{\alpha}-1}{1-\theta-\dfrac{\beta}{\alpha(1+\theta)}}<\dfrac{\theta-1}{1-\theta-\dfrac{\beta}{\alpha(1+\theta)}}$，此时，公共支出对农村居民消费的影响作用可能大于城镇居民。且无论 θ 取值范围如何，α 与 β 越接近，即城乡公共支出投资环境越均等，则公共支出对城乡消费差距的影响作用越一致。

由此模型推导得出：同样的公共支出对农村居民消费和城镇居民消费所产生的影响作用不同，城乡公共支出保有量越不均等，公共支出差距越大对城乡消费差距影响越大。但这与居民消费习惯、城乡收入差距、资产贴现率等因素有关。可见，在公共支出保有量不均的状况下，城乡等额公共支出依然会带来城乡消费差距，城乡公共支出不均也会影响城乡居民消费差距，但这一影响作用受到居民收入、储蓄等的制约，在不同时间、不同地区，因城乡公共产品保有量、居民收入和储蓄等的变动会出现不同影响作用。

第三节 分类公共支出不均影响城乡居民消费差距的理论机理

本节在对公共支出影响城乡居民消费差距的理论机理研究基础上，进一步分析公共支出的三种分类：民生性支出、投资性支出与转移性支出各自影响城乡居民消费差距的理论机理。

一 民生性支出不均影响城乡居民消费差距的理论机理

民生性支出与其他支出存在差别，其直接通过影响居民消费效用改变居民消费习惯，从而影响居民消费。具体而言，民生性支出从三个方面对居民消费产生影响：一是通过影响居民预期，改变居民储蓄—消费选择，扩大或缩小居民消费支出。二是通过改变民生性商品相对价格，影响居民实际收入，从而改变居民消费。三是通过改变民生环境，影响居民消费习惯，进而改变居民消费支出。但民生性支出在这三种途径下对居民消费的作用结果究竟是挤入效应还是挤出效应是不确定的，这与地区的社会发展状况有关。

在此，根据 Barro、吕冰洋等所构建的理论模型框架，通过构建消费效用函数，家庭幸福函数等，在生产与民生性支出的约束下求社会最优路径下民生性支出的最优解。

假设经济中所有消费者具有无限寿命且同质；每个家庭仅有一个消费者；家庭的目标在于消费效用最大化；政府公共支出仅用于民生性支出，不存在其他支出；厂商生产资本全部来自私人资本；政府征税是民生性支出的唯一来源，征税比例为 π。

1. 生产者

假设厂商的生产函数为柯布—道格拉斯生产函数：

$$y = A\, l_k^{1-\alpha} s_g^{\alpha} \quad 0 < \alpha < 1 \tag{3-16}$$

其中，y 表示人均产出，l_k 表示人力资本，s_g 表示私人资本投入。生产者的资本积累方程为：$K = y - c - g - s_g$，其中，$g = \pi y$，即：

$$K = (1-\pi) A\, l_k^{1-\alpha} s_g^{\alpha} - c - s_g \tag{3-17}$$

2. 消费者

最大化效用函数为：

$$max \int_0^{+\infty} u(c\, r^{\tau} g_c^{\vartheta}) e^{\rho t} dt \tag{3-18}$$

其中：

$$u(c\, r^{\tau} g_c^{\vartheta}) = \frac{(c\, r^{\tau} g_c^{\vartheta})^{1-\sigma} - 1}{1-\sigma} \tag{3-19}$$

把式（3-19）代入式（3-18）得出消费者的目标函数为：

$$max \int_0^{+\infty} \frac{(c\, r^{\tau} g_c^{\vartheta})^{1-\sigma} - 1}{1-\sigma} e^{\rho t} dt \tag{3-20}$$

其中，r 表示休闲，g_c 表示民生性支出所提供的公共服务，σ 为相对风险回避系数，σ 越大，说明消费者对未来风险越厌恶。c 为消费，ρ 为贴现率，该值越小表明消费者越偏好于当前消费。τ 为一单位休闲所带来效用的指数，且总有 $\tau>0$，ϑ 为一单位民生性支出所产生的公共服务带来效用的指数，且 $\vartheta>0$，同时有 $(1-\sigma)(1-\tau)<1$，$(1-\sigma)(1-\vartheta)<1$，由此保证了休闲与福利性消费支出都给家庭带来正效应。

$$\check{g}_c = g\left(\frac{g_c}{c}\right)^{1-\theta}, 0 \leq \theta \leq 1$$

由 Barro 的假定能够得出：$\left(\frac{g_c}{c}\right)^{1-\theta}>0, d\left[\left(\frac{g_c}{c}\right)^{1-\theta}\right]>0$，其中 θ 能够显示公共服务的拥挤程度。当 $\theta=1$ 时，$\check{g}_c=g_c$，家庭享受的所有民生性支出带来的全部公共服务；当 $\theta=1$ 时，$\check{g}_c=g\left(\frac{g_c}{c}\right)$ 时，家庭享受的公共服务来自自己的消费和休闲的一定比例，民生性支出所提供的公共服务呈绝对拥挤状态。

3. 社会最优路径

构造汉密尔顿函数：

$$\frac{(c^{(\theta-1)\vartheta+1}r^\tau(g^{2-\theta})^\vartheta)^{1-\sigma}}{1-\sigma}e^{-\rho t}+\varphi[(1-\pi)Al_k^{1-\alpha}s_g^\alpha - c - s_g] \quad (3-21)$$

其中，φ 表示收入的影子价格。对式（3-21）的 c 求一阶偏导条件得：

$$\frac{\partial H}{\partial c}=[(\theta-1)\vartheta+1][r^\tau(g^{2-\theta})^\vartheta]^{1-\sigma}e^{-\rho t}c^{[(\theta-1)\vartheta+1](1-\sigma)-1}=0$$

$$(3-22)$$

欧拉方程为：

$$\dot{\varphi}=\rho\varphi-\frac{\partial H}{\partial l_k}=\rho\varphi-\varphi((1-\alpha)Al_k^{-\alpha}s_g^\alpha) \quad (3-23)$$

联立式（3-22）和式（3-23）得：

$$\frac{\dot{c}}{c}=\left[\frac{1}{1-[1+\vartheta(\theta-1)](1-\sigma)}\right][(1-\alpha)(1-\pi)Al_k^{-\alpha}s_g^\alpha-\rho]$$

$$(3-24)$$

对式（3-21）求导得到：

$$\frac{\dot{l}_k}{l_k}=(1-\pi)Al_k^{-\alpha}s_g^\alpha-\frac{c}{l_k} \quad (3-25)$$

令 $M = \dfrac{1}{1-[1+\vartheta(\theta-1)](1-\sigma)}$，$R=(1-\pi)s_g^\alpha$，并将其代入式（3-24）和式（3-25）中得：

$$\frac{\dot{c}}{c} = [(1-\alpha)R-\rho]M \qquad (3-26)$$

$$\frac{\dot{l}_k}{l_k} = R - \frac{c}{l_k} \qquad (3-27)$$

在社会最优增长路径，l_k 和 c 以相同的固定比率稳步增长，于是有：

$$\frac{\dot{c}}{c} = \frac{\dot{l}_k}{l_k} \qquad (3-28)$$

则：

$$\frac{c}{l_k} = R - [(1-\alpha)R-\rho]M \qquad (3-29)$$

由

$$\frac{\dot{y}}{y} = (1-\alpha)\frac{\dot{l}_k}{l_k},\ \frac{\dot{c}/y}{c/y} = \frac{\dot{c}}{c} - \frac{\dot{l}_k}{l_k},$$

将上面两式代入式（3-27）、式（3-28）、式（3-29）中得：

$$\delta = \frac{\dot{c}/y}{c/y} = [\alpha(1-\alpha)R + (1-\alpha)\rho - \rho]M \qquad (3-30)$$

其中，δ 表示消费增长率。由式（3-30）可知 $R>0$，M 和 $[\alpha(1-\alpha)R+(1-\alpha)\rho-\rho]$ 直接影响了 δ 的正负。第一，我们来讨论 M 的正负，在下式：

$$M = \frac{1}{1-[1+\vartheta(\theta-1)](1-\sigma)}$$

中 $0<\sigma<1$ 为正，$1-\sigma>0$，$0<\vartheta<1$，因此，$1+\vartheta(\theta-1)$ 的值是正是负取决于民生性支出所提供的公共服务拥挤程度 θ，拥挤程度与消费增长率呈负相关关系，即民生性支出过度或不均产生公共服务拥挤程度越高，则消费增长率越低。第二，再考虑 M 的系数：$[\alpha(1-\alpha)R+(1-\alpha)\rho-\rho] = \alpha[(1-\alpha)R-\rho]$。可见，贴现率 ρ 的大小与系数正负有关，当 $\rho>(1-\alpha)R$，家庭更倾向于当前消费，M 不变时，δ 的值较大，消费增长较快，当 $\rho<(1-\alpha)R$ 时，家庭倾向于未来消费，M 值不变时，δ 的值较小，消费增长较慢。因此，贴现率对民生性支出拥挤程度对消费的影

响起到平衡作用。即当消费者偏好当期消费时,民生性支出过度,公共服务拥挤度提升,消费增长率的下降速度会慢于居民偏好不变的情况。可见,民生性支出具有合理规模,超过规模产生公共服务拥挤会导致居民消费增长率下降。

在对民生性支出影响居民消费的理论机理研究基础上,得出民生性支出对居民消费支出的影响作用主要取决于人力资本的产出系数及贴现率的相对大小,在贴现率一定时,人力资本的产出系数 $1-\alpha$ 的值决定了居民消费增长率。由于我国城乡发展差距较大,与农村相比,城镇的人力资本存量更高,按照边际递减规律,城镇的人力资本产出系数会小于农村,致使在增加相同的民生性支出时,城乡因人力资本产出系数差异而对居民消费水平的影响作用不同,会缩小城乡居民消费差距。而当城乡民生性支出增加额不同,即城乡民生性支出不均时,因城乡人力资本产出系数存在差异,且差异大小并不确定,加之城乡居民消费习惯也存在显著差异,致使城乡民生性支出不均对城乡居民消费差距的影响作用并不确定。

二 投资性支出不均影响城乡居民消费差距的理论机理

投资性支出在两方面对居民消费产生影响。一是投资性支出通过影响税收、经济增长等,改变居民可支配收入,进而影响居民消费;二是投资性支出通过改善消费环境,影响消费习惯,进而影响居民消费支出。在消费者无限期存活及同质性的假定下,构建生产—消费的一般均衡模型,并在社会最优路径的目标下推导得出,投资性支出对居民消费的影响作用取决于投资性支出的产出弹性,在资本边际产出率递减的规律下,投资性支出的产出弹性取决于投资性支出的存量,随着存量增加,产出弹性会不断降低,而最优的投资性支出规模等于投资性支出的产出率,此时,投资性支出促进居民消费提升的作用最大。

在此,假定代表性消费者无限期存活,并假定经济中有 N 个同质的消费者,且他们每人拥有一家企业,所有企业的资本回报率相同,生产函数为柯布—道格拉斯生产形式。

1. 生产者

所有同质企业的企业生产函数为:

$$y_t = A\, l_{kt}^{1-\alpha} B_{gt}^{\alpha} \quad 0 < \alpha < 1 \qquad (3-31)$$

其中，l_{kt} 为生产在 t 期的人力资本，B_{gt} 为 t 期的投资性支出，以外生变量投入生产函数，α 为生产的产出弹性。

由于生产者为同质的 N 个企业，则整个社会的生产函数为：

$$Y_t = N y_t = AN\, l_{kt}^{1-\alpha} B_{gt}^{\alpha} \quad 0 < \alpha < 1 \qquad (3-32)$$

总劳动资本则为：$L_{kt} = N l_{kt}$

劳动资本积累方程为：

$$NL_{kt+1} = (1-\delta) N L_{kt} + AN\, l_{kt}^{1-\alpha} B_{gt}^{\alpha} - N c_t - B_{gt} \qquad (3-33)$$

2. 消费者

在代表消费者无限期存活的情况下，消费者跨期效用函数表示为：

$$U = \sum_{0}^{\infty} \varepsilon^t \ln c_t \qquad (3-34)$$

全社会的总消费：

$$C_t = N c_t = \sum_{0}^{\infty} N \varepsilon^t \ln c_t \qquad (3-35)$$

社会总消费效用最大化的约束条件为：

$$\max \sum_{0}^{\infty} N \varepsilon^t \ln c_t$$

$$\text{s.t.}\ NL_{kt+1} = (1-\delta) N L_{kt} + AN\, l_{kt}^{1-\alpha} B_{gt}^{\alpha} - N c_t - B_{gt}$$

其中，ε^t 为 t 期的贴现因子，$0 < \varepsilon < 1$，表示消费者的时间偏好。

3. 社会最优路径

在社会福利最大化的目标下，构造拉格朗日函数：

$$L = \sum_{0}^{\infty} N \varepsilon^t \ln c_t - \sum_{0}^{\infty} \varphi_t \left[(1-\delta) N L_{kt} + AN\, l_{kt}^{1-\alpha} B_{gt}^{\alpha} - N c_t - B_{gt} \right]$$

$$(3-36)$$

对式（3-36）求偏导数，得到式（3-37）、式（3-38）和式（3-39）

$$\frac{\partial L}{\partial c_t} = \frac{N \varepsilon^t}{c_t} - N \varphi_t = 0 \qquad (3-37)$$

即：$\varepsilon^t = c_t \varphi_t$

$$\frac{\partial L}{\partial l_{kt}} = \varphi_t \left[N(1-\delta) + N \mu_t \right] - N \varphi_{t-1} = 0 \qquad (3-38)$$

即：$\dfrac{\varphi_t}{\varphi_{t-1}} = (1-\delta) + \mu_t$

$$\dfrac{\partial L}{\partial B_{gt}} = \mu_t (\alpha AN \, l_{kt}^{1-\alpha} B_{gt}^{\alpha-1} - 1) = 0 \qquad (3-39)$$

即：$\dfrac{B_{gt}}{Y_t} = \alpha$

式（3-38）中的 $\mu_t = (1-\alpha) AN \, l_{kt}^{1-\alpha} B_{gt}^{\alpha}$ 表示资本的边际产出。将式（3-37）和式（3-38）联立求得：

$$\varnothing = \dfrac{c_{t+1}}{c_t} = \varepsilon [1 - \delta + (1-\alpha) AN \, l_{kt+1}^{1-\alpha} B_{gt+1}^{\alpha}] \qquad (3-40)$$

式（3-40）给出了最大化的消费增长率与投资性公共支出之间的关系，这一关系表明消费增长最大化的条件为公共支出中的投资支出占总产出的比例应等于投资性支出自身的产出弹性 α。可见，投资性支出影响居民消费时存在最优规模，这一最优规模由它的产出弹性决定。

在对投资性支出影响居民消费的理论机理进行推导的基础上，进一步分析投资性支出影响城乡居民消费差距的主要途径。投资性支出对居民消费增长率的影响作用取决于投资性支出弹性，而投资性支出弹性本身与投资性支出存量有关，投资性支出存量越大，按照边际递减规律，产出弹性会越小，增加投资性支出更容易产生基本建设拥挤，挤出居民消费。改革开放以来，我国城乡投资性支出差距较大，致使城镇的投资性支出保有量显著高于农村，因此，在城乡增加相同金额的投资性支出会因城乡投资性支出产出弹性不同，对城乡居民消费增长率产生不同的刺激作用，进而扩大或缩小城乡居民消费差距，而当城乡投资性支出不均程度变化时，城乡居民消费差距也会不断变化。

三 转移性支出不均影响城乡居民消费差距的理论机理

转移性支出对城乡居民消费差距的影响根源在于转移性支出对居民消费的影响，转移性支出主要通过预期效应影响居民消费选择，从而影响居民消费支出，具体体现在对两种效应的作用上：一是资产替代效应，指转移性支出增加，居民的养老金收益提高，进而较少为退休期消费而在工作时期积累财产的需要，从而提高工作期消费水平。二是引致退休效应,指转移性支出增加,会提高居民未来退休保障,有工作的居民会倾向于提前退休,享受退休的保障待遇,但为平滑家庭一生的消费,居民倾向于增加储蓄,减少消费。因此,在两种效应的共同作用下,转移性支出与居民消费间的关系也是不确定的。为进一步明确这一理论机制,构建如下的数理模型进行分析。

在此,提出以下假设条件:

(1) 消费者为理性,追求一生消费最大化,整个生命周期为t。
(2) 消费者存在预算约束,由资产性收益与其他收益共同组成。
(3) 公共支出中仅有转移性支出对消费产生直接或间接影响。
(4) 消费者为风险厌恶者。

借鉴 Campbell 和 Mankiw 提出的有效需求函数(Campbell J. Y. 和 Mankiw,1991),设当期消费为con_t,当期转移支出为sec_t,支出消费系数为$1-\emptyset$,预期收入贴现率为ρ,即期资本为K_t,利率为r_t,在此,有效需求函数表示为:

$$con_t = con_t^{\emptyset} sec_t^{1-\emptyset} \quad 0 < \emptyset < 1 \tag{3-41}$$

则一个无限期界消费者的效用最大化函数可表示为:

$$Max\ U_t = E_t \left\{ \sum_{t=1}^{T} \rho^{t-1} [U(con_t^{\emptyset} sec_t^{1-\emptyset})_t] \right\}$$

在$K_{t+1} = K_t(1+r_t) + Y_t - con_t - sec_t$的约束条件下构造拉格朗日函数,由于消费者为风险厌恶者,因此设相对风险效用函数:

$$U[con_t^? sec_t^{1-\emptyset}] = \frac{[con_t^{\emptyset} sec_t^{1-?}]^{1-\theta}}{1-\theta}, \theta \in (0, +\infty)$$

将其代入所构造的函数中得:

$$L = E_t \left\{ \sum_{t=1}^{T} \rho^{t-1} \left[\frac{[con_t^{\emptyset} sec_t^{1-\emptyset}]^{1-\theta}}{1-\theta} \right] \right\} +$$

$$\lambda_t [K_t(1+r_t) + Y_t - con_t - sec_t - K_{t+1} - N] \tag{3-42}$$

然后对式(3-42)中K_t、Con_t和inf_t分别求偏导数,并将结果整理得:

$$\rho(1+r_t) con_t^{\emptyset(1-\theta)-1} sec_t^{(\varphi-1)\theta} = con_{t-1}^{\emptyset(1-\theta)-1} sec_{t-1}^{(\varphi-1)\theta} \tag{3-43}$$

对式(3-43)两边取对数并差分得出:

$$d\ln con_t = \frac{\ln\rho}{\varphi(\theta-1)-1} + \frac{(1-\varphi)\theta}{1+(1-\theta)\varphi} d\ln sec_t + \frac{\ln(1+r_t)}{\theta-\varphi-1} \tag{3-44}$$

$d\ln con_t$ 可近似表示消费增长率，由于 $\theta>0$，$0<\varphi<1$，表明 $\dfrac{(1-\varphi)\theta}{1+(1-\theta)\varphi}$ 的正负无法确定，取决于居民的转移性支出消费系数和居民的相对风险厌恶系数。当 φ 不变时，$\dfrac{(1-\varphi)\theta}{1+(1-\theta)\varphi}$ 随着 θ 的增加而减小，但当 θ 不变时，若 $\theta>1$，则 $\dfrac{(1-\varphi)\theta}{1+(1-\theta)\varphi}$ 随 φ 的增加而增加；若 $0<\theta<1$，则 $\dfrac{(1-\varphi)\theta}{1+(1-\theta)\varphi}$ 随 φ 的增加而减小，因此，可以判断 θ 与 φ 都对 $\dfrac{(1-\varphi)\theta}{1+(1-\theta)\varphi}$ 的大小产生影响，且影响方向并不一致，进一步证明 sec_t 对 con_t 的影响方向并不明确，与消费者的预期有关，也与储蓄等有关。由此得出转移性支出对居民消费的影响是双向的，可能因人们转移性收入增加而提高居民消费，也可能因为累退效应的存在而挤出居民消费。

在对转移性支出影响居民消费理论机理阐释下，结合我国实际，分析得出转移性支出不均影响城乡居民消费差距的途径有以下几种：第一，转移性支出对城乡居民的收入预期影响程度不同，导致城乡居民消费差距产生。由于我国城乡发展差距大，导致城乡居民预期收入不同，农村居民因农村经济发展水平低、社会保障政策不完善，以及金融业发展缓慢，导致其预期收入较低，当加大农村转移性支出时，农村居民收入预期大幅度提升，从而改变了农村居民当期消费选择，致使农村居民扩大当期消费，提高消费水平。但这一水平的提升存在门槛值，当农村居民贫困程度高时，转移性支出或各类补贴增加会直接被转化为储蓄，并不能增加消费，而当农村居民收入水平提高到某一程度时，转移性支出增加将促进居民消费水平提升。但城镇居民因与农村相比有更为完善的社会保障政策，且长期收入较为稳定，预期收入不会因城镇转移性支出增加而有大幅度调整，这导致在城乡增加相同金额的社会保障支出对城乡居民消费差距的影响作用并不确定。第二，转移性支出对城乡产生的引致退休效应存在差异，导致城乡居民消费差距的产生。城镇与农村居民因享有不同的养老保险政策，导致在城乡增加相同金额的转移性支出对城镇将产生更大的引致退休效应，从而挤出城镇居民消费支出，但因我国农村居民养老保险政策不完善，且农村居民从事农业劳动性质的特殊性，其退休的界线并不明显，故转移性支出增加对其的引致退休效应较小，从而对农村居民消费的挤出效应较小。可见，在城乡增加相同金额的转移性支出会对城镇所产生的引致退休效应更大，会产生缩小城乡居民消费差距作用。但在现实中，我国城乡转移性支出增加额存在较大差距，城镇转移性支出额显著高于农村，因此，城乡转移性支出不均对城乡居民消费差距的影响方向是不确定的。

第四节 本章小结

本书第二章在对公共支出、居民消费与城乡消费差距三个关键词进行文献梳理的基础上，得出应着重在公共支出及其分类影响居民消费支出的理论分析基础上，重点研究公共支出对城乡居民消费差距的理论机理。首先，对公共支出与居民消费的内涵及特征进行了描述，并重点说明了本书按照经济性质对公共支出进行分类，将其分为民生性支出、投资性支出与转移性支出三类。此外，在对公共支出进行分类的基础上研究了城乡公共支出不均及城乡居民消费差距的测度方法及演变特征。其次，对公共支出总体影响居民消费的理论机理，以及公共支出总体影响城乡居民消费差距的理论机理及途径进行了分析。最后，在公共支出分类的基础上，分别厘清了民生性支出、投资性支出及转移性支出对城乡居民消费差距的影响机理。具体而言：

在第一节中结合本书的研究目的，分析了公共支出影响城乡居民消费差距的理论基础，首先，阐明了公共支出的内涵、原则及分类状况，说明本书参考陈共（1998）的划分方法，以公共支出参与经济活动的不同特征为依据，将公共支出分为购买性支出与转移性支出，由于购买性支出包含项目较多，且各项目支出的目标与形式的不一致性，进一步将购买性支出划分为投资性支出与消费性支出。其次，研究了居民消费的内涵、影响因素及居民消费的变动特征，得出了公共支出是影响居民消费的重要因素。再次，分别定义了城乡民生性支出不均、城乡投资性支出不均及城乡转移性支出不均，并在此基础上研究了三类公共支出不均的测度方法及演变特征。最后，定义了城乡居民消费差距，并对城乡居民消费差距的影响因素进行了详细分解，同时，阐明了我国城乡居民消费差距的演变特征，为下一步研究公共支出总体及分类影响城乡居民消费差距的理论机理做好铺垫工作。

在第二节中本书对公共支出总体影响城乡居民消费差距的理论机理进行分析，在分析过程中，第一，研究了公共支出对居民消费的理论机理，得出公共支出对居民消费的影响作用分为直接作用与间接作用，最终对居民消费产生挤出和挤入两种效应。在两种效应的共同作用下，公共支出对居民消费的影响并不确定，但公共支出在刺激居民消费方面存在合理规模，与居民消费间呈倒"U"型相关关系。第二，在公共支出影响居民消费的理论机理研究基础上，分析了公共支出总体对城乡居民消费差距的影响机理及传导机制。重点分析了公共支出在影响城镇与农村居民消费差距时的路径差异，从中分析相同的公共支出造成城乡居民消费差距的理论机理。并在此基础上构造城乡异质性消费函数，在假定城乡存在收入差距，城镇为高收入群体，农村为低收入群体的基础上，构造拉格朗日函数求解得出城乡相同的公共支出也可能造成城乡居民消费差距，从而推断出通过扩大农村公共支出比例不一定能缩小城乡居民消费差距的假说。

在此基础上，第三节重点研究了公共支出各分类影响城乡居民消费差距的理论机理。首先，引入含有人力资本的生产函数，并将民生性支出纳入无限期界消费效用函数中，在社会最优路径下求解得出民生性支出对居民消费的影响作用受制于居民的消费习惯及人力资本产出系数，由于这二者在我国城乡表现出显著差异性，故城乡民生性支出不均必然影响城乡居民消费差距，且影响方向存在不确定性。其次，引入无限期界消费函数，利用一般均衡理论构建数理模型分析了投资性支出对居民消费的影响机理，得出投资性支出对居民消费的影响作用取决于投资性支出的产出弹性，投资性支出占公共支出总产出的比例与投资性支出自身的产出弹性相等时，投资性支出规模对居民消费的效用实现最大化，但由于城乡居民消费存在异质性，导致城乡增加相同的投资性支出将缩小城乡居民消费差距，但城乡投资性支出不均对城乡居民消费差距的影响作用不确定，这取决于不同地区的投资性支出存量。最后，在无限期界消费函数下，构造汉密尔顿函数推导得出转移性支出对居民消费的影响作用是非线性的，可能为正向，也可能为负向，取决于转移性支出的产出系数与居民风险厌恶程度之间的大小关系，由此推断出城乡转移性支出不均对城乡居民消费差距的影响作用也可能是非线性的。

第四章

民生性支出影响城乡消费差距的实证研究：以教育支出为例

在此部分，本书主要研究民生性支出不均对城乡居民消费差距的影响，虽然民生性支出包含内容较为广泛，但其中公共安全费用、国防安全费用无法分割为城镇或农村数据，因此，无法纳入样本统计，且考虑到在推动城乡协调发展的诸多举措中，教育对于经济发展和社会进步的基础性作用已得到学界的共识。在党的十九大报告中也强调，"必须把教育事业放在优先位置"以及"推进教育公平"的重要理念。因此，本书使用城乡教育支出代表民生性支出，实证检验城乡教育支出不均对城乡居民消费差距的影响作用。

第一节　民生性支出影响城乡居民消费支出差距的实证分析

研究民生性支出与居民消费的关系起源于财政支出与居民消费关系的研究，Bailey（1971）和 Barro（1974）[1] 最先研究了财政支出与居民消费的理论关系问题，认为财政支出与居民消费之间存在替代、互补或不确定关系，在以往研究中较多学者将民生性支出从财政支出中单列出来进行研究，主要观点包括以下三种。

---

[1] Robert J. Barro, "Are Government Bonds Net Wealth?", *Journal of Political Economics*, Vol. 82, No. 6, 1974.

第一,教育投入对居民消费的影响存在区域差异。田青、马健等(2008)[①] 研究我国城镇居民消费影响因素的区域差异得出全国教育支出能够促进居民消费增长,但分区域看教育支出挤出了我国东、中、西部地区的居民消费,且这种挤出效应在西部最大。邓宏亮等(2013)[②] 从经费投入及人力投入两方面进行测算,认为教育投入对于经济发展的影响效应存在区域异质性;涂立桥(2015)[③] 认为在东、中、西部财政教育支出的作用并不一致,在东、中部财政教育支出挤入居民消费,而在西部财政教育支出挤出居民消费。单德朋(2012)[④] 以西部地区为例,对教育投入的减贫效应进行计量分析,认为其效果具有门槛效应;而也有部分学者分别研究政府教育支出影响农村和城镇居民消费的作用差异,得出政府教育支出对城镇居民消费作用不显著,但对农村居民消费显著,城镇居民消费主要依赖于居民收入(陈平路等,2013)[⑤]。第二,教育投入挤出居民消费。Satoshi Shimizutani(2017)利用日本的数据研究表明居民很难平滑自己一生的消费,教育费用支出提升后,会减少居民在其他消费方面的支出。在国内也有很多学者经过研究各阶段政府教育支出与居民消费的关系,得出高等教育支出增加对居民未来消费预期影响作用不大,居民依然会通过储蓄以防备未来消费支出增加风险,因此,当教育支出提高时,居民储蓄会提高,从而挤出居民消费(杨汝岱、陈斌开,2009;丁颖,2011;张恩碧,2015)[⑥]。第三,教育投入挤入居民消费,

---

[①] 田青、马健等:《我国城镇居民消费影响因素的区域差异分析》,《管理世界》2008 年第 7 期。

[②] 邓宏亮、黄太洋:《经济发展中教育投入效应的空间计量与门槛分析》,《中国高教研究》2013 年第 3 期。

[③] 涂立桥:《财政教育支出对农村居民消费影响实证研究》,《商业经济研究》2015 年第 6 期。

[④] 单德朋:《教育效能和结构对西部地区贫困减缓的影响研究》,《中国人口科学》2012 年第 5 期。

[⑤] 陈平路、鲁小楠:《政府教育支出的挤入挤出效应分析》,《教育与经济》2013 年第 4 期。

[⑥] 杨汝岱、陈斌开:《高等教育改革、预防性储蓄与居民消费行为》,《经济研究》2009 年第 8 期。

且对农村居民消费挤入效应更大。Riccardo 和 Tryphon（2004）[①] 利用欧洲 12 个国家的数据实证研究了政府支出对居民消费的作用，得出教育、卫生等公共支出对居民消费都产生挤入效应，且这一挤入效应大于公共安全支出所产生的挤出效应。Emanuele 和 Giovanni（2010）[②] 运用 OECD 国家数据实证研究得出，将公共支出平均分配到教育、卫生和社会保障三个方面时，居民消费增长率将有所提升。还有一部分学者在宏观研究地方财政支出与居民消费关系的过程中，将财政支出分解为教育、医疗、社会保障等多个方面，并将以上几方面融入单一实证模型中估计其与居民消费的关系，研究得出政府教育支出对农村居民消费具有更大的挤入效应（刘志忠等，2014；蔡伟贤，2014；李霞，2015）[③][④]。

综上可知，目前虽有大量文献研究教育投入与居民消费的相关关系，但依然存在一定缺陷：第一，现有研究多集中于线性角度，鲜有文献从非线性角度进行测度分析，而结合上述文献梳理能够看出，教育投入对于居民消费的影响机制复杂，采用非线性描述更有利于现实刻画及理论分析；二是现有文献对于教育投入水平与城乡居民消费差异的研究结论存在一定分歧，且缺乏对教育投入水平与城乡居民消费差异的异质门槛效应分析；三是对于其他相关要素约束下教育投入水平与城乡居民消费差异的文献也较为少见，对研究结果稳健性的评判不足。在此背景下，本节构造多重面板门槛模型，实证检验城乡教育不均对城乡居民消费差距的影响作用，进而说明消费性支出对居民消费的影响作用。

一 变量、数据及模型构建

本书为更客观、深入地分析城乡教育支出不均对城乡居民消费差距的影响，在此首先对城镇或农村教育支出影响城镇或农村居民消费支出

[①] Riccardo Fiorito and Tryphon Kollintzas, "Public Goods, Merit Goods, and the Relation between Private and Government Consumption", *European Economic Review*, Vol. 48, No. 6, 2004.

[②] Emanuele Baldacci and Ding Ding., Public Expenditures on Social Programs and Household Consumption in China, IMF Working Paper, Ph. D. Dissertation, 2010.

[③] 刘志忠、吴飞:《地方政府财政支出的民生化进程与农村居民消费——基于总量和分类支出视角下的理论分析与实证检验》，《财经理论与实践》2014 年第 1 期。

[④] 蔡伟贤:《公共支出与居民消费需求：基于 2SLS 模型的分析》，《财政研究》2014 年第 4 期。

的作用进行实证检验,在此基础上进一步估计城乡教育不均对城乡居民消费差距的影响作用。

(一) 变量设计

(1) 城镇教育支出影响城镇居民消费的变量设计。为估计城镇教育支出对城镇居民消费的影响效应,特构建以下研究变量。

①被解释变量:城镇居民消费水平(ur_con)使用城镇家庭人均年消费支出衡量。

②解释变量:城镇教育支出(ur_edu)由城镇教育生均支出衡量,具体通过城镇普通小学教育支出与普通初中教育支出之和除以城镇普通小学和普通初中总人数计算得出。选取小学与初中教育支出的原因在于这两类教育在城镇与农村的发展目标一致,而其他诸如大学、职业院校等教育形式较多分布在城镇,故如此进行样本选取会避免因教育层次本身区位选择的制约对实证结果带来的影响。

③控制变量:根据本书理论部分分析,居民收入、居民财富会影响居民的消费预期,从而影响居民消费。因此,本书将城镇居民纯收入水平(ur_inc)、城镇居民财富水平(ur_weal)作为控制变量,城镇居民纯收入由城镇居民家庭人均纯收入衡量,城镇居民财富水平由城镇居民家庭人均年末储蓄余额衡量。

(2) 农村教育支出影响农村居民消费的变量设计。为估计农村教育支出影响农村居民消费的影响效应,构建以下研究变量。

①被解释变量:农村居民消费水平(cou_con)使用农村家庭人均年消费支出衡量。

②解释变量:农村教育支出(cou_edu)由农村教育生均支出衡量,具体通过农村普通小学教育支出与普通初中教育支出之和除以农村普通小学和普通初中总人数计算得出。

③控制变量:根据本书理论部分分析,居民收入、居民财富会影响居民的消费预期,从而影响居民消费。因此,本书将农村居民纯收入水平(cou_inc)、农村居民财富水平(cou_weal)作为控制变量,农村居民纯收入由农村居民家庭人均纯收入衡量,农村居民财富水平由农村居民家庭人均年末储蓄余额衡量。

(3) 城乡教育支出不均影响居民消费差距的变量设计。为估计城乡教育支出不均影响居民消费差距的影响效应,构建以下研究变量。

①被解释变量:城乡居民消费差距($dcon$)。对城乡居民消费差距的测度,以往的研究主要使用泰尔指数对其进行计算。Theil(1967)提出泰尔指数在城乡收入差距中的应用,其优点在于可以衡量人群组内收入差距与组间收入差距对总差距的影响。在具体计算城乡居民消费差距时,可将城与乡分成两组,则全国样本下的泰尔指数计算公式可表示如下:

$$dcon = \sum_{i=1}^{2} \frac{C_{it}}{C_t} ln\left(\frac{C_{it} N_t}{C_t N_{it}}\right) \quad (4-1)$$

分地区样本下的泰尔指数表示为:

$$dcon_{j,t} = \sum_{i=1}^{2} \frac{C_{ij,t}}{C_{j,t}} ln\left(\frac{C_{ij,t} N_{j,t}}{C_{j,t} N_{ij,t}}\right) \quad (4-2)$$

其中,$dcon$ 表示城乡消费差距,c_{it} 表示农村或城镇在 t 时期的消费量,c_t 表示两组消费的总消费,n_{it} 表示 t 时期城镇或农村的人口,n_t 表示 t 时期的总人口,j 表示地区。

②解释变量:城乡教育支出不均($dedu$)是本书的核心解释变量,这里表示城乡教育财政投入不均等化程度。李玲等(2012)提出可使用学校间生均教育事业费收入差异和学校间生均可支配收入的加权平均值衡量学校间的财政性教育经费差异,但该方法仅适用于学校间比较,在城乡间比较时缺乏可操作性。本书借鉴田艳平和王佳(2014)[①] 的做法,考虑数据的可得性,使用城乡普通中小学生的生均财政事业经费支出比来衡量教育投入不均等程度,比值越大表明城乡教育不均等程度越高;反之亦然。

③门槛变量及其他控制变量:本书选取城乡收入差距($dinc$)、城乡财富差异($dweal$)和教育投入不均($dedu$)等三个变量分别作为门槛变量。选择城乡收入差距和城乡财富差异作为门槛变量的原因在于,在不考虑信贷的情况下,居民消费来源于当期可支配收入和前期储蓄,因此,城乡收入差距和财富差异会在较大程度上对城乡居民消费差异产生直接影响。在此,城乡收入差距和城乡财富差异的计算借鉴韩立岩和杜春越

---

① 田艳平、王佳:《城市化对城乡基础教育投入均等化的影响》,《中国人口·资源与环境》2014 年第 9 期。

(2012)[①]利用泰尔指数计算城乡收入和财富差距的方式进行计算,具体计算公式为 $dinc_{i,t} = \sum_{j=1}^{2} \frac{P_{ij,t}}{P_t} ln\left(\frac{P_{ij,t}}{P_{j,t}} \Big/ \frac{Z_{ij,t}}{Z_{j,t}}\right)$,其中 j 表示城镇或者农村,i 表示地区,P 表示收入,Z 表示人口数。

为了更真实客观揭示城乡民生性支出不均对居民消费差距的影响,本书借鉴前人研究结论(徐敏,2015)[②],将经济开放度(open)、城镇化水平(durb)与产业结构升级(indu)等引入控制变量。城镇化水平一般用城镇人口数占总人口的比例来衡量(徐敏、姜勇,2015),而经济开放度则用进出口总额占 GDP 的比重来衡量(林毅夫、余淼杰,2009)[③],产业结构升级使用二元对比系数测算(白永秀等,2016)[④],具体测算公式为:

indu =(第一产业 GDP 比重/第一产业从业人员比重)/
(非一产 GDP 比重/非一产从业人员比重)

(二)数据说明与描述性统计

本书参考教育发展理论,以 1998—2015 年为研究时段,在考虑数据可得性的基础上利用我国内陆 30 个省(除西藏外)的面板数据进行估计,基础数据来源于《中国统计年鉴》《中国教育统计年鉴》《中国教育经费统计年鉴》《中国城镇统计年鉴》《中国农村统计年鉴》。根据以上原始数据,本书计算得出各指标数值,描述性统计如表 4-1 所示。

表 4-1　　　　　　　　数据描述性统计结果

Variable	Mean	Std. Dev.	Min	Max
ur_con	7956.05	3431.91	3468.99	23200.4

[①] 韩立岩、杜春越:《收入差距、借贷水平与居民消费的地区及城乡差异》,《经济研究》2012 年第 S1 期。

[②] 徐敏、姜勇:《产业结构提升能够缩小城乡消费差距吗?》,《数量经济技术经济研究》2015 年第 5 期。

[③] 林毅夫、余淼杰:《我国价格剪刀差的政治经济学分析:理论模型与计量实证》,《经济研究》2009 年第 1 期。

[④] 白永秀、吴丰华等:《2016 年城乡一体化水平评价报告》,经济科学出版社 2016 年版,第 50 页。

续表

Variable	Mean	Std. Dev.	Min	Max
cou_con	2797.99	1591.44	880.65	10210.46
ur_edu	5.8022	3.78	1.19	26.39
cou_edu	8.17	34.36	0.28	48.12
ur_inc	12319.96	7475.948	3177.95	42396.6
cou_inc	5258.245	3489.906	1357.28	19720.1
ur_weal	23179.76	20800.54	3226.41	225249
cou_weal	4840.84	6822.407	199.61	47191.38
dcon	0.118	0.0533	0.0081	0.2899
dedu	1.251	0.1780	1.0393	1.6404
dweal	0.305	0.255	0.209	1.583
dinc	0.091	0.0518	0.0002	0.241
durb	0.467	0.156	0.143	0.896
open	0.319	0.4012	0.0287	1.833
induopen	0.193	0.0666	0.0313	0.425

（三）模型构建

本书在城镇或农村教育支出影响城镇或农村居民消费的基础上，深入研究城乡教育支出不均对城乡居民消费差距的影响作用。

（1）城镇教育支出影响居民消费的实证模型设计。在此设定城镇教育支出影响居民消费的 PanelData 基准模型如下：

$$ur\_con_{it} = \alpha_1 + \theta_1 ur\_edu_{it} + \sigma_1 x_{1it} + \varepsilon_{it} \quad (4-3)$$

为避免个体与时间效应影响，将模型（4-3）扩展为固定效应模型，如模型（4-4）所示：

$$ur\_con_{it} = a_1 + \theta_1 ur\_edu_{it} + \sigma_1 x_{1it} + \delta_i + \mu_t + \varepsilon_{it} \quad (4-4)$$

其中，x_{1it} 代表一系列控制变量，ε_{it} 为随机误差项，α_1 为截距系数，θ_1 为斜率系数，i 表示省份，t 表示时间，δ_i 和 μ_t 分别表示个体与时间效应，ε_{it} 为随机误差项，服从独立同分布。

（2）农村教育支出影响居民消费的实证模型设计。在此设定农村教育支出影响居民消费的 PanelData 基准模型如下：

$$cou\_con_{it} = \alpha_2 + \theta_1 cou\_edu_{it} + \sigma_1 x_{2it} + \varepsilon_{it} \quad (4-5)$$

为避免个体与时间效应影响,则可将模型(4-5)扩展为固定效应模型,如式(4-6)所示:

$$cou\_con_{it} = a_2 + \theta_2 cou\_edu_{it} + \sigma_1 x_{2it} + \delta_i + \mu_t + \varepsilon_{it} \quad (4-6)$$

其中,x_{2it}代表一系列控制变量,ε_{it}为随机误差项,α_2为截距系数,θ_2为斜率系数,i表示省份,t表示时间,δ_i和μ_t分别表示个体与时间效应,ε_{it}为随机误差项,服从独立同分布。

(3)城乡教育支出不均影响居民消费差距的实证模型设计。在此设定关于城乡教育支出不均影响居民消费差距模型如下:

$$\begin{aligned}dcon_{it} = &\mu_i + \beta_1 dedu_{it} \cdot I(dedu_{it} \leq \gamma_1) + \beta_2 dedu_{it} \cdot I(dedu_{it} > \gamma_1) + \cdots + \\ &\beta_n dedu_{it} \cdot I(dedu_{it} \leq \gamma_n) + \beta_n dedu_{it} \cdot I(dedu_{it} > \gamma_n) + \theta X_{it} + \\ &\varepsilon_{it} dcon_{it} = \mu_i + \beta_1 dedu_{it} \cdot I(dedu_{it} \leq \gamma_1) + \beta_2 dedu_{it} \cdot I(dedu_{it} > \gamma_1) + \cdots + \\ &\beta_n dedu_{it} \cdot I(dedu_{it} \leq \gamma_n) + \beta_n dedu_{it} \cdot I(dedu_{it} > \gamma_n) + \theta X_{it} + \varepsilon_{it}\end{aligned}$$

$$(4-7)$$

其中,$dcon_{it}$表示t时期i省城乡居民消费差距,$dedu_{it}$表示t时期i省城乡教育支出不均,在此既代表核心解释变量,又代表门槛变量。X_{it}表示t时期i省的城镇化水平、产业结构水平、对外开放度等控制变量。

在以上模型测定结果的基础上,若城乡教育支出不均确实对城乡居民消费差距产生非线性影响,那么,城乡收入差距和财富差异对其的约束机制如何呢?鉴于对该问题的回答,本书构建模型(4-8)和模型(4-9)分析在城乡收入差距和城乡财富差异下教育支出不均与城乡居民消费差距存在何种非线性关系。

以城乡收入差距作为门槛变量,构建面板门槛模型如式(4-8)所示:

$$\begin{aligned}dcon_{it} = &\mu_i + \beta_1 dedu_{it} \cdot I(dinc_{it} \leq \gamma_1) + \beta_2 dedu_{it} \cdot I(dinc_{it} > \gamma_1) + \cdots + \\ &\beta_n dedu_{it} \cdot I(dinc_{it} \leq \gamma_n) + \beta_n dedu_{it} \cdot \\ &I(dinc_{it} > \gamma_n) + \theta X_{it} + \varepsilon_{it}\end{aligned} \quad (4-8)$$

以城乡财富差异作为门槛变量,构建面板门槛模型如式(4-9)所示:

$$\begin{aligned}dcon_{it} = &\mu_i + \beta_1 dedu_{it} \cdot I(dweal_{it} \leq \gamma_1) + \beta_2 dedu_{it} \cdot \\ &I(dweal_{it} > \gamma_1) + \cdots + \beta_n dedu_{it} \cdot I(dweal_{it} \leq \gamma_n) + \beta_n dedu_{it} \cdot\end{aligned}$$

$$I(dweal_{it} > \gamma_n) + \theta X_{it} + \varepsilon_{it} \qquad (4-9)$$

二 城镇教育支出影响城镇居民消费的实证分析

在估计分析中使用 1998—2015 年的面板数据,因全国与各区域数据在描述性统计存在量纲,各变量数据间差距较大,本书首先对各变量进行标准化处理。其次对全国及东、中及西部地区标准化后的数据进行 HT 检验,检验结果显示各变量在 5% 的显著性水平下拒绝单位根假设,为平稳数据序列。最后对各区域标准化数据进行 Hausman 检验,得出各样本数据均通过了 Hausman 检验,存在固定效应,因此,使用固定效应模型进行检验,分析结果如表 4 - 2 所示。

表 4 - 2　　　　城镇教育支出影响城镇居民消费系数估计结果

变量	全国	东部	中部	西部
ur_edu	-0.0013	-0.0319*	0.0461*	0.0042
	(-0.10)	(-2.01)	(2.17)	(0.26)
ur_inc	0.961***	0.943***	0.906***	0.967***
	(74.78)	(51.67)	(30.01)	(51.29)
ur_weal	0.00246	-0.0069	0.069**	0.0056
	(0.27)	(-0.49)	(2.20)	(0.52)
C	0.291***	0.42***	0.51***	0.93***
	(10.76)	(7.18)	(7.03)	(15.60)

注:表中 *、**、*** 分别表示 10%、5% 和 1% 的显著水平下显著。

表 4 - 2 的城镇教育支出对城镇居民消费支出影响的实证检验结果显示:第一,从全国来看,城镇教育支出对城镇居民消费支出的影响为负,系数为 - 0.0013,但不显著,说明在全国的城镇整体范围内加大公共教育支出无法提升城镇居民消费支出水平,甚至可能抑制城镇居民消费支出增加。第二,分区域来看,东部地区城镇教育支出增加也可能抑制城镇居民消费支出,系数为 - 0.0319,且在 10% 的显著性水平下显著。而中部地区城镇教育支出对城镇居民消费支出的影响为正,系数为 0.0461,仅在 10% 的显著性水平下显著,可见在中部地区,城镇教育支出增加有

助于提升城镇居民消费水平。西部地区城镇教育支出对西部地区城镇居民消费支出的影响为正，但并不显著。综合来看城镇教育支出在全国、东、中及西部地区对城镇居民消费的影响作用，得出无论在哪个板块，城镇增加教育支出对城镇居民消费支出的影响作用都不明显，在东部地区甚至可能抑制居民消费支出。

三 农村教育支出影响农村居民消费的实证分析

在估计分析中继续使用1998—2015年的面板数据，依然首先对各变量进行标准化处理。其次对全国及东、中及西部地区数据进行HT检验，检验结果显示各变量在5%的显著性水平下拒绝单位根假设，为平稳数据序列。最后对各区域进行Hausman检验，得出各区域样本数据均通过了Hausman检验，固定效应的面板模型更加稳健。因此，使用固定效应面板模型对全国、东、中及西部地区农村教育支出影响农村居民消费支出的效应进行估计，估计结果如表4-3所示。

表4-3　　　　农村教育支出影响农村居民消费估计结果

变量名称	全国	东部	中部	西部
cou_edu	0.0649 ***	0.0902 ***	0.326	0.697 **
	(5.86)	(6.45)	(0.91)	(2.60)
cou_inc	1.015 ***	1.031 ***	1.160 ***	0.943 ***
	(53.10)	(33.68)	(15.33)	(18.12)
cou_weal	-0.0417 **	-0.0840 ***	-0.221 ***	0.0018
	(-2.28)	(-2.98)	(-3.01)	(0.06)
C	0.85 ***	0.62 ***	0.33 ***	2.59 ***
	(7.95)	(6.79)	(4.53)	(7.75)

注：表中 *、**、*** 分别表示10%、5%和1%的显著水平下显著。

表4-3农村教育支出影响农村居民消费支出的估计结果显示：第一，从全国看，农村教育支出对农村居民消费支出在1%的显著性水平下具有正向影响，其系数为0.0649，可见，现阶段在我国增加农村教育支出有助于提高农村居民消费水平。第二，分区域看，东部地区农村教育

支出对农村居民消费支出的影响在 1% 的显著性水平下显著为正，影响系数为 0.0902，可见，增加东部地区农村教育投入也有助于推进东部地区农村居民消费水平提高。而中部地区农村教育投入与农村居民消费之间关系并不显著，原因在于教育投入与居民消费之间可能存在某种门槛效应，当教育投入介于某两个值之间时，扩大教育投入对居民消费支出的作用并不确定。西部地区农村教育投入在 5% 的显著性水平下显著正向推进西部地区农村居民消费水平提高，其系数为 0.697，远大于东部地区，是东部地区的十几倍。

对比表 4-2 和表 4-3 的检验结果得出，扩大我国农村教育支出有助于提高农村居民消费水平，但扩大城镇教育支出对居民消费的影响作用并不显著，仅中部地区在 10% 的显著性水平下显著。且分区域来看，西部地区扩大农村教育支出对农村居民消费水平的提升作用更显著。但总体来看，教育支出在促进居民消费的过程中可能存在某种门槛效应，仅由城镇或农村教育支出对城镇或农村居民消费支出的实证检验结果对比分析，得出城乡教育支出不均对城乡居民消费差距的影响作用因门槛效应的存在还无法客观评判。

四 城乡教育支出不均影响居民消费差距的实证分析

为深入分析城乡教育支出不均对城乡居民消费差距的影响作用，本书在假定城乡教育支出不均对城乡居民消费差距具有非线性影响的基础上，利用门限模型检验二者之间是否存在门槛效应，并在此基础上研究二者间的相关关系。

在进行模型估计前，本书首先进行了面板单位根检验，分别使用 ADF 和 LLC 方法进行检验，得出本书所涉及城乡消费差距、教育支出不均等因变量和所有自变量都通过了显著性检验；其次进行了平稳性检验，使用基于残差的 Pedroni 协整检验，得出教育支出不均与城乡居民消费差距之间呈平稳的长期均衡关系；最后进行了多重共线性诊断，计算得出最大的方差膨胀因子 VIF 的值小于 10，在可以接受的范围内。基于以上检验，在此进一步估计教育支出不均对城乡居民消费差距的影响效应。

（一）城乡教育支出不均影响城乡居民消费差距的门槛效应

在改革开放 40 多年的发展中，我国各区域因发展政策、地理位置等因素形成东、中、西部发展严重不平衡的实际情况,基于此,在分析教育支出不均对城乡居民消费差距的影响时我们有必要考虑这一空间异质性因素,分别考察东、中、西部教育支出不均影响城乡居民消费差距的门槛效应异同。在此,使用 Hansen(2000)提出的"自举法"对全国、东、中、西部样本数据检验时,分别通过重叠模拟似然比检验统计量300次,结果表明全国在5%的显著性水平上通过了单门槛的自抽样检验,门槛值为3.661,95%置信区间为[0.407,3.707];东部地区在5%的显著性水平下通过了双重门槛效果的自抽样检验,门槛值为0.414和5.332,置信区间为[0.372,2.520]和[3.716,5.441];中部地区在1%的显著性水平下通过了双重门槛效果的自抽样检验,门槛值为1.745和3.913,95%的置信区间为[0.859,2.148]和[3.913,3.914];西部地区在5%的显著性水平下通过了双重门槛效果自抽样检验,门槛值为3.192和5.992,置信区间分别为[0.922,3.476]和[5.992,5.993]。为更清楚地显示教育投入不均对城乡居民消费差距影响的门槛效应变化趋势,将最小门槛值设为 $dedu1$,最大门槛值设为 $dedu3$,在 Hausman 检验的基础上,进一步对所有变量进行 Hausman 检验,得出全国、东、中及西部地区样本均应使用固定效应的多重面板门槛模型,其估计结果如表4-4所示。

表4-4　教育支出不均影响城乡居民消费差距的门槛效应估计结果

变量名	全国 GLS	全国 FE-IV	全国	东部	中部	西部
$durb$	-0.0429 (1.45)	0.197 (0.16)	-0.00230 (-0.08)	0.262*** (4.65)	-0.0738 (-0.79)	-0.0966*** (-3.04)
$dweal$	0.0467*** (3.13)	0.158* (1.25)	0.0549*** (3.87)	0.155*** (6.32)	0.0255 (0.61)	0.00686 (0.33)
$dinc$	0.635*** (10.99)	0.243** (2.34)	0.609*** (11.08)	0.535*** (5.46)	0.639*** (6.52)	0.685*** (9.66)
$open$	0.0191 (1.46)	-0.00677 (-0.06)	0.0110 (0.88)	-0.0417** (-2.18)	0.00238 (0.04)	0.0544*** (2.91)
$indu$	-0.0119 (-0.31)	-0.0119 (-0.31)	-0.0197 (-0.54)	0.0756 (1.17)	-0.167** (-2.47)	-0.0225 (-0.49)

续表

变量名	全国 GLS	全国 FE-IV	全国	东部	中部	西部
dedu_x_dedu1	—	—	0.0153***	-0.0780***	0.00901***	0.00592***
	—	—	(7.71)	(-2.82)	(2.62)	(3.30)
dedu_x_dedu3	—	—	—	-0.0148***	-0.0163***	-0.0206***
	—	—	—	(-4.12)	(-5.48)	(-6.15)
dedu	0.00730***	0.0001***	0.0059***	0.00278	0.0244***	0.0126***
	(4.87)	(5.97)	(4.09)	(0.88)	(5.87)	(6.91)
N	540	540	540	198	162	180

注：*、**、***分别表示在10%、5%以及1%显著性水平，()内表示估计的 t 值。

此外，为提升模型估计的可靠性，本书对全国总体城乡教育支出不均影响城乡居民消费差距的效应，使用 GLS 和工具变量固定效应（FE-IV）模型进行线性估计，对比其与非线性估计结果差异。

首先，对比全国线性模型、FE-IV 和非线性估计结果显示，全国层面的城乡教育支出不均对城乡居民消费差距无论在 GLS 还是 FE-IV 估计下都呈显著正向影响。在考虑门槛效应之后，在门槛值前后全国城乡教育投入不均对城乡居民消费差距的影响作用由大变小，但都是正向影响，可见，模型估计方法的改变并未改变模型检验结果，验证了本书实证检验结果的可靠性。

其次，对比全国、东、中及西部地区估计结果显示：在全国，教育支出不均在门槛值3.661前后都对城乡居民消费差距产生正向影响，只是当城乡教育支出不均程度小于3.661时，降低城乡教育支出不均程度在平衡城乡居民消费差距方面的作用最明显；在东部地区，城乡教育支出不均在平衡城乡居民消费差距方面的作用为显著负向，在最小的门槛值0.441之前时，教育支出投入不均对平衡城乡居民消费差距作用为显著负向，即降低城乡教育支出不均程度会扩大城乡居民消费差距，这可能是由于教育支出在东部农村地区也出现拥挤，进而造成投入浪费，挤出居民日常消费造成的。但当城乡教育支出不均程度在0.441—5.332之间时，降低城乡教育支出不均程度对平衡城乡居民消费差距的影响并不显著，在门槛值5.332之后，依然为反向作用，可见，在东部地区，城乡教育支出不均程度无论如何变化也无法平衡城乡居民消费差距，这可能是由于东部地区的城乡教育已基本完善，进一步增加教育支出，反而会造成资源浪费，抑制经济增长，挤出居民消费。在中部和西部地区，教育投入不均与城乡居民消费差距之间呈倒"U"型关系，当城乡教育支出不均程度降低分别在各自的最小门槛值 1.745 和 3.192 前后时，都对平衡城乡居民消费差距具有显著正向促进作用，而在各自最大门槛值 3.913 与 5.992 之后，这一正向促进作用变为显著抑制作用。这一方面是由于中、西部地区农村与东部地区农村相比经济更加落后，在中、西部地区城乡教育支出不均程度较大时，增加农村教育支出，提高农村居民素质会导致居民的城镇化倾向，从而扩大城乡收入差距，抑制城乡居民消费差距的平衡，李鹏、王明华（2014）的研究也证明了这一结论。

最后，综合分析全国、东部、中部及西部的门槛模型估计结果表明，目前在全国层面上，降低城乡教育支出不均程度对平衡全国城乡居民消费差距具有显著促进作用；在中、西部地区城乡教育支出不均程度较低（小于各自的最小门槛值）时，降低教育支出不均程度有助于缩小城乡居民消费差距；而在东部地区，城乡教育支出不均程度降低反而会扩大城乡居民消费差距。

（二）城乡教育支出不均对城乡居民消费差距影响效应的约束机制

考虑到收入和财富对居民消费产生的直接效应，本书在城乡收入差距和城乡财富差异的约束下，进一步探讨城乡教育支出不均影响城乡居民消费差距的门槛效应，依然对全国、东、中、西部地区样本数据进行 300 次重叠模拟似然比自举检验，结果如下。

（1）在城乡收入差距约束下。全国、东、中部地区分别在 1% 或 5% 的显著性水平下通过了双重门槛效果自抽样检验，全国的门槛值为 0.038 和 0.138，95% 置信区间为 [0.031, 0.075] 和 [0.031, 0.158]；东部地区的门槛值为 0.138 和 0.210，95% 的置信区间为 [0.047, 0.155] 和 [0.155, 0.210]；中部地区的门槛值为 0.076 和 0.136，95% 的置信区间为 [0.076, 0.083] 和 [0.038, 0.137]；而西部地区仅在 1% 的显著性水平下通过了门槛效果自抽样检验，门槛值为 0.073，95% 的置信区间为 [0.071, 0.075]。将城乡收入差距在各区域的最小门槛值设为 $dinc1$，最大门槛值设为 $dinc3$，在 Hausman 检验的基础上，进一步利用多重面板门限模型对所有样本数据在固定效应下进行估计,具体结果见表4-5。

表4-5 城乡收入差距约束下的面板门槛数据模型估计结果

变量	全国	东部	中部	西部
durb	-0.121*** (-3.75)	0.197*** (3.22)	-0.210** (-2.44)	-0.144*** (-3.90)
dweal	-0.00817 (-0.51)	0.119*** (4.46)	-0.0478 (-1.18)	0.00699 (0.29)
open	0.00266 (0.19)	-0.0670*** (-3.23)	0.0792 (1.24)	0.0822*** (3.75)
indu	-0.0748* (-1.82)	0.0788 (1.12)	-0.158** (-2.30)	-0.0916* (-1.70)
dedu_x_dinc1	-0.0102*** (-4.87)	-0.00930** (-2.39)	-0.0144*** (-5.98)	-0.0002* (-1.69)
dedu_x_dinc3	0.0102*** (4.78)	0.0370*** (2.92)	0.0293*** (5.47)	— —
dedu	0.00728*** (4.33)	0.00429 (0.98)	0.0255*** (6.79)	0.0113*** (5.17)
N	540	198	162	180

注:*、**、***分别表示在10%、5%以及1%显著性水平,()内表示估计的t值。

表4-5估计结果显示:在城乡收入差距约束下,从全国层面分析,城乡教育支出不均与城乡居民消费差距之间呈"U"型关系,当城乡收入差距在门槛值小于0.038时,城乡教育支出不均程度降低显著阻碍城乡居民消费差距缩小;当城乡收入差距大于门槛值0.038时,降低城乡教育支出不均程度能显著平衡城乡居民消费差距,且当城乡收入差距大于门槛值0.138时,这一平衡作用明显扩大。

分区域分析,东部和中部地区,城乡教育支出不均与城乡居民消费差距之间都呈"U"型关系。此时,当东、中部城乡收入差距分别小于门槛值0.138和0.076时,城乡教育支出不均程度降低会显著抑制城乡居民消费差距缩小,而当城乡收入差距分别大于门槛值0.210和0.136时,降低城乡教育支出不均会对平衡城乡居民消费差距产生显著的促进作用,但不同的是，东部地区城乡收入差距在门槛值 0.138 和 0.210 之间时，城乡教育支出不均程度对平衡城乡居民消费差距作用并不显著，而中部地区在门槛值 0.076 和 0.136 之间时，城乡教育支出不均与城乡居民消费差距之间呈正相关关系。西部地区城乡收入差距小于门槛值 0.073 时，城乡教育支出不均在 95% 的显著性水平下对城乡居民消费差距的影响并不显著，而当城乡收入差距大于门槛值 0.073 时，城乡教育支出不均与城乡居民消费差距呈显著正相关关系，即降低城乡教育支出不均程度有助于平衡城乡居民消费差距。原因在于西部地区属我国经济欠发达地区，农村教育师资力量、设施水平等均亟待提升，而随着公共教育支出的增加，将有助于改善农村教育师资水平、管理水平，并逐步将升学率等作为对比考核指标，迫使家庭在教育上提供更多配套支出，从而提高了农村居民家庭教育消费支出，对平衡城乡居民消费差距起到促进作用。杨丽、陈超（2013）[①] 的研究结论与这一结论一致，证明了本书研究结论的可靠性。

（2）在城乡财富差异约束下。全国、东、中部都在 1% 的显著性水平下通过了三重门槛效果自抽样检验，全国门槛值为 0.225、0.646 和 1.005，置信区间为 [0.223, 0.248]、[0.637, 0.651] 和 [0.223, 1.302]；东部地区门槛值为 0.225、0.641 和 1.089，置信区间为 [0.223, 0.248]、[0.592, 0.686] 和 [0.995, 1.324]；中部地区门槛值为 0.162、0.351 和 0.590，置信区间为 [0.146, 0.193]、[0.140, 0.381] 和 [0.578, 0.624]；而西部并未通过任何门槛效果自抽样检验，因此，在进行 Hausman 检验之后，依然使用固定效应的多重面板门限模型对西部地区数据进行估计；此外，为显示在城乡财富差异处于门槛值各阶段时，城乡教育支出不均影响城乡居民消费差距的差异化作用效应，将城乡财富差异门槛的最小值设为 $dweal1$，而将城乡财富差异的最大值设为 $dweal4$，中间两个门槛值分别设为 $dweal2$ 和 $dweal3$，在进行 Hausman 检验后进行估计，各阶段估计结果如表 4-6 所示。

[①] 杨丽、陈超：《政府公共品供给对农村居民消费结构的影响——基于教育和医疗投入的分析》，《南京农业大学学报》（社会科学版）2013 年第 6 期。

表 4-6　城乡财富差异约束下的面板门槛数据模型估计结果

变量	全国	东部	中部	西部
durb	-0.0929*** (-5.54)	-0.0382 (-1.50)	-0.354*** (-8.99)	-0.0314 (-1.10)
dinc	0.554*** (9.78)	0.494*** (4.69)	0.514*** (5.28)	0.537*** (7.23)
open	0.0189 (1.47)	-0.0422*** (-4.99)	-0.0207 (-0.34)	0.0583*** (2.95)
indu	-0.0279 (-0.73)	0.0553 (0.83)	-0.120* (-1.92)	-0.0552 (-1.12)
dedu_x_dweal1	-0.0116*** (-5.07)	-0.0227*** (-6.10)	0.00865*** (3.48)	0.00908*** (3.01)
dedu_x_dweal2	0.0127*** (6.98)	0.0241*** (6.42)	0.00179 (0.48)	—
dedu_x_dweal3	0.0226*** (6.33)	0.0233*** (6.39)	0.0078** (2.15)	—
dedu_x_dweal4	-0.00355** (-2.21)	-0.0205*** (-4.33)	-0.0191*** (-6.54)	—
N	540	198	162	180

注：*、**、*** 分别表示在 10%、5% 以及 1% 显著性水平，（）内表示估计的 t 值。

在城乡财富差异约束下，从全国层面看，城乡教育投入不均与城乡居民消费差距间呈"N"形关系，当城乡财富差异小于门槛值 0.225 时，降低城乡教育支出不均程度会抑制城乡居民消费差距的缩小；而当城乡财富差异在门槛值 0.225 和 1.005 之间时，降低城乡教育支出不均能显著平衡城乡居民消费差距；当城乡财富差异大于门槛值 1.005 时，降低城乡教育支出不均会抑制城乡居民消费差距缩小。经计算，2015 年我国城乡财富差异为 0.565，处于门槛值 0.225 和 1.005 之间，可见，此时通过增加农村教育支出依然有助于缩小城乡居民消费差距。

分区域看，东部地区，城乡教育支出不均与城乡居民消费不平衡性呈"N"形关系，当城乡财富差异小于门槛值 0.225 时，降低城乡教育支出不均程度会抑制城乡居民消费差距的平衡；而当城乡财富差异在门槛值 0.225 和 1.089 之间时，降低城乡教育支出不均能显著平衡城乡居民消费差距；当城乡财富差异大于门槛值 1.089 时，降低城乡教育支出不均会抑制城乡居民消费差距缩小，这一变化趋势和全国的变化趋势相同。中部地区城乡教育支出不均与城乡居民消费差距呈倒"U"形关系，城乡财富差异小于门槛值 0.162 及处于门槛值 0.351 和 0.590 之间时，降低城乡教育支出不均程度都能显著平衡城乡居民消费差距，而城乡财富差异在门槛值 0.162 和 0.351 之间时，城乡教育支出不均程度变动对缩小城乡居民消费差距无显著作用，但在城乡财富差异大于门槛值 0.590 时，城乡教育支出不均程度降低会显著抑制城乡居民消费差距缩小。西部地区城乡教育支出不均与城乡居民消费差距呈正向线性相关，降低城乡教育投入不均能显著平衡城乡居民消费差距。

第二节　民生性支出影响城乡居民消费结构差距的实证分析

对于消费结构问题的研究，国内外学者进行了大量理论和实证分析。英国计量经济学家 Lunch（1973）在线性支出系统模型的基础上提出了扩展线性支出模型，把人们对商品的需求分为基本需求和超出基本需求之外的需求。Deaton & Muellbauer（1980）建立了几乎理想的需求系统（AIDS），以如何使消费者在给定的价格和消费水平下支出最少为目标，对各个参数进行线性约束。由于 AIDS 模型的参数和变量都是非线性的，实际估计不方便，学者提出了 LA/AIDS 模型，简化估计过程。面板数据（PanelData）方法的提出，使消费结构的研究进入崭新阶段。而教育支出影响居民消费结构的相关研究主要集中在两个方面：一是教育支出水平的差异将导致个体居民收入之间存在较大不同，且将导致居民对各类消费品的边际消费倾向不同。受教育程度较高的个体居民收入相对较高，则其消费中基本物质生活资料所占比例较小，而发展性消费品和奢侈品可能占较大份额，受教育程度较低的个体居民将大部分收入都用来购买基本物质生活资料。可见，教育支出首先影响居民消费能力，进而通过对消费能力的影响作用于居民消费结构。教育支出可以通过增加居民收入等途径促进居民消费支出增加，加速消费结构升级（姜森和何理，2013）①。原因在于，收入满足基本需求后，将会转向满足超额需求，从而影响到居民消费结构（易行健、张家为和杨碧云，2016；严奉宪和胡译丹，2018）②③，赵曼、王玺玮（2017）④ 通过对农村公共教育投入研究发现，教育支出可以增加个人和家庭财富，促进消费和储蓄的增加，从而影响居民消费结构。郝慧娟（2022）⑤ 则在对农村公共品供给与消费结构的研究中发现，教育供应的提升对总消费、居住、家庭、交通通信、其他有显著正向影响。故增加教育支出等民生性财政支出占比能够提升居民消费率，有助于改善居民消费结构（易行健、刘胜，2013；刘江会、董雯和彭润中，2016）⑥⑦，且就促进居民的消费升级而言，西部的教育支出对居民的发展性消费较为有效（成峰和席鹏辉，2017）⑧。因此，应改善投入体制，加强农村教育投入，促使居民消费结构的改善（王燕和杨文瀚，2004）⑨。也有学者发现包含教育支出等的民生性支出能够有效促进居民消费，且在对消费结构的影响上存在差异，即其对发展享受性消费的挤入程度大于基本生存性消费（刘志忠和吴飞，2014）⑩。

二是教育支出通过影响消费意愿，进而作用于居民消费结构。一方

---

① 姜森、何理：《中国城镇居民消费结构变动研究——基于 ELES 模型的实证分析》，《经济与管理研究》2013 第 6 期。

② 易行健、张家为、杨碧云：《家庭教育支出决定因素分析——来自中国城镇住户调查数据的经验证据》，《南方人口》2016 年第 3 期。

③ 严奉宪、胡译丹：《新常态下农村居民消费结构的变化与优化》，《统计与决策》2018 年第 6 期。

④ 赵曼、王玺玮：《农村公共教育支出与地区经济增长——基于劳动力流动视角的分析》，《中国人口科学》2017 年第 5 期。

⑤ 郝慧娟：《公共品供给对农村居民消费结构的影响分析》，《商业经济研究》2022 年第 9 期。

⑥ 易行健、刘胜、杨碧云：《民生性财政支出对我国居民消费率的影响——基于 1996—2009 年省际面板数据的实证检验》，《上海财经大学学报》2013 年第 2 期。

⑦ 刘江会、董雯、彭润中：《两次金融危机后我国财政支出结构对居民消费率影响的比较分析》，《财政研究》2016 年第 1 期。

⑧ 成峰、席鹏辉：《财政民生支出对居民消费的区域效应研究——基于 CFPS 数据的实证分析》，《经济问题探索》2017 年第 7 期。

⑨ 王燕、杨文瀚：《教育对农村居民消费结构的影响》，《统计与决策》2004 年第 7 期。

⑩ 刘志忠、吴飞：《地方政府财政支出的民生化进程与农村居民消费——基于总量和分类支出视角下的理论分析与实证检验》，《财经理论与实践》2014 年第 1 期。

面，如上文所述，受教育程度影响个体居民收入进而导致居民消费倾向的变化；另一方面，受教育程度的差异会导致个体之间价值观念、消费观念的区别，进而导致不同个体间的消费倾向存在差异，从而使消费结构产生差异（潘城文，2017）[1]。受教育程度对不同结构的消费支出意愿存在影响（李志兰、韩冀东等，2013）[2]，张苏秋和顾江（2015）[3] 通过对教育支出与文化消费的关系研究发现，教育支出与文化消费呈"U"形关系，小于门槛值时，教育支出对其文化消费存在着挤出效应；超出门槛值时，教育支出则对其文化消费存在正的溢出效应，而高等教育支出对居民消费则存在显著的挤出效应，原因在于增加提高了居民预防性储蓄的动机，对居民消费及储蓄行为产生了较大的影响，从而影响到居民消费结构（杨汝岱和陈斌开，2009）[4]。

国内外学者从总体上对教育支出水平对居民消费结构的影响已经做了大量的研究，但对于两者之间的关系至今还没有形成统一的定论，一部分学者认为两者之间存在挤出效应，一部分学者认为两者之间存在挤入效应，也有学者通过时间长短的不同来研究，认为在不同的时期公共支出对居民消费结构会产生不同的效应。可见，当前诸多学者的研究，主要集中在总量的基础上分析收入与消费，研究消费倾向的文献很多，且大多数文献使用宏观数据，但基于城乡分层视角的居民消费结构差异以及变化的文献较少，涉及不同城乡群体消费升级的研究不足，且研究不够深入，仅停留在简单的分析各项支出上，鲜少有文献分析城乡消费结构变动、消费结构升级等。为了能够深入了解居民消费结构的特点，探讨教育支出与城乡居民结构的关系，从教育支出入手，探寻缩小城乡居民消费结构差距的可行措施。本书采用我国1998—2015年30个省份（除港、澳、台及西藏外）的面板数据，实证检验现阶段城乡教育支出对

---

[1] 潘城文：《我国居民消费方式的转变及对策研究》，《改革与战略》2017年第6期。
[2] 李志兰、韩冀东、江林：《我国不同规模家庭消费意愿的差异性》，《中国流通经济》2013年第7期。
[3] 张苏秋、顾江：《居民教育支出对文化消费溢出效应研究——基于全国面板数据的门限回归》，《上海经济研究》2015年第9期。
[4] 杨汝岱、陈斌开：《高等教育改革、预防性储蓄与居民消费行为》，《经济研究》2009年第8期。

城乡居民消费结构的影响效应。

一 变量、数据及模型构建

本书为客观、深入地分析城乡教育支出对城乡居民消费结构的影响，先对城镇或农村教育支出影响城镇或农村居民消费结构的作用效应进行实证估计，进而在此基础上，实证检验城乡教育支出不均对城乡居民消费结构差距的影响作用。

（一）变量设计

（1）城镇教育支出影响城镇居民消费结构的变量设计。在研究城镇教育支出影响城镇居民消费结构的实证检验中所涉及变量设计如下。

①被解释变量：本书根据中国统计局的分类标准，将居民消费分为八项，具体包括食品（ur_food）、衣着（ur_clot）、居住（ur_hous）、家庭设备用品（ur_equi）、交通通信（ur_trac）、文教娱乐（ur_cult）、医疗保健（ur_medi）及其他支出（ur_othe），并使用各项支出占总支出的比例衡量城镇居民消费结构。

②解释变量：城镇教育支出（ur_edu）由城镇教育生均支出衡量，具体通过城镇普通小学教育支出与普通中学教育支出之和除以城镇普通小学和普通中学总人数计算得出。

③控制变量：根据本书理论部分分析，居民收入会影响居民的消费预期，从而影响居民消费。因此，本书首先将城镇居民纯收入水平（ur_inc）作为控制变量，由城镇居民家庭人均纯收入衡量。经济发展水平（$pgdp$）影响城乡的收入差距，也会影响城乡居民的消费行为，本书用人均GDP表示城乡经济发展水平，将其作为控制变量。为了更真实客观揭示城乡民生性支出不均对居民消费差距的影响，本书借鉴前人研究结论（徐敏，2015），将经济开放度（$open$）、城镇化水平（$durb$）与产业结构升级（$indu$）等引入控制变量。城镇化水平一般用城镇人口数占总人口的比例来衡量（徐敏和姜勇，2015），而经济开放度则用进出口总额占GDP的比重来衡量（林毅夫和陈斌开，2009）[1]，产业结构升级使用二元

---

[1] 林毅夫、陈斌开：《重工业优先发展战略与城乡消费不平等——来自中国的证据》，《浙江社会科学》2009年第4期。

对比系数测算（白永秀等，2016）[①]，具体测算公式为：

indu =（第一产业 GDP 比重/第一产业从业人员比重）/

（非一产 GDP 比重/非一产从业人员比重）

（2）农村教育支出影响农村居民消费结构的变量设计。在研究农村教育支出影响农村居民消费结构的实证检验中所涉及变量设计如下。

①被解释变量：依然遵照中国统计局的分类标准，使用各省域农村地区食品（cou_food）、衣着（cou_clot）、居住（cou_hous）、家庭设备用品（cou_equi）、交通通信（cou_trac）、文教娱乐（cou_cult）、医疗保健（cou_medi）及其他支出（cou_othe）占各省域农村地区消费支出比例衡量。

②解释变量：农村教育支出（cou_edu）由农村教育生均支出衡量，具体通过农村普通小学教育支出与普通初中教育支出之和除以农村普通小学和普通初中总人数计算得出。

③控制变量：本书将农村居民纯收入水平（cou_inc）、经济开放度（open）、经济发展水平（pgdp）、城镇化水平（durb）与产业结构升级（indu）等引入控制变量，避免造成遗漏变量问题。

（3）城乡教育支出不均影响居民消费差距的变量设计。在研究城乡教育支出不均影响居民消费差距的实证检验中所涉及变量设计如下：

①被解释变量：对城乡消费结构差距（d_str）的测度，以往的研究主要使用恩格尔系数对其进行测度。计算公式如下：

$$d\_str_i = \frac{M_i}{N_i}$$

其中，d_str 表示城乡消费结构差距，M_i 表示城镇居民家庭恩格尔系数，N_i 表示农村家庭恩格尔系数，i 表示消费种类，$i = 1, 2, \cdots, 8$，则 d_str 为城乡食品（d_food）、衣着（d_clot）、居住（d_hous）、家庭设备用品（d_equi）、交通通信（d_trac）、文教娱乐（d_cult）、医疗保健（d_medi）及其他支出（d_othe）结构差距。

②解释变量：城乡教育支出不均（dedu）：是本书的核心解释变量，

[①] 白永秀、吴丰华等：《2016 年城乡一体化水平评价报告》，经济科学出版社 2016 年版，第 50 页。

这里表示城乡教育财政投入不均等化程度。李玲等（2012）提出可使用学校间生均教育事业费收入差异和学校间生均可支配收入的加权平均值衡量学校间的财政性教育经费差异，但该方法仅适用于学校间比较，在城乡间比较时缺乏可操作性。本书沿用前文的做法，使用城乡普通中小学生的生均财政事业经费支出比来衡量教育支出不均等程度，比值越大表明城乡教育不均等程度越高；反之亦然。

③门槛变量及其他控制变量：本书选取城乡收入差距（dinc）、经济开放度（open）、经济发展水平（pgdp）、城镇化水平（durb）与产业结构升级（indu）作为控制变量，在此，城乡收入差距的计算借鉴韩立岩和杜春越（2012）利用泰尔指数计算城乡收入和财富差距的方式进行计算，具体计算公式为 $dinc_{i,t} = \sum_{j=1}^{2} \frac{P_{ij,t}}{P_t} ln\left(\frac{P_{ij,t}}{P_{j,t}} \Big/ \frac{Z_{ij,t}}{Z_{j,t}}\right)$，其中 j 表示城镇或者农村，i 表示地区，P 表示收入，Z 表示人口数，其余变量测度方式与前文相同。

（二）数据说明与描述性统计

本书该部分样本选取依然参考教育发展理论，以1998—2015年为研究时段，在考虑数据的可得性的基础上，仍然使用我国30个省（除港、澳、台及西藏外）的面板数据进行估算，基础数据来源于《中国统计年鉴》《中国教育统计年鉴》《中国教育经费统计年鉴》《中国城镇统计年鉴》《中国农村统计年鉴》等。根据以上原始数据，本书计算得出各指标数值，现对数据进行描述性统计，结果如表4-7所示。

表4-7 数据描述性统计结果

Variable	Mean	Std. Dev.	Min	Max
ur_food	0.367	0.044	0.221	0.514
ur_clot	0.105	0.025	0.045	0.158
ur_hous	0.113	0.041	0.063	0.33
ur_equi	0.066	0.014	0.035	0.129
ur_medi	0.115	0.031	0.031	0.207
ur_trac	0.122	0.024	0.049	0.177
ur_cult	0.074	0.019	0.039	0.152

续表

Variable	Mean	Std. Dev.	Min	Max
ur_othe	0.038	0.01	0.017	0.085
cou_food	0.429	0.078	0.275	0.675
cou_clot	0.062	0.016	0.028	0.108
cou_hous	0.173	0.037	0.074	0.33
cou_equi	0.049	0.011	0.027	0.101
cou_medi	0.093	0.028	0.022	0.179
cou_trac	0.095	0.029	0.02	0.184
cou_cult	0.076	0.023	0.025	0.15
cou_othe	0.023	0.007	0.012	0.046
cou_edu	8.17	34.36	0.28	48.12
ur_edu	5.8022	3.78	1.19	26.39
$dedu$	1.251	0.1780	1.0393	1.6404
cou_inc	5258.245	3489.906	1357.28	19720.1
ur_inc	12319.96	7475.948	3177.95	42396.6
$dweal$	0.305	0.255	0.209	1.583
$dinc$	0.091	0.0518	0.0002	0.241
$durb$	0.467	0.156	0.1430	0.896
$open$	0.319	0.4012	0.0287	1.833
$indu$	0.193	0.0666	0.0313	0.425

(三) 模型构建

本书在城镇或农村教育支出影响城镇或农村居民消费结构的基础上, 深入研究城乡教育支出不均对城乡居民消费结构差距的影响作用。

在理论机理分析过程中显示教育支出与居民消费结构之间因预期的不确定性和居民边际消费系数的可变性, 二者可能存在非线性关系。因此, 借鉴 Hansen (2000) 的研究, 引入多重面板门限模型。

(1) 城镇教育支出影响城镇居民消费结构的实证模型设计

$$ur\_str_{it} = \mu_i + \alpha_1 ur\_edu_{it} \cdot I\,(ur\_edu_{it} \leqslant \gamma_1) + \alpha_2 ur\_edu_{it} \cdot \\ I\,(ur\_edu_{it} > \gamma_1) + \cdots + \alpha_n ur\_edu_{it} \cdot I\,(ur\_edu_{it} \leqslant \gamma_n) + \\ \alpha_n ur\_edu_{it} \cdot I\,(ur\_edu_{it} > \gamma_n) + \theta X_{it} + \varepsilon_{it} \quad (4-10)$$

其中，ur_str_{it} 表示城镇居民消费结构，在测算时，指 ur_food_{it}、ur_clot_{it}、ur_cult_{it}、ur_hous_{it}、ur_equi_{it}、ur_trac_{it}、ur_medi_{it} 和 ur_othe_{it}。i 表示省份，t 表示时间，ur_edu_{it} 表示 t 时期 i 省城镇教育支出，在此既代表核心解释变量，又代表门槛变量。X_{it} 为一系列控制变量，θ 为控制变量的系数矩阵，ur_edu_{it} 为门槛变量，I 为一个指标函数，γ_n 为特定门槛值，n 为门槛值个数，μ_i 为个体效应，即无法观测到的值，ε_{it} 为随机误差项。同理构建模型（4-11）和模型（4-12），以此分析农村教育支出 cou_str_{it} 影响农村居民消费结构及城乡教育支出不均影响城乡居民消费结构差异。

（2）农村教育支出影响农村居民消费结构的实证模型设计

$$cou\_str_{it} = \mu_i + \alpha_1 cou\_edu_{it} \cdot I(cou\_edu_{it} \leq \gamma_1) + \alpha_2 cou\_edu_{it} \cdot I(cou\_edu_{it} > \gamma_1) + \cdots + \alpha_n cou\_edu_{it} \cdot I(cou\_edu_{it} \leq \gamma_n) + \alpha_n cou\_edu_{it} \cdot I(cou\_edu_{it} > \gamma_n) + \theta X_{it} + \varepsilon_{it} \quad (4-11)$$

（3）城乡教育支出不均影响城乡居民消费结构差异的实证模型设计

$$d\_str_{it} = \mu_i + \alpha_1 dedu_{it} \cdot I(dedu_{it} \leq \gamma_1) + \alpha_2 dedu_{it} \cdot I(dedu_{it} > \gamma_1) + \cdots + \alpha_n dedu_{it} \cdot I(dedu_{it} \leq \gamma_n) + \alpha_n dedu_{it} \cdot I(dedu_{it} > \gamma_n) + \theta X_{it} + \varepsilon_{it} \quad (4-12)$$

二 城镇教育支出影响城镇居民消费结构的实证分析

在进行实证分析前，使用我国 1998—2015 年 30 个省的省域面板数据，首先对需求结构的各模型进行 HT 检验，结果显示各模型均通过了单位根检验。其次使用基于残差的 Pedroni 协整检验，检验结果表明教育支出与需求结构之间存在平稳的长期均衡。最后计算各模型的 VIF 值，结果显示各模型的 VIF 值均小于 10，在可接受的范围内，得出所使用模型的计量方程不存在多重共线性。

使用多重面板门限模型检验教育支出对居民消费结构的影响效应，结果显示：城镇教育支出对城镇居民消费结构的影响效应因需求层次不同存在一定差异，对食品、衣着、居住、家庭设备用品、交通通信、医疗保健的影响效应通过了多重面板门槛效应检验，其中对食品需求影响的门槛值为 9.537 和 24.033，对衣着需求影响的门槛值为 3.204、22.684 和 8.735，对居住需求影响的门槛值为 2.872，对家庭设备用品需求影的门槛值为 2.443，对交通通信需求影响的门槛值为 -1.074，对医疗保健需求影响的门槛值为 2.872。城镇教育支出对城镇文教娱乐及其他服务需求的计量模型未通过门槛效应检验，在进行 hausman 检验后，使用固定效应面板模型进行估计，结果如表 4-8 所示。

表 4-8　　城镇教育支出影响城镇居民消费结构的估计结果

变量	ur_food	ur_clot	ur_hous	ur_equi	ur_trac	ur_cult	ur_medi	ur_othe
ur_inc	-0.0001***	-0.0001***	0.787***	0.0001	0.00479	-0.642***	0.729***	-1.001***
	(-6.42)	(-7.80)	(7.86)	(1.13)	(0.03)	(-5.39)	(7.22)	(-9.01)
pgdp	-0.0103*	0.0139***	0.246	-0.00508*	-0.0469	0.401**	-0.272*	0.719***
	(-1.79)	(3.57)	(1.60)	(-1.86)	(-0.22)	(2.32)	(-1.83)	(4.21)
open	-0.0006	-0.0113***	-0.157***	-0.000637	0.483***	-0.0980	0.120***	0.0903
	(-0.29)	(-9.88)	(-2.92)	(-0.66)	(6.12)	(-1.63)	(2.89)	(1.52)
indu	-0.0451*	0.0883***	0.0248	0.0462***	-0.0922*	0.148***	-0.0681*	-0.0327
	(-1.89)	(6.21)	(0.57)	(4.37)	(-1.73)	(3.23)	(-1.81)	(-0.68)
durb	-0.008***	0.0081***	-0.0508	-0.00329***	0.231***	-0.136**	0.243***	-0.0251
	(-3.57)	(5.37)	(-0.76)	(-3.05)	(2.85)	(-2.03)	(4.42)	(-0.34)
ur_edu1	0.0049***	0.0032***	-0.675***	0.0050***	-0.897***	0.890***	0.0730	-0.874***
	(6.84)	(3.00)	(-9.88)	(4.80)	(-4.82)	(5.72)	(1.29)	(-3.71)
ur_edu2	0.0036***	0.0020***	0.0312	0.0002	-0.349***	0.370***	-0.246***	0.119*
	(7.67)	(7.07)	(0.43)	(1.01)	(-5.14)	(3.27)	(-4.16)	(1.78)
ur_edu3	0.0023***	0.0016***	—	—	—	—	—	—
	(4.38)	(5.23)						
ur_edu4	—	0.0012***	—	—	—	—	—	—
	—	(4.20)						
C	0.382***	0.114***	-0.0209	0.0505***	-0.0394	0.0924**	-0.00343	0.0857*
	(38.92)	(16.88)	(-0.50)	(9.92)	(-0.74)	(2.03)	(-0.09)	(1.86)
R^2	0.519	0.349	0.463	0.202	0.194	0.199	0.584	0.272
N	540	540	540	540	540	540	540	540
F1	11.863*	10.763*	89.712**	23.527*	10.009*	38.471	24.821*	24.146
F2	8.966***	16.562***	4.663	12.154	7.730	6.466***	7.306	14.661*
F3	-0.000	0.000**	0.000*	-6.931***	0.000***	0.000***	0.000***	0.000***

注：括号内为修正异方差后的 t 统计量，***、**、* 分别代表系数通过 1%、5% 和 10% 的显著性水平，ur_edu1 到 ur_edu4 分别表示不同的教育支出门槛区间需求水平或需求结构变量的系数，F1—F3 分别代表单一门槛、双重门槛及三重门槛检验的 F 值。

表4-8估计结果显示：城镇教育支出与城镇食品消费需求、城镇衣着消费需求、家庭设备用品消费需求之间呈线性正相关与非线性正向相关关系，与城镇居住消费需求之间呈"U"形相关关系，与医疗消费需求之间呈倒"U"形相关关系，与城镇交通消费需求之间呈非线性负向相关关系。教育支出与文化消费需求影响呈非线性正相关关系，与其他服务需求影响呈"U"形相关关系。具体分析如下，对城镇食品消费与衣着消费需求而言，城镇教育支出增加的同时，城镇食品和衣着消费需求总体上涨，但呈现不断减弱趋势，且相比其他消费需求项，食品与衣着的实证结果极小，这说明了城镇居民对更美好生活的向往能够通过食品以及衣着的消费升级体现出来，教育财政支出能够增加居民食品与衣着消费需求，但相比其他需求项，食品与衣着的消费需求增加较少。对城镇居住消费需求而言，在城镇教育支出低于2.872的门槛值时，教育支出的增加会明显挤出城镇居住消费需求，致使城镇居住消费下降，但教育支出高于2.872门槛值时，从实证结果来看，教育支出增加促使城镇居住消费需求上涨的门槛效应不显著，原因可能是2013年之后，对居民消费支出中居住支出口径进行调整，致使居住消费需求数据上升。对家庭设备用品而言，城镇教育支出增加会引致家庭设备用品需求上升，但实证结果上结果较小，表明城镇教育支出对其的影响较小。对交通消费需求而言，在城镇教育支出低于门槛值-1.074时，城镇教育支出的增加对交通消费需求的抑制作用较强，当教育支出通过门槛值-1.074时，教育支出对交通消费需求总体抑制作用不变，但呈现出减弱趋势，原因在于教育支出的增加挤占了交通消费需求，但教育支出的持续投入有利于减轻其对交通消费需求的挤出效应。对医疗消费需求而言，当城镇教育支出通过门槛值2.872之前，门槛检验结果并不显著，当教育支出通过门槛值2.872之后，教育支出的增加对医疗消费需求有较强的抑制作用，表明了教育支出同样对医疗消费需求具有挤出效应。

其余控制变量对城镇消费结构的实证检验结果显示：城镇居民家庭人均纯收入与城镇食物、衣着、文化、其他服务等消费需求在1%的显著性水平下呈负向相关关系，表明城镇人均收入的增加会抑制对后者的消费，而与城镇居住、医疗等消费需求在1%的显著性水平下呈正向相关关系，表明城镇人均收入的增加会促使居住、医疗消费提升。人均GDP与城镇衣着、文化、其他服务等消费需求呈现正向相关关系，而与城镇食物、家庭设备用品、医疗等消费需求呈现负向相关关系，其他不显著。经济开放度与城镇衣着、居住消费需求呈负向相关关系，而与城镇居民交通消费需求呈正向相关关系，其他不显著。产业结构升级与城镇居民衣着、家庭设备用品、文化等消费需求在1%的显著性水平下呈正向相关关系，而与城镇居民交通、医疗等消费需求在10%的显著性水平下呈负向相关关系，其他不显著。城镇化水平与城镇居民食物、家庭设备用品、文化等消费需求在1%、5%的显著性水平下呈负向相关关系，而与城镇居民衣着、交通、医疗等消费需求在1%的显著性水平下呈正向相关关系，其他不显著。

三 农村教育支出影响农村居民消费结构的实证分析

在进行实证分析前，首先对农村地区各样本数据进行HT检验，结果显示各模型均通过了单位根检验。其次使用基于残差的Pedroni协整检验，检验结果表明教育支出与需求结构之间存在平稳的长期均衡。最后计算各模型的VIF值，结果显示各模型的VIF值均小于10，在可接受的范围内，得出所使用模型的计量方程不存在多重共线性，进而使用多重面板门限模型检验农村教育支出影响农村居民消费结构的影响效应，结果如表4-9所示。

表4-9　农村教育支出影响农村居民消费结构的估计结果

变量	cou_food	cou_clot	cou_hous	cou_equi	cou_trac	cou_cult	cou_medi	cou_othe
cou_inc	0.0528 (0.51)	-0.116 (-0.87)	-0.002 (-0.01)	0.291** (2.14)	-0.614*** (-3.91)	0.206 (1.36)	0.008 (0.08)	0.160 (0.96)
pgdp	-0.232* (-1.67)	0.195 (1.14)	0.516*** (2.88)	-0.232 (-1.29)	-0.0816 (-0.38)	-0.232 (-1.15)	0.584*** (4.97)	-0.361* (-1.73)
open	0.0803** (2.27)	0.0164 (0.31)	-0.119** (-2.27)	-0.0468 (-1.04)	0.187*** (2.96)	-0.123** (-2.33)	-0.114*** (-3.60)	0.376*** (6.29)
indu	-0.182*** (-6.10)	0.206*** (3.94)	0.0712* (1.65)	0.201*** (5.06)	0.0346 (0.72)	0.0541 (0.90)	0.0674** (2.25)	-0.171** (-2.54)

续表

变量	cou_food	cou_clot	cou_hous	cou_equi	cou_trac	cou_cult	cou_medi	cou_othe
durb	-0.116** (-2.39)	0.133** (2.16)	-0.269*** (-3.81)	-0.0842 (-1.38)	0.207*** (2.71)	-0.0359 (-0.51)	0.151*** (3.35)	0.210** (2.55)
c_edu1	-4.275*** (-13.23)	0.232 (0.83)	3.620*** (6.08)	3.446*** (9.49)	4.226*** (6.95)	3.236*** (7.26)	3.537*** (16.16)	-2.014*** (-6.49)
c_edu2	-2.721*** (-8.33)	-0.0075 (-0.18)	2.119*** (7.80)	2.377*** (5.19)	0.998*** (4.08)	-0.001 (-0.02)	1.745*** (8.66)	-0.131*** (-2.60)
c_edu3	-0.000356 (-0.01)	—	0.0357 (0.76)	0.0527 (1.35)	-0.0435 (-0.84)	—	-0.0420 (-1.44)	—
c_edu4	—	—	—	—	0.0365 (0.72)	—	—	—
C	-0.719*** (-11.18)	0.0848 (1.44)	0.368*** (6.84)	0.590*** (7.89)	0.178*** (3.37)	0.629*** (6.89)	0.373*** (11.60)	-0.203*** (-3.76)
R^2	0.647	0.0827	0.353	0.426	0.204	0.261	0.743	0.186
N	540	540	540	540	540	540	540	540
F1	206.151***	7.199	89.876***	106.353***	48.940*	61.357***	246.736***	25.019
F2	63.125**	5.903**	11.547***	15.695***	18.366***	40.947	40.388***	6.378**
F3	0.000	2.170	-58.768	-10.719	0.000**	0.000**	0.000	0.000*

注：括号内为修正异方差后的 t 统计量，***、**、* 分别代表系数通过1%、5%和10%的显著性水平，ur_edu1 到 ur_edu4 分别表示不同的教育支出门槛区间需求水平或需求结构变量的系数，F1—F3 分别代表单一门槛、双重门槛及三重门槛检验的 F 值。

表 4-9 估计结果显示：农村教育支出对农村居民消费结构的影响效应因需求层次不同存在一定差异，对食品、居住、家庭设备用品、交通通信、文教娱乐、医疗保健的影响效应通过了多重面板门槛效应检验，其中对食品需求影响的门槛值为 -0.355 和 0.029，对居住需求影响的门槛值为 -0.374 和 -0.312，对家庭设备用品需求影响的门槛值为 -0.289 和 0.119，对医疗保健需求影响的门槛值为 -0.342 和 -0.363，对交通通信需求影响的门槛值为 0.846、-0.373 和 -0.284，对文教娱乐需求影响的门槛值为 0.040。农村教育支出对农村衣着消费及其他服务需求的计量模型未通过门槛效应检验，在进行 hausman 检验后，使用固定效应面板模型进行估计。农村教育支出与农村居民食物消费需求总体呈负向相关关

系，与农村居民居住、家庭用品、交通、文化、医疗等消费需求呈线性与非线性正向相关关系。具体分析如下：对农村居民食品消费需求而言，在农村教育支出通过其门槛值 -0.355 之前，教育支出的增加对食物消费需求具有显著的抑制作用，在教育支出通过门槛值 -0.355 之后，同样对食物消费产生抑制作用，但呈现出减弱趋势，原因在于农村居民消费结构升级，基本生活需求层面消费需求不断被削弱，而由于食物消费作为保障居民生活的基本需求，教育支出的增加对其产生抑制作用但呈现减弱趋势符合现实情形。对农村居民居住、家庭用品、交通、医疗等消费需求而言，当以上需求分别通过各自门槛值 -0.374、-0.289、0.846 以及 -0.342 之前，门槛模型检验结果均在 1% 的显著性水平下呈显著正向相关关系，在通过各自门槛值 -0.374、-0.289、0.846 以及 -0.342 之后，检验结果仍是显著正向相关关系，但呈现减弱趋势，这一结论符合需求层次理论，在满足农村居民温饱需求的基础上，农村居民将会增加对其他更高层次的消费需求。对农村居民文化需求而言，教育支出与其在 1% 的显著性水平下呈线性正向相关关系，表明教育支出的增加促进农村居民文化消费需求。对农村居民衣着、其他服务消费需求而言，两者均未通过门槛模型检验，教育支出与衣着消费需求的固定效应模型回归结果亦不显著，与其他服务消费需求固定效应回归结果在 1% 的显著性水平下呈现非线性负向相关关系，表明教育支出的增加对其他服务消费需求具有抑制作用，且具有减弱趋势。

  其余控制变量对农村消费结构的实证检验结果显示：农村居民家庭人均纯收入与农村居民家庭设备用品消费需求在 5% 的显著性水平下呈正向相关关系，与交通消费需求在 1% 的显著性水平下呈现负向相关关系，表明了家庭人均收入增加会提高对家庭设备用品的消费需求，而减少对交通方面的消费需求，其他不显著。人均 GDP 与农村居民食物、其他服务消费需求在 10% 的显著性水平下呈负向相关关系，与居住、医疗消费需求在 1% 的显著性水平下呈正向相关关系，表明人均 GDP 的上涨将会提升农村居民居住、医疗等消费需求，降低居民食物、其他服务等消费需求，其他不显著。经济开放度与农村居民食物、交通、其他服务等消费需求呈正向相关关系，与农村居民居住、文化等消费需求呈负向相关关系，其他不显著。产业结构升级与农村居民食物、其他服务等消费需求呈负向相关关系,与农村居民衣着、居住、家庭设备用品、医疗等消费需求呈正向相关关系,其他不显著。城镇化水平与农村居民食物、居住等消费需求呈负向相关关系,与农村居民衣着、交通、医疗、其他服务等消费需求呈负向相关关系,其他不显著。

四 城乡教育支出不均影响城乡居民消费结构差距的实证分析

使用多重面板门限模型检验教育支出对城乡居民消费结构的影响效应,结果如表4-10所示。表4-10估计结果显示:城乡教育支出不均对城乡居民消费结构的影响效应因需求层次不同存在一定差异,对食品、衣着、居住、家庭设备用品、交通通信、文教娱乐、医疗保健及其他服务的影响通过了多重面板门槛效应检验,其中对食品需求影响的门槛值为-0.980、2.768和0.889,对衣着需求影响的门槛值为-0.810、0.562和0.981,对居住需求影响的门槛值为0.546,对家庭设备用品需求影响的门槛值为2.768,对医疗保健需求影响的门槛值为2.296,对交通通信需求影响的门槛值为2.380、1.631和2.116,对文教娱乐需求影响的门槛值为2.756,对其他服务需求影响的门槛值为-0.961、2.030和1.357。

城乡教育支出不均与城乡居民食品消费结构差距之间呈非线性负相关关系,与衣着、医疗等消费结构差距之间呈倒"U"形关系,与居住、家庭设备用品、交通等消费结构差距之间呈非线性正向相关关系,与文化、其他服务等消费结构差距之间呈线性正向相关关系。具体分析如下:对食品消费结构差距而言,城乡教育支出不均与其进行门槛检验并通过了三重门槛,总体结果负向相关,但教育支出不均对食品消费结构差距的抑制作用持续减弱,原因是城镇对食品需求虽有增加,但不及农村对食品需求抑制作用强烈,随着经济水平的发展,食品支出占家庭总支出的比例下降,这符合恩格尔定律和现实情况。对衣着与医疗消费结构差距而言,城乡教育支出不均在分别通过其门槛值0.981与2.296之前,两者分别呈正向相关关系,在通过门槛值0.981与2.296之后,两者分别呈负向相关关系,这表明了城乡教育支出不均将加大城乡衣着、医疗等消费结构差距,而随着城乡教育支出不均到一定程度,将降低衣着、医疗等消费结构差距。对居住、家庭设备用品、交通消费结构差距而言,城乡教育支出不均在分别通过门槛值0.546、2.768与2.380之前，教育支出不均加剧将加大以上三者的消费结构差距，在分别通过门槛值0.546、2.768与2.380之后，消费结构差距表现出减弱趋势，总体来看，符合城乡居民消费结构升级的现实状况。对文化与其他服务消费结构差距而言，城乡教育支出不均将进一步扩大城乡文化与其他服务消费结构差距。总体而言，对于食品、衣着、医疗等必要消费，城乡教育支出不均对其有抑制作用，教育支出对以上三者有挤出效应，重视教育符合中国传统观念，城乡教育支出不均的程度加剧背景下，城乡家庭对食品、衣着、医疗等刚性消费差距呈现缩小趋势，而对于居住、设备、交通、文化、其他服务等更高层次的消费差距进一步扩大。

其余控制变量对城乡消费结构差距的实证检验结果显示：城乡居民家庭人均纯收入差距与城乡居民衣着、设备、交通、其他服务等消费结构差距在1%的显著性水平下呈显著负相关关系，与居住、文化等消费结构差距之间在1%的显著性水平下呈显著正相关关系，其他不显著。人均GDP与城乡居民食物、交通消费结构差距在1%的显著性水平下呈显著正相关关系，与设备、文化消费结构差距之间在1%的显著性水平下呈显著负相关关系，其他不显著。经济开放度与城乡居民衣着、居住消费结构差距之间呈显著负相关关系，与文化、医疗等消费结构差距之间呈显著正相关关系，其他不显著。产业结构升级与城乡居民食品、文化消费结构差距在1%的显著性水平下呈显著正相关关系，与居住、设备、医疗消费结构差距之间呈显著负相关关系，其他不显著。城镇化水平与城乡居民食品、衣着、文化消费结构差距之间呈显著负相关关系，其他不显著。

表4-10　城乡教育支出不均影响城乡居民消费结构差距的估计结果

变量	d_food	d_clot	d_hous	d_equi	d_trac	d_cult	d_medi	d_othe
dinc	0.00375	-0.0534***	1.115***	-0.104***	-2.353***	0.0743***	-0.0243	-0.173***
	(0.67)	(-2.95)	(4.35)	(-5.46)	(-6.01)	(4.89)	(-1.21)	(-6.65)
pgdp	0.0397***	-0.0166	-0.00362	-0.164***	0.207***	-0.114***	0.0238	-0.0466
	(5.10)	-0.0166	(-0.19)	(-6.22)	(6.90)	(-5.58)	(0.91)	(-1.05)
open	0.00400	-0.115***	-0.0213*	0.0205	0.00206	0.0279*	0.0494***	-0.0123
	(0.75)	(-7.32)	(-1.74)	(1.20)	(0.08)	(1.75)	(2.74)	(-0.47)

续表

变量	d_food	d_clot	d_hous	d_equi	d_trac	d_cult	d_medi	d_othe
$indu$	0.0125*** (2.61)	-0.0244 (-1.63)	-0.341* (-1.94)	-0.0419** (-2.51)	-0.106 (-0.37)	0.0388*** (2.77)	-0.0398** (-1.99)	0.0155 (0.59)
$durb$	-0.0169** (-2.28)	-0.0816*** (-3.61)	0.0259 (1.49)	-0.000226 (-0.01)	-0.0405 (-1.41)	-0.0561*** (-2.99)	-0.0215 (-0.89)	-0.0260 (-0.63)
$dedu1$	-0.0702*** (-3.36)	0.255*** (6.17)	0.627*** (8.67)	0.174*** (7.45)	0.414*** (9.94)	0.142*** (8.44)	0.171*** (7.19)	0.156 (1.62)
$dedu2$	-0.0424*** (-6.43)	0.0611 (1.42)	0.0267*** (3.77)	0.0378** (2.02)	0.243*** (8.59)	0.0130 (0.95)	-0.0440** (-2.50)	0.0129 (0.30)
$dedu3$	-0.0408*** (-6.01)	-0.0123 (-0.37)	—	—	0.137*** (10.98)	—	—	0.00959 (0.22)
$dedu4$	-0.0098* (-1.78)	-0.0349** (-2.42)	—	—	0.126*** (9.93)	—	—	0.192*** (6.79)
C	0.869*** (227.16)	1.788*** (122.35)	0.546*** (10.46)	1.391*** (108.68)	1.221*** (17.52)	1.009*** (101.28)	1.321*** (104.43)	1.673*** (75.93)
R^2	0.272	0.427	0.197	0.437	0.268	0.438	0.178	0.230
N	540	540	540	540	540	540	540	540
F1	28.194***	65.767**	79.287*	21.076***	65.950**	38.826**	67.190***	9.651*
F2	9.111**	29.589***	15.047	5.495	48.521**	2.871	6.595	6.833**
F3	0.000**	-12.219	-28.184***	0.000*	0.000**	0.000**	0.000**	0.000***

注：括号内为修正异方差后的 t 统计量，***、**、* 分别代表系数通过 1%、5% 和 10% 的显著性水平，ur_edu1 到 ur_edu4 分别表示不同的教育支出门槛区间需求水平或需求结构变量的系数，F1—F3 分别代表单一门槛、双重门槛及三重门槛检验的 F 值。

第三节 本章小结

本章基于中国 1998—2015 年省际面板数据，利用教育支出代表公共支出中的民生性支出，分别考察民生性支出对城乡居民消费支出和城乡居民消费结构的影响程度。第一，利用面板模型实证研究民生性支出对城乡居民消费支出差距的影响，研究结果表明，城镇教育支出对城镇居民消费支出的影响作用并不显著；农村教育投入对农村居民消费支出的影响作用在全国、东部及西部地区显著为正，而在中部地区不显著，原因可能在于农村教育支出对农村消费支出的影响存在某一门槛效应。为此，本章在检验城乡教育支出不均对城乡居民消费差距的影响作用时，采用门槛回归模型估计了城乡教育支出不均对于城乡居民消费差距的影响效应及约束机制，主要结论有：（1）整体而言，城乡教育支出均等化能够缩小城乡居民消费差距，这种影响并不是简单的线性关系，而是呈现显著的边际效率递减的非线性动态特征。（2）城乡教育支出不均对于城乡居民消费差异的非线性影响存在一定空间差异，中部与西部地区较为类似，均呈现倒"U"形关系，东部地区呈现不显著的相关性。（3）在控制了城乡收入差异的门槛条件下，均等化城乡教育支出对于缩小城乡居民消费差异呈现出明显的正效应且具有区域差异性，全国、东部及中部地区均呈现出"U"形相关性，且门槛值分别为 0.038、0.138、0.076；对于西部地区表现为大于门槛值 0.073 的正向线性关系。（4）在控制城乡财富差异的门槛条件下，区域差异性更为明显，全国、东部、中部及西部地区分别呈现出"N"形、"N"形、倒"U"形及线性关系，这与区域发展条件及特征相关。总之，以教育支出为例的民生性支出在城乡间的不均衡程度与城乡间居民消费差距呈非线性相关关系。

第二，利用门槛回归模型分别实证研究教育支出对城乡消费结构、教育支出不均对城乡消费结构差距的影响，研究结果如下。

（1）就整体而言，城乡教育支出对城乡居民消费结构的影响也不是简单的线性关系，而是具有非线性的动态特征。就城乡对比而言，农村教育支出对农村居民消费结构的优化作用大于城镇教育支出对城镇居民消费结构的优化作用。

（2）就城镇教育支出对城镇居民消费结构的影响而言，城镇教育支出与城镇居民食品、衣着和家庭设备消费需求之间呈线性与非线性的正相关关系，即城镇教育支出的增加使得城镇居民对食品、衣着和家庭设备的需求总体上涨，但上涨趋势会逐渐减弱；城镇教育支出与城镇居民居住消费需求之间呈"U"形相关关系，城镇教育支出对城镇居民居住消费需求的影响在其门槛值 2.872 前后呈现先负向后正向的影响；城镇教育支出与医疗保健消费需求呈倒"U"形相关关系，即城镇教育支出在其门槛值 2.872 前可以促进城镇居民医疗保健需求的增加但实证结果并不显著，通过门槛值后，教育支出的增加反而会对医疗保健消费需求有较强的抑制作用；城镇教育支出与交通通信消费需求呈非线性负相关关系，由此可见，教育支出的增加会挤出城镇居民交通通信和医疗保健需求；城镇教育支出对文教娱乐消费需求的影响呈非线性正相关，对其他消费的影响呈"U"形相关关系。

（3）农村教育支出与农村居民食物消费需求总体呈负向相关关系，在农村教育支出通过其门槛值 -0.355 之前，教育支出的增加对食物消费需求具有显著的抑制作用，通过其门槛值之后，这种抑制作用呈现出减弱趋势；农村教育支出与农村居民居住、家庭设备、交通通信和医疗保健等消费需求呈非线性正向相关关系，当农村教育支出分别通过各自门槛值 -0.374、-0.289、0.846 以及 -0.342 之前，农村教育支出的增加会提高农村居民对居住、家庭设备、交通通信和医疗保健的消费需求，在通过各自门槛值之后，这种促进作用会呈现逐渐减弱趋势；教育支出与农村居民文化需求呈线性正向相关关系，与农村居民衣着消费需求之间的相关关系不显著，与其他商品服务消费需求之间呈现非线性的负向相关关系，表明教育支出的增加会抑制其他服务的消费需求。

（4）城乡教育支出不均与城乡居民食品消费结构差距呈非线性负相关关系，但这种负相关关系会持续减弱；城乡教育支出不均与衣着、医疗保健消费结构差距呈倒"U"形关系，城乡教育支出不均在通过其门槛值 0.981 与 2.296 之前，与这两者分别呈正向相关关系，在通过门槛值之后，与这两者呈负向相关关系；城乡教育支出不均与居住、家庭设备和交通等消费结构差距呈非线性正向相关关系，在分别通过门槛值 0.546、2.768 与 2.380 之前，城乡教育支出不均将加大以上三者的消费结构差距，在通过门槛值之后，城乡教育支出不均对消费结构差距的影响将逐渐减弱；城乡教育支出不均与文化、其他服务等消费结构差距呈线性正向相关关系。总的来说，城乡教育支出不均会加大城乡居民在发展和享受型消费上的差距，不利于城乡居民消费结构的优化升级。

结合上述研究结论，在以民生性公共支出为入手点制定缩小城乡居民消费差距相关政策时，应注重以下几点：第一，民生性公共支出是推动城乡居民消费均等化发展的有效渠道，并已经取得了一定的成绩。党的十九大报告指出，近年来，人民生活不断改善，其中"教育事业全面发展，中西部和农村教育明显加强"，这为推动城乡居民消费均等化奠定了重要的基础。而教育支出就是福利性公共支出的一种方式，在进一步发展中，政府应优化城乡福利性公共支出比例，结合乡村振兴战略等具体举措，推动城乡居民消费平衡发展。第二，民生性公共支出对于缩小城乡居民消费差距的正向效应受到收入差距和财富差距的约束。结合区域差异化的发展特点，在保证民生性公共支出整体提高的同时，应优化投入结构，提升政策的精准性，以保障城乡居民消费差距缩小效果。在具体发展中，结合城乡收入差距及财富差距进行调整，对于城乡差异较大的地区，应通过加大农村福利性公共支出，有效推动城乡居民消费水平差距缩小；对于城乡发展差异较小，城乡一体化发展水平较高的地区，应关注民生性公共支出结构的优化，提升城乡公共福利性消费投入水平和结构的均衡性。第三，在具体政策的制定中，还应关注政策举措的动态性，随着城乡居民收入及财富差距变动，适时调整城乡民生性公共支出的偏向性，并注重打造良好发展环境，通过优化福利性消费支出结构，推动城乡消费均等化及城乡一体化发展，以践行共享发展理念。第四，要调整优化教育支出结构，促进城乡之间均衡发展。根据实证结果，农村教育支出对农村居民消费结构升级的积极贡献高于城镇教育支出对城镇居民消费结构升级的贡献，因此增加农村地区教育支出有助于缩小城乡消费结构的差距，政府应重视农村地区的教育支出，加大农村地区基础教育的投入和对教育的转移支付，促使教育支出适度向农村地区倾斜，以此促进农村地区人力资本的积累，提高经济发展的内生动力，缩小城乡居民收入差距，从而起到缩小城乡居民消费结构差距的作用，进一步促进城乡之间的均衡发展。

第 五 章

投资性支出影响城乡居民消费差距的实证分析：以基础设施投资为例

扩大投资性支出一直是刺激宏观经济的重要手段，我国也曾多次用其刺激经济增长和充分就业，并将较大比例支出用于基础设施建设，旨在刺激经济增长的同时奠定经济发展基础，提升居民生活水平。纵观我国1994—2021年的政府支出结构，基础设施投资规模逐年提高，2021年达45236亿元。为此，本书在研究投资性支出对城乡居民消费差距的影响时，使用基础设施支出代表投资性支出衡量其对城乡居民消费支出及消费差距的影响。

第一节 投资性支出影响城乡居民消费支出差距的实证分析

Rosenstein Rodan（1943）[①] 较早对基础设施投资的增长效应进行分析，认为基础设施建设是经济发展的"前期准备"，对经济增长具有强大的推动作用。而后大量学者也研究了基础设施的产出弹性问题（Aschau-

---

[①] Rosenstein Rodan P. N., " Problems of Industrialization of Easter and South-Eastern Europe", *The Economic Journal*, Vol. 53, No. 210, 1943.

er，1989；Sturm & Kuper，1998；Becerril - Torresa et al.，2009）[1][2][3]，认为基础设施对经济增长具有促进作用。在此基础上，一些学者分析了基础设施与城乡居民收入差距的关系，认为基础设施投入对农村居民收入的推进作用大于城镇，有助于缩小城乡居民收入差距（骆永民，2010；刘晓光等，2015）[4][5]，居民消费虽在很大程度上受到居民收入的影响，但二者在各区域并不一定呈相同比例变化（温涛等，2013）[6]，基础设施投资分布不均也会通过空间溢出效应使各地区产品边际成本不一致，导致收入与消费变动存在差异（张光南等，2013）[7]。因此，基础设施与城乡收入差距的相关关系并不能代表基础设施与城乡消费差距的关系，近几年研究表明基础设施投资增加虽能够提升居民收入，但不一定能提升居民消费水平：有学者认为基础设施增加能够促进农村居民消费增加（刘伦武，2010，方松海等，2011）[8][9]；也有学者认为基础设施的各细分类别对居民消费的影响存在差异，如交通基础设施有助于拉动居民消费，但随时间增长这一作用减弱（曲创等，2015）[10]，而公共基础设施投资对居

---

[1] David Alan Aschauer，"Fiscal Policy and Aggregate Demand"，*American Economic Review*，Vol. 75，No. 1，1985.

[2] Jan - Egbert Sturm and Gerard H. Kuper ed.，"Modelling Government Investment and Economic Growth on a Macro Level：A Review"，*Market Behaviour and Macroeconomic Modelling*，No. 29，1998，pp. 359 - 406.

[3] Osvaldo U. Becerril - Torresa and Inmaculada C. Alvarez - Ayuso ed.，"Do Infrastructures Influence the Convergence of Efficiency in Mexico？"*Journal of Policy Modelling*，Vol. 32，No. 1，2009.

[4] 骆永民：《中国城乡基础设施差距的经济效应分析——基于空间面板计量模型》，《中国农村经济》2010 年第 3 期。

[5] 刘晓光、张勋等：《基础设施的城乡收入分配效应：基于劳动力转移的视角》，《世界经济》2015 年第 3 期。

[6] 温涛、田纪华、王小华：《农民收入结构对消费结构的总体影响与区域差异研究》，《中国软科学》2013 年第 3 期。

[7] 张光南、洪国志、陈广汉：《基础设施、空间溢出与制造业成本效应》，《经济学》（季刊）2013 年第 10 期。

[8] 刘伦武：《农村基础设施发展与农村消费增长的相互关系——一个省际面板数据的实证分析》，《江西财经大学学报》2010 年第 7 期。

[9] 方松海、王为农等：《增加农民收入与扩大农村消费研究》，《管理世界》2011 年第 5 期。

[10] 曲创、李曦萌：《经济发展还是要素流失：交通基础设施经济作用的区域差异研究》，《当代经济科学》2015 年第 1 期。

民消费存在挤出效应，会降低居民消费（黄海峰等，2014；Luigi Marattin et al.，2014）①②；基础设施投资增加也可能刺激某一类消费增长，Laura Jaitman（2015）③ 认为基础设施投资增加会提高城镇贫穷居民的住房消费需求。可见，基础设施投资对居民消费的影响作用并不确定，那么，基础设施投资在城乡差异情况下究竟如何影响城乡居民消费差距就很难判断了，对于内在机理性机制亦须进一步厘清。此外，现有实证研究普遍忽视了基础设施投资的空间溢出效应，结合刘生龙和胡鞍钢（2010）④ 等对基础设施区域间空间效应的验证，有必要利用空间计量手段，审慎验证基础设施对城乡居民消费差距的现实机制，以提升检验结果的准确性及客观性。

基于此，本章重点将基础设施的空间溢出效应考虑在内，对基础设施投资影响城乡居民消费水平，及居民消费差距的总体、分时段、分区域关系及变动原因进行客观、详细分解，以期实证检验前文提出的投资性支出影响城乡居民消费差距的理论机理。

一 变量、数据及模型构建

（一）变量设计

（1）城镇居民消费（ur_con）作为城镇基础设施影响城镇居民消费水平检验时的因变量。

（2）农村居民消费（cou_con）作为农村基础设施影响农村消费水平检验时的因变量。

（3）城乡居民消费差距（$dcon$）作为城乡基础设施不均影响城乡居民消费差距的实证检验因变量。为准确衡量城乡居民消费差距，依然使用泰尔指数计算所得的城乡居民消费差距（$dcon$）。计算公式为：

---

① 黄海峰、丰齐同：《政府公共基础设施投资与居民消费：基于省际面板数据的分析》，《郑州大学学报》2014 年第 4 期。

② Luigi Marattin and Salotti Simone，"The Response of Private Consumption to Different Public Spending Categories：VAR Evidence from UK"，*Journal of Economic Literature*，Vol. 46，No. 4，2014.

③ Laura Jaitman，"Urban infrastructure in Latin America and the Caribbean：public policy priorities"，*Latin American economic review*，Vol. 24，No. 1，2015.

④ 刘生龙、胡鞍钢：《基础设施的外部性在中国的检验：1988—2007》，《经济研究》2010 年第 3 期。

$$dcon = \sum_{i=1}^{2} \frac{C_{it}}{C_t} ln\left(\frac{C_{it}N_t}{C_t N_{it}}\right) \qquad (5-1)$$

分地区样本下的泰尔指数表示为：

$$dcon_{j,t} = \sum_{i=1}^{2} \frac{C_{ij,t}}{C_{j,t}} ln\left(\frac{C_{ij,t}N_{j,t}}{C_{j,t}N_{ij,t}}\right) \qquad (5-2)$$

其中，$dcon$ 表示城乡消费差距，C_{it} 表示农村或城镇在 t 时期的消费量，C_t 表示两组消费的总消费，N_{it} 表示 t 时期城镇或农村的人口，N_t 表示 t 时期的总人口，j 表示地区。

(4) 城镇基础设施投资存量（ur_inf）：在进行城镇基础设施支出对城镇居民消费支出的影响时使用城镇基础设施支出作为自变量，由全国总的财政固定资产投资减去农村财政固定资产投资计算得出。由于机理研究部分的结论表明投资性支出的产出系数决定了投资性支出与居民消费差距的关系，为此，城镇基础设施投资在此使用存量计算，计算方法为永续盘存法。

(5) 农村基础设施投资存量（cou_inf）：在进行农村基础设施支出对农村居民消费支出的影响实证检验时使用农村基础设施投资作为自变量，使用农村固定资产投资中事业单位固定资产投资数据来测算，同时，利用永续盘存法计算农村基础设施投资存量。

(6) 城乡基础设施投资不均（$dinf$）：在此沿用刘伦武所使用的指标，并参考刘晓光的指标体系（刘晓光等，2015）[①]，利用城乡基础设施投资存量比衡量城乡基础设施投资不均。

(7) 检验城镇基础设施影响城镇居民消费水平时：城镇居民收入（ur_inc）和城镇居民财富（ur_weal）作为控制变量，其中城镇居民收入由城镇居民家庭人均纯收入衡量，城镇居民财富由城镇居民家庭年末人均储蓄余量衡量。

(8) 检验农村基础设施影响农村居民消费水平时：农村居民收入（cou_inc）和城镇居民财富（cou_weal）作为控制变量，其中农村居民收入由农村居民家庭人均纯收入衡量，农村居民财富由农村居民家庭年末

[①] 刘晓光、张勋等：《基础设施的城乡收入分配效应：基于劳动力转移的视角》，《世界经济》2015 年第 3 期。

人均储蓄余量衡量。

（9）为了更真实客观地测度城乡基础设施投入与城乡消费差距的关系，本章将城乡收入差距（$dinc$）、城乡财富差异（$dweal$）引入控制变量，其次将影响居民消费习惯的经济开放度（$open$）、城镇化水平（$durb$）与产业结构升级（$indu$）等系数引入控制变量。其中，城乡收入差距的计算借鉴韩立岩、杜春越利用泰尔指数计算城乡收入差距的方式（韩立岩等，2012）[1]。城镇化水平一般用城镇人口数占总人口的比例来衡量（徐敏、姜勇，2015），而经济开放度则用进出口总额占 GDP 的比重来衡量（林毅夫，2009），产业结构升级使用二元对比系数测算（白永秀等，2016）[2]。

（二）数据说明及描述性统计

本书以 1994 年中国特色市场经济体系建立为基期，选取 1994—2015 年中国除港澳台及西藏外的 30 个省域样本数据，所有数据来源于《中国统计年鉴》《中国农村统计年鉴》《中国城镇建设统计年鉴》及各省市政府网站。排除西藏的原因在于该省份较多历史数据存在缺失，而重庆自 1994—1997 年的相关数据从四川省数据中摘选，四川省 1994—1997 年的相关数据为减去重庆后的值。农村基础设施投资由《中国农村统计年鉴》中固定资产投资投向[3]中非农户固定资产投资表示，而全国农村固定资产投资总额由各地区农村固定资产投资总额加总得出，城镇固定资产投资总额由全国非农户固定资产投资减去农村非农户固定资产投资得出，但由于农户固定资产投向中非农户数据到 2011 年后不再统计，为此，本书按照 2011—2015 年统计的农户固定资产投资及以往农户固定资产投资占农村总固定资产投资的比例近似得出 2011—2015 年的固定资产投资总额。

（1）基础设施存量的测算

目前，对存量测算应用最广泛的为 Goldsmith（1951）提出的永续盘存法，在进行农村基础设施投资存量的计算时，使用公式：

---

[1] 韩立岩、杜春越：《收入差距、借贷水平与居民消费的地区及城乡差异》，《经济研究》2012 年第 S1 期。

[2] 白永秀、吴丰华等：《2016 年城乡一体化水平评价报告》，经济科学出版社 2016 年版，第 50 页。

[3] 农村固定资产投资分为农村住户固定资产投资及农村非农户固定资产投资。

$$cou\_inf_{it} = cou\_inf_{it-1}(1-\delta_i) + I_{it} \qquad (5-3)$$

其中，I 表示当年农村基础设施投资额，cou_inf_{it} 表示农村基础设施投资存量，i 和 t 分别表示省份和年份，δ 表示折旧率。

而要计算 cou_inf_{it} 的值，首先需要确定的是折旧率 δ 的值。在此采用式（5-4）推算 δ 的具体值：

$$d_T = (1-\delta)^T \qquad (5-4)$$

其中，d_T 表示资本品的相对效率，是由旧资本品相对新资本品的边际生产率计算得出的，T 表示时期，d_T 取我国法定范围的中间值，为 4%，基础设施使用年限定为 25 年，由此计算得出基础设施的折旧率为 12.1%。而农业固定资本的价格指数由各年全国农业生产资料价格指数替代，并对其进行价格指数缩减处理，缺乏自身农业生产资料价格指数数据的省份，使用全国指数代替。

本书进一步估计基年农村基础设施资本存量 cou_inf_0，借鉴 Harberger（1978）提出的稳态方法，基年资本存量的估算公式可表示为：

$$cou\_inf_{i,t-1} = I_{i,t} / \left(\frac{g_{i,t}}{\delta_{i,t}}\right) \qquad (5-5)$$

其中，$g_{i,t}$ 表示实际产出增长率，使用几何增长率计算方法得出。将 1994 年定为基年，采用式（5-5）进行估算，得出 1994 年的农村基础设施资本存量，进而推算出其他省份基年基础设施资本存量，再利用式（5-3）算出其他年份各省份的基础设施资本存量。

而城镇的基础设施资本存量也同样使用永续盘存法进行测算，不同的是城镇的价格指数使用全国工业生产资料价格指数进行测算。

（2）变量的描述性统计

由泰尔指数变化趋势图分析 1994—2015 年城乡消费差距的全国总体变化趋势，并绘制城乡消费差距泰尔指数变化趋势图，如图 5-1 所示。可看出城乡消费差距的泰尔指数在 1994—1996 年之间迅速下滑，而 1996—2003 年总体趋势却上升了，在 2003 年达到峰值后，又较为平缓地下降，直到 2011 年后这一指数又开始迅速下降。

结合地域特征描述性统计城乡消费差距的变化趋势。分别计算城乡居民消费泰尔指数各地区在 1994—2015 年的均值，以对比说明不同地区在不同时间段城乡消费差距的变化情况，具体如表 5-1 所示。

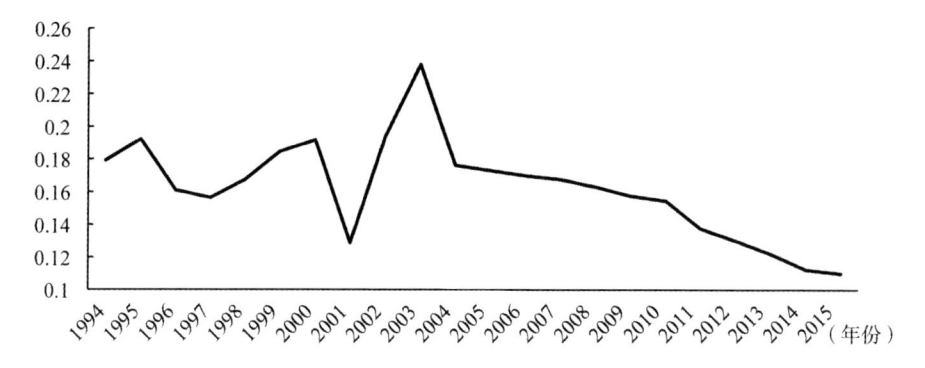

图 5 - 1　城乡居民消费差距的泰尔指数

表 5 - 1　　　　　各地区城乡居民消费泰尔指数变化

省份	1994 年	2015 年	均值	省份	1994 年	2015 年	均值	省份	1994 年	2015 年	均值
安徽	0.113	0.109	0.154	黑龙江	0.071	0.072	0.101	山东	0.218	0.0713	0.181
北京	0.024	0.017	0.067	湖北	0.088	0.079	0.123	山西	0.155	0.059	0.165
福建	0.065	0.044	0.075	湖南	0.153	0.104	0.164	陕西	0.173	0.111	0.174
甘肃	0.172	0.148	0.229	吉林	0.105	0.078	0.116	上海	0.020	0.015	0.025
广东	0.322	0.061	0.098	江苏	0.077	0.038	0.112	四川	0.124	0.063	0.146
广西	0.208	0.138	0.221	江西	0.086	0.064	0.083	天津	0.074	0.0196	0.056
贵州	0.183	0.120	0.207	辽宁	0.111	0.055	0.127	新疆	0.039	0.115	0.277
海南	0.037	0.055	0.0501	内蒙古	0.059	0.069	0.121	云南	0.136	0.116	0.138
河北	0.116	0.091	0.140	宁夏	0.137	0.085	0.155	浙江	0.120	0.035	0.101
河南	0.138	0.109	0.181	青海	0.129	0.083	0.137	重庆	0.107	0.116	0.143

（三）模型构建

基础设施投资与城乡消费差距的相关关系是本书研究的重要内容，而空间与区位因素在模型中具有重要作用，且基础设施投资本身存在一定的区域外溢性。为检验本书所设立指标之间是否存在空间相关性，在此使用全局和局部 Moran's I 统计量进行测度，其中，

$$MI = \frac{\sum_{i=1}^{n}\sum_{j=1}^{n}w_{ij}(CON_i - \bar{CON})(CON_j - \bar{CON})}{S^2 \sum_{i=1}^{n}\sum_{j=1}^{n}w_{ij}} \quad MI \in [-1, 1] \qquad (5-6)$$

式中，n 表示区域个数，W_{ij} 为空间权重矩阵 W 中的第 (i, j) 个元素，$S^2 = \frac{1}{n}\sum_{i=1}^{n}(CON_i - \overline{CON})^2, \overline{CON} = \frac{1}{n}\sum_{i=1}^{n}CON_i$。而在回归模型中用于测度空间相关的方式主要有两种，一种是空间滞后；另一种是空间误差。在此，存在两种可能性，一种是空间误差或空间滞后模型其中一个成立；另一种是二者都成立，若二者都成立则引入空间杜宾模型。

①空间滞后面板模型构建

若消费受到其他邻近区域消费观测值的影响，则可采用空间滞后面板模型，其表达形式如下：

A. 城镇基础设施影响城镇居民消费水平的空间滞后面板模型

$$ur\_con_{it} = \rho_1 \sum_{j=1}^{n} w_{ij} ur\_con_{it} + \beta_1 \ln ur\_inf_{it} + \sigma_1 lnur\_x_{it} + \delta_{1i} + \mu_{1t} + \varepsilon_{1it}$$

(5 - 7)

式中，ρ_1 为空间滞后自回归项的系数，w_{ij} 为 $n \times n$ 列矩阵，ur_x_{it} 表示一系列控制变量。δ_{1i} 和 μ_{1t} 分别表示空间与时间效应，ε_{1it} 服从独立同分布。

B. 农村基础设施影响农村居民消费的空间滞后面板模型

$$cou\_con_{it} = \rho_2 \sum_{j=1}^{n} w_{ij} cou\_con_{it} + \beta_2 \ln cou\_inf_{it} + \sigma_2 lncou\_x_{it} + \delta_{2i} + \mu_{2t} + \varepsilon_{2it}$$

(5 - 8)

式中，ρ_2 为空间滞后自回归项的系数，w_{ij} 为 $n \times n$ 列矩阵，cou_x_{it} 表示一系列控制变量。δ_{2i} 和 μ_{2t} 分别表示空间与时间效应，ε_{2it} 服从独立同分布。

C. 城乡基础设施不均影响城乡居民消费差距的空间滞后面板模型

$$dcon_{it} = \rho_3 \sum_{j=1}^{n} w_{ij} dcon_{it} + \beta_3 \ln dinf_{it} + \sigma_3 \ln x_{it} + \delta_{3i} + \mu_{3t} + \varepsilon_{3it} \quad (5 - 9)$$

式中，ρ_3 为空间滞后自回归项的系数，w_{ij} 为 $n \times n$ 列矩阵，x_{it} 表示一系列控制变量。δ_{3i} 和 μ_{3t} 分别表示空间与时间效应，ε_{3it} 服从独立同分布。

②空间误差面板模型构建

若消费水平的影响因素中某一种或多种影响因素或局域特征在空间上的相关性被忽略，则考虑采用空间误差面板模型，其表达式如下：

A. 城镇基础设施影响城镇居民消费水平的空间滞后面板模型

$$ur\_con_{it} = \beta_1 \ln ur\_inf_{it} + \sigma_1 ln\ x_{it} \delta_i + \mu_{1t} + \lambda_{1it}$$

$$\lambda_{1it} = \upsilon_1 \sum_{j=1}^{n} w_{ij} \lambda_{1it} + \varepsilon_{1it} \quad (5-10)$$

式中，λ_{1it}为模型的自相关误差项，其与自身存在自相关关系，构造模型显示它受到白噪声ε_{1it}的影响。

B. 农村基础设施影响农村居民消费的空间滞后面板模型

$$cou\_con_{it} = \beta_2 \ln cou\_inf_{it} + \sigma_2 ln\ x_{it} \delta_i + \mu_{2t} + \lambda_{2it}$$

$$\lambda_{2it} = \upsilon_2 \sum_{j=1}^{n} w_{ij} \lambda_{2it} + \varepsilon_{2it} \quad (5-11)$$

式中，λ_{2it}为模型的自相关误差项，其与自身存在自相关关系，构造模型显示它受到白噪声ε_{2it}的影响。

C. 城乡基础设施不均影响城乡居民消费差距的空间滞后面板模型

$$dcon_{it} = \beta_3 \ln dinf_{it} + \sigma_3 ln\ x_{it} \delta_i + \mu_{3t} + \lambda_{3it}$$

$$\lambda_{3it} = \upsilon_3 \sum_{j=1}^{n} w_{ij} \lambda_{3it} + \varepsilon_{3it} \quad (5-12)$$

式中，λ_{3it}为模型的自相关误差项，其与自身存在自相关关系，构造模型显示它受到白噪声ε_{3it}的影响。

③空间误差面板模型构建

该模型是空间误差与空间面板模型的一般形式，当消费的模型中空间滞后项与空间误差项都影响消费本身时选择空间杜宾面板模型。

A. 城镇基础设施影响城镇居民消费水平的空间滞后面板模型

$$ur\_con_{it} = \rho_1 \sum_{j=1}^{n} w_{ij} ur\_con_{jt} + \beta_1 \ln ur\_inf_{it} + \sigma_1 ln\ x_{it} +$$

$$\sum_{j=1}^{n} w_{ij} \vartheta_1 \left(ln\ x_{it} + \ln ur\_inf_{it} \right) + \delta_{1i} + \mu_{1t} + \varepsilon_{1it} \quad (5-13)$$

式中，β_1与ϑ_1为待估计函数，可通过构造 Wald 统计量和 LR 统计量检验空间杜宾模型。

B. 农村基础设施影响农村居民消费的空间滞后面板模型

$$cou\_con_{it} = \rho_2 \sum_{j=1}^{n} w_{ij} cou\_con_{jt} + \beta_2 \ln cou\_inf_{it} + \sigma_2 ln\ x_{it} +$$

$$\sum_{j=1}^{n} w_{ij} \vartheta_2 \left(ln\ x_{it} + \ln cou\_inf_{it} \right) + \delta_{2i} + \mu_{2t} + \varepsilon_{2it} \quad (5-14)$$

式中，β_2 与 ϑ_2 为待估计函数，可通过构造 Wald 统计量和 LR 统计量检验空间杜宾模型。

C. 城乡基础设施不均影响城乡居民消费差距的空间滞后面板模型

$$dcon_{it} = \rho_3 \sum_{j=1}^{n} w_{ij} dcon + \beta_3 \ln dinf_{it} + \sigma_3 \ln x_{it} +$$

$$\sum_{j=1}^{n} w_{ij} \vartheta_3 (\ln x_{it} + \ln cdinf_{it}) + \delta_{3i} + \mu_{3t} + \varepsilon_{3it} \quad (5-15)$$

式中，β_3 与 ϑ_3 为待估计函数，可通过构造 Wald 统计量和 LR 统计量检验空间杜宾模型。

以上式中的 w_{ij} 为权重矩阵 W 中的元素，表示区域 i 和区域 j 在空间上相连接的原因，W 的对角线上元素 w_{ij} 被设为 0，d_{ij} 为空间区域 i 和 j 的地理距离，其将地理权重矩阵每行标准化为 1 后的形式为：

$$W_{ij}^{*d} = W_{ij}^{d} \Big/ \sum_{j=1}^{n} W_{ij}^{d} \text{其中：} W_{ij}^{d} = e^{-\tau d_{ij}}, d_{ij} = \frac{2}{3}\sqrt{\frac{prov_i}{\pi}}$$

式中，$prov_i$ 为第 i 个省份的面积，d_{ij} 为省份内部的距离，τ 为系数，可用省份最短距离的倒数表示，以消除度量单位的影响和权重计算误差。

二 城镇基础设施影响城镇居民消费的实证分析

为检验城镇基础设施投资对城镇居民消费支出的实证结果，本书使用 1994—2015 年的存量数据进行实证检验，首先，对模型（1）进行 HT 检验，检验结果显示各变量在 5% 的显著性水平下拒绝单位根假设，为平稳数据序列。其次，对各阵营进行 Hausman 检验，得出各阵营数据均存在固定效应。最后，对模型（1）进行空间面板模型检验，得出全国、中部及西部地区城镇基础设施对城镇居民消费的影响应使用 SAR 模型，而东部地区应使用 SEM 模型，其结果如表 5-2 所示。

表 5-2 的结果显示：第一，从全国看，城镇基础设施投资对城镇居民消费的影响系数为 -0.0035，表明城镇基础设施投资对城镇居民消费可能存在一定抑制作用，但并不显著，原因可能在于，部分城镇基础设施建设趋于饱和状态，城镇基础设施的边际产出率不断减小，加之，基础设施投入来源于公共收入，挤出居民消费，此时，在挤入效应不断减小的状况下，挤出效应不断增加将使公共基础设施挤出居民消费。第二，

各区域分开来看,东部地区城镇基础设施投资对城镇居民消费在1%的显著性水平下显著为负,其系数为-0.0445,可见,东部地区城镇基础设施投资对居民消费产生了显著的挤出作用,增加东部地区基础设施投入将抑制东部地区居民消费支出的增加。而中部地区基础设施投资对中部地区居民消费水平的影响作用在10%的显著性水平下显著为正,其系数为0.0006,可见,中部地区城镇基础设施投资增加有助于促进中部地区居民消费支出增长,但其正向推进作用较小,城镇基础设施投资增加10000元,居民消费支出才能增加6元。西部地区城镇基础设施投资对居民消费水平的影响在1%的显著性水平下显著为正,系数为0.0426,远大于中部地区的0.0006,可见,城镇基础设施投资增加挤出东部地区居民消费,但却挤入中、西部地区居民消费,且对西部地区居民消费的推进作用最显著。

表5-2　　　　　　　　分区域空间计量模型检验结果

变量名	全国 SAR	东部 SEM	中部 SAR	西部 SAR
$lnur\_inf$	-0.0035	-0.0445***	0.0006*	0.0426***
	(-1.02)	(-3.21)	(1.72)	(4.34)
$lnur\_inc$	0.725***	0.823***	0.596***	0.755***
	(25.85)	(74.62)	(11.31)	(15.30)
$lnur\_weal$	0.000731	-0.0101	0.0521	0.0065
	(0.06)	(-0.84)	(-1.33)	(-0.69)
rho	0.118***	—	0.0985***	0.381***
	(3.66)	—	(3.60)	(5.76)
lambda	—	-0.174**	—	—
	—	(-2.18)	—	—
N	660	264	198	198

注:表中*、**、***分别表示10%、5%和1%的显著水平下显著。

三　农村基础设施影响农村居民消费的实证分析

为检验农村基础设施投资对农村居民消费支出的影响效应,本书使用1994—2015年的存量数据进行实证检验,首先,对各样本数据进行HT检验,检验结果显示各变量在5%的显著性水平下拒绝单位根假设,为平稳数据序列。其次,对各阵营样本数据进行Hausman检验,得出各阵营数据均存在固定效应。最后，对样本数据进行空间面板模型检验，得出全国数据应使用 SEM 模型、东部及中部地区城镇基础设施对城镇居民消费的影响应使用 SDM 模型，而西部地区应使用 SAR 模型，其结果如表 5-3 所示。

表 5-3 的结果表明：第一，从全国整体来看，农村基础设施对农村居民消费支出的影响效应在 5% 的显著性水平下显著为正，系数为 0.0102，表明在我国农村整体上增加基础设施投资依然有助于推进居民消费支出增加，可见，我国农村基础设施投资产出增长对居民消费产生的挤入作用依然大于基础设施投资因降低居民可支配收入而产生的消费挤出作用。第二，分区域看，在东部地区，农村基础设施投资增加对农村居民消费支出的提升作用并不显著，即东部地区的农村基础设施投资对居民消费是挤出还是挤入作用并不确定；在中部地区，农村基础设施对农村居民消费水平的影响作用在 1% 的显著性水平下显著为正，系数为 0.0668，是中部地区城镇基础设施投资对城镇居民消费水平促进作用的 100 倍；在西部地区，农村基础设施对农村居民消费水平的影响作用在 1% 的显著性水平下显著为正，影响系数为 0.2123，可见，在西部地区农村基础设施增加对推进农村居民消费支出提升具有重要作用，且这一作用是中部地区的 4 倍左右。

表 5-3　　　　　　　　分区域空间计量模型检验结果

变量名	全国 SAR	东部 SEM	中部 SDM	西部 SAR
$lnur\_inf$	0.0102 ** (2.20)	0.0242 (1.43)	0.0668 *** (3.85)	0.2123 *** (4.53)
$lnur\_inc$	0.647 *** (22.94)	1.027 *** (23.72)	-0.0765 (-0.41)	0.691 *** (8.19)
$lnur\_weal$	-0.00298 (-0.43)	0.00111 (0.08)	0.00369 (0.05)	0.0118 (1.33)
$w \times lnur\_inf$	— —	0.0115 (0.37)	-0.136 *** (-3.38)	— —
$w \times lnur\_inc$	— —	-0.346 *** (-3.62)	0.723 *** (3.34)	— —

续表

变量名	全国 SAR	东部 SEM	中部 SDM	西部 SAR
$w \times lnur\_weal$	— —	0.00097 (0.07)	0.130 (1.22)	— —
rho	— —	0.349*** (4.66)	0.0022*** (6.58)	0.340*** (4.16)
lambda	0.148*** (2.17)	— —	— —	— —
N	660	264	198	198

注：表中 *、**、*** 分别表示10%、5%和1%的显著水平下显著。

四 城乡基础设施不均影响居民消费差距的实证分析

在对农村或城镇基础设施投资影响农村或城镇的居民消费水平进行实证检验的基础上，为更深入地了解城乡基础设施不均如何影响城乡居民消费差距，检验本书理论研究的合理性，本书在时间、空间单一维度与时空双维度层面，实证研究城乡基础设施不均对城乡居民消费差距的客观影响。

（一）分时段基础设施不均影响城乡居民消费支出差距的实证分析

由上文中关于城乡居民消费支出差距的描述性统计结果能够分析出1994—2003年我国的城乡消费差距基本趋向于增大的趋势，而2004—2015年我国城乡消费差距的总体趋势为缩小趋势（见表5-4）。为深入分析基础设施投资对不同变动趋势的城乡居民消费支出差距的影响作用及出现这种趋势变化的其他原因，在此，将时间轴分为1994—2003年（时间段Ⅰ）和2004—2015年（时间段Ⅱ）两段。依然使用Hausman检验两个时间段的估计模型应使用固定效应还是随机效应，根据计算，时间段Ⅰ使用固定效应的空间计量模型更稳健，而时间段Ⅱ使用双固定效应的空间计量模型更稳健，同时利用Word和LR检验得出时间段Ⅰ使用空间误差模型SEM更稳健，而2004—2015年使用空间杜宾模型SDM更稳健。

表5-4　　　　　　　　分时段空间计量模型检验结果

估计变量	时间段 I SEM	时间段 I SAR	时间段 I SDM	时间段 II SEM	时间段 II SAR	时间段 II SDM
lninf	0.0600** (2.04)	0.0397 (1.32)	0.0553* (1.82)	-0.0736*** (-5.55)	-0.0502*** (-3.66)	-0.0401** (-2.38)
lndurb	0.6431*** (7.55)	0.5552*** (6.84)	0.6482*** (7.61)	-0.3171*** (-3.42)	-0.3574*** (-4.25)	-0.2057** (-2.39)
lnopen	0.0463 (0.50)	0.0326 (0.36)	0.0649 (0.70)	-0.1201*** (-2.64)	-0.0848** (-2.04)	-0.1400*** (-3.34)
lnindu	0.1803* (1.72)	0.1638 (1.55)	0.0052 (0.05)	0.0348 (0.72)	0.0147 (0.30)	0.0164 (0.34)
lninc	0.3761 (1.40)	0.3216 (1.26)	0.3227 (1.05)	2.1470*** (12.06)	1.7762*** (9.61)	1.8233*** (8.31)
lndweal	-0.0030 (-0.43)	-0.0023 (-0.48)	-0.0027 (-0.78)	0.0142* (1.71)	0.0138 (0.43)	0.0156* (1.87)
w×lninf	—	—	-0.0842** (-1.97)	—	—	-0.0166 (-0.74)
w×lndurb	—	—	-0.5811*** (-3.92)	—	—	-0.5175*** (-3.88)
w×lnopen	—	—	0.0824 (0.61)	—	—	0.2001*** (3.64)
w×lnindu	—	—	-0.4393*** (-2.94)	—	—	0.0092 (0.10)
w×lninc	—	—	-0.3933 (-0.96)	—	—	-0.3501 (-1.12)
w×lndweal	—	—	-0.0325 (-0.98)	—	—	0.0132 (0.76)
rho	—	0.1384** (2.02)	0.1175* (1.70)	—	0.2130*** (4.05)	0.1726*** (2.69)
lambda	0.2501*** (3.83)	—	—	0.2534*** (3.67)	—	—
N	300	300	300	360	360	360

注：估计结果下括号中为该参数估计结果的 P 值，而 ***、**、* 分别表示该参数在1%、5%以及10%的显著性水平下显著。

表5-4报告的检验结果表明：基础设施投资不均在不同时间段对城乡消费差距的影响并不一致，且表现出明显的差异性，在时间段Ⅰ基础设施投资差距扩大对城乡消费差距具有正向影响，而在时间段Ⅱ这一情况有所改变，基础设施投资不均增加并没有拉大城乡居民消费支出差距，而是缩小了城乡居民消费支出差距。其现实原因可能在于：在时间段Ⅰ城乡基础设施投资环境差异较大，尤其是交通基础设施，随着城镇交通基础设施投资的不断增加，在开始阶段对乡村的带动作用较弱，但当城镇交通基础设施的可达性不断提升时，促进了区域间的贸易和要素流动进而对农村地区产生更强烈的辐射带动作用，在对城镇经济发展产生挤入效应的同时，以空间溢出的方式挤入了农村居民消费支出，从而抵消了基础设施城乡投入不均而给农村居民消费支出带来的影响（Boarae t M. G., 1998）。另外，在时间段Ⅱ中，网络、通信等基础设施高速发展，加之信贷服务在农村地区全面铺开，给农村居民的传统消费行为带来巨大冲击，高帆（2015）[①]研究表明在2002年后农村居民和城镇居民的消费敏感系数开始朝相反方向发展，农村居民的储蓄预防动机系数减小，而城镇的储蓄预防动机系数提高，即基础设施对农村居民消费的挤出效应减小，而对城镇居民消费支出的挤出效应增加。

其他控制变量对城乡居民消费支出差距的影响在两个时间段的方向也有所不同。城镇化率在第一阶段对城乡居民消费支出差距的影响为正，在第二阶段为负，这与雷潇雨、龚六堂研究结果一致。而经济开放度，产业结构与收入差异在第一阶段均对城乡消费差距影响不显著，而在第二阶段，经济开放度对城乡消费差距产生显著的负向影响，城乡收入差距对城乡消费差距的影响显著，产业结构的影响依然不显著。

（二）基础设施不均对城乡消费差距影响的空间差异实证检验结果

理论分析表明城乡发展差距会影响城乡基础设施投资不均与城乡居

[①] 高帆：《中国城乡居民消费行为的差异性——基于省际面板数据的实证研究》，《经济学家》2015年第2期。

民消费差距的关系，参照白永秀等（2016）①的研究，城乡发展一体化水平较高的前10位地区有8个是东部地区，城乡发展一体化水平较低的后十位有7个是西部地区省份，结合基础设施本身存在的空间溢出效应，在此进行空间分析时，本书将全国分为东、中、西部地区进行对比分析。

利用Hausman检验判定固定效应还是随机效应模型更加稳健，并构建LR估计量进行检验，检验结果显示全样本下应使用固定效应的空间杜宾模型SDM，而在东部地区应使用固定效应的空间误差SEM模型，中部地区使用固定效应的空间杜宾SDM模型，西部地区使用空间误差SEM模型更符合实际情况，如表5-5所示。

表5-5 分区域空间计量模型检验结果

变量名	全国SDM	东部SEM	中部SDM	西部SEM
lndinf	0.0556*** (3.78)	-0.157*** (-7.87)	0.0708** (2.28)	0.2519*** (3.33)
lndurb	0.1423 (2.33)	0.1800 (2.11)	-0.3652*** (-3.37)	-0.0248 (-0.28)
lnopen	-1.4221*** (-4.51)	-0.2160*** (-2.95)	0.1001* (1.81)	0.1419* (1.82)
lnindu	0.0325 (0.60)	02820*** (3.28)	-0.0775 (-0.82)	-0.0740 (-1.14)
lndinc	1.1597*** (6.81)	0.5048* (1.87)	-0.8316*** (3.64)	0.5451*** (8.38)
lndweal	0.0113* (1.90)	-0.0056 (-0.43)	0.0142 (0.87)	0.0076* (1.95)
w×lndinf	-0.0434*** (-2.06)	—	-0.1776*** (-4.34)	—
w×lnurb	-0.2812*** (-2.93)	—	0.2643 (1.60)	—

---

① 白永秀、吴丰华等：《2016年城乡一体化水平评价报告》，经济科学出版社2016年版，第50页。

续表

变量名	全国 SDM	东部 SEM	中部 SDM	西部 SEM
$w \times lnopen$	0.0728 (1.51)	— —	-0.288*** (-3.58)	— —
$w \times lnind$	-0.2403*** (-2.94)	— —	-0.4574*** (-3.69)	— —
$w \times lndinc$	-0.1821 (-0.93)	— —	0.9763*** (3.59)	— —
$w \times lndweal$	0.0142* (1.71)	— —	0.0174 (0.13)	— —
rho	0.1453*** (3.29)	— —	0.1394*** (8.97)	— —
lambda	— —	-0.0353*** (-2.78)	— —	0.1802 (2.21)
N	660	264	198	198

注：表中 *、**、*** 分别表示 10%、5% 和 1% 的显著水平下显著。

表5-5检验结果表明：从全国来看，基础设施投资不均扩大了城乡居民消费支出差距，即城乡基础设施比的提高与城乡居民消费支出差距之间呈正向关系，这与曾广录等（2014）[①]的研究结果相吻合。其原因可能在于以下两点：一是由于在基础设施水平不断提升时，城镇商品房价格会随之上升，而李涛和陈斌开（2014）[②]研究发现住房价格上涨对居民消费产生了挤出效应，可见，当城镇基础设施投资增加时，因房屋等商品价格上升，反而挤出了居民消费。但农村地区因基础设施投资增加，改善了原有的交通道路、网络、邮电等设施，使得农村要素向城镇流动更加畅通，经济增长速度加快，基础设施的产出系数更高，对居民消费的挤入效应更加明显。最终，在基础设施挤出城镇居民消费，却挤入农村居民消费时，城乡基础设施差异扩大必然扩大城乡居民消费差距。

---

① 曾广录、颜建晔、李三希：《城乡基础设施财政投入不均的收入差距效应》，《浙江社会科学》2014年第1期。

② 李涛、陈斌开：《家庭固定资产、财富效应与居民消费：来自中国城镇家庭的经验证据》，《经济研究》2014年第3期。

分区域来看，基础设施投资对东、中、西部地区的城乡居民消费支出差距影响作用具有明显差异，根据空间杜宾模型与空间误差模型分析，基础设施投资对西部地区城乡居民消费支出差距影响系数为正，而对东部地区城乡消费差距的影响系数显著为负，对中部地区影响为正，但较西部地区小。即东部地区城乡基础设施投入不均程度加剧还可能会缩小城乡消费差距。究其原因可能在于东部地区城镇的公共基础设施存量已经适应当前的经济发展水平，若继续在这些地区加大基础设施投入，将可能因税收增加对收入产生挤出效应，此时，由于基础设施投资对城镇居民消费的挤入效应，随着基础设施的不断完善而逐渐减小，故挤出效应将大于挤入效应，于是，在城乡基础设施投入比增加时，城乡居民消费差距反而有可能减小。而在中等差距地区城乡基础设施差异对城乡消费差距的影响为正，但作用小于西部地区。原因在于中部地区的经济发展水平与基础设施投资保有量较东部地区还有一定差距，但差距不大，在增加城乡基础设施投入时，对居民消费增长的推进作用可能略大于引致储蓄对消费产生的挤出效应，进而在城乡基础设施投入差距扩大时，城乡居民消费差距小幅度增加。但西部地区城乡基础设施落后，且差异较大，如新疆、贵州等山区农村，基本的道路设施还尚不能满足居民需要，因此，基础设施的少量投入会在更大的乘数作用下对经济增长产生积极作用，从而增加居民收入，对居民消费产生较东部与中部地区农村更大的挤入效应，即在基础设施越差的贫困地区投入量提升越多，越有利于该地区居民消费增加。因此，缩小西部地区的基础设施投入差距对缩小城乡居民消费差距具有显著影响。

（三）基础设施不均对城乡消费差距影响的时空差异分析

对样本数据进行 Hausman 检验，判定固定效应还是随机效应模型更加稳健，并构建 LR 估计量进行检验，检验结果显示时间段Ⅰ东部地区使用固定效应的 SDM 模型、西部地区使用固定效应的 SAR 模型、中部地区使用 SEM 模型更加稳健，时间段Ⅱ东部地区使用固定效应 SAR 模型、西部地区使用 SAR 模型、中部地区使用固定效应的 SDM 模型更加稳健。对各样本数据进行回归，其结果如表 5-6 所示。

表 5-6　　　　　　　　时空分异下空间计量检验结果

估计变量	时间段 I 东部	时间段 I 中部	时间段 I 西部	时间段 II 东部	时间段 II 中部	时间段 II 西部
lndinf	0.0398 (0.47)	0.1957** (2.31)	0.1367*** (3.74)	-0.0651*** (-3.75)	-0.0284 (-0.49)	0.0280*** (4.76)
lndurb	0.6801*** (4.40)	0.2703** (2.12)	0.1958* (1.72)	-0.3003*** (-2.84)	-1.445*** (-4.18)	-0.4623* (-1.91)
lnopen	-0.0153 (-0.10)	-0.0634 (-0.50)	-0.0482 (-0.30)	-0.1445** (-2.13)	0.1954*** (2.62)	-0.0245 (-0.32)
lnindu	0.2282 (0.89)	-0.5576*** (-6.27)	0.2804 (1.52)	-0.0847 (-1.12)	-0.0793 (-0.62)	0.1587** (2.09)
lndinc	0.7123 (0.98)	1.1227*** (3.66)	1.1793*** (3.16)	2.4344*** (7.63)	1.7020*** (4.00)	1.7874*** (5.53)
lndweal	-0.0021 (-0.17)	-0.0288 (-0.55)	0.0211 (-0.75)	0.0032 (0.56)	0.0012 (1.02)	0.0212* (1.76)
w × lndinf	-0.1863*** (-2.49)	—	—	—	-0.2091** (-2.17)	—
w × lndurb	0.03642 (0.16)	—	—	—	0.4827 (1.10)	—
w × lnopen	-0.3101 (-1.35)	—	—	—	0.0018 (0.02)	—
w × lnindu	0.5574 (1.58)	—	—	—	-0.0282 (-0.12)	—
w × lndinc	-0.1723 (-0.16)	—	—	—	-0.0850 (-0.14)	—
w × lndweal	-0.0013 (0.32)	—	—	—	0.0132* (1.67)	—
rho	0.0792*** (4.13)	—	0.0491*** (6.32)	0.1159* (1.69)	0.304*** (3.44)	0.227** (2.06)
lambda	—	-0.698*** (-4.36)	—	—	—	—
N	120	90	90	144	108	108

注：表中 *、**、*** 分别表示10％、5％和1％的显著水平下显著性。

表 5-6 的检验结果显示：东部地区在 1994—2003 年时间段Ⅰ和 2004—2015 年时间段Ⅱ城乡基础设施不均程度与城乡居民消费差距之间的关系在 1% 的显著性水平下由正向不显著转为显著负向，城乡一体化发展历程表明从 1983 年起苏南地区就开始使用"城乡一体化的概念"，从而激发起东部地区采取一系列激活"三农"的制度与政策，促进小城镇的发展，从而使得 1994—2015 年东部地区城乡发展差距不断缩小，且缩小程度大于中部和西部。西部地区在两个时间段内，城乡基础设施不均都与城乡居民消费差距之间呈显著正向关系，但时间段Ⅱ，西部地区城乡基础设施投资不均对居民消费差距的正向影响作用明显减小。中部地区城乡基础设施不均在时间段Ⅰ对居民消费差距的影响在 5% 的显著性水平下为显著正向，而在时间段Ⅱ变为负向、且不显著，我国城乡一体化发展历程可解释这一实证检验结果。我国中西部地区的城乡一体化发展始于 2002 年之后，2002 年 11 月中共十六次全国代表大会提出要统筹城乡经济社会发展，2006 年国家"十一五"规划也提出"以工促农，以城带乡"，而后，2008 年的十七届三中全会、2012 年的全国第十八次全国代表大会、2017 年的全国第十九次全国代表大会都提出促进农村发展，促进城乡协调发展的相关战略，这一系列战略作用的发挥致使 2002 年之后，我国中、西部地区城乡一体化发展差距不断缩小。但由于西部地区的城乡发展差距大于东部地区的城乡发展差距，在时间段Ⅱ西部地区的城乡发展差距水平更接近临界点，而西部地区可能仍处于临界点以下，因此中、西部地区在时间段Ⅱ城乡基础设施投入不均与居民消费差距的相互关系有所差异。

（四）城乡基础设施不均影响居民消费差距的稳健性检验

为避免遗漏变量、内生性、指标计算方法及估计方法不同所引起的实证检验结果存在差异，本书利用指标变换检验和空间 GMM 估计检验对城乡基础设施不均影响城乡居民消费差距的实证分析结果的稳健性进行检验。

1. 指标变换检验法。在此，本书借鉴王笳旭（2015）[1]对城乡居民消费差距的测算方法，并结合我国统计年鉴编制方式，以城乡居民消费

---

[1] 王笳旭：《人口老龄化对我国城乡居民消费差距的影响研究——基于省际动态面板数据的实证分析》，《当代经济科学》2015 年第 5 期。

水平差异为被解释变量,将各省农村居民消费水平视为1,对城镇居民消费水平进行无量纲处理后求得城乡消费水平比值。此时,依然使用空间计量模型进行实证分析,具体估计结果如表5-7结果。表中结果与前文检验结果基本保持一致,证明了本部分结论的稳健性。

表5-7　　　　　　　　　　指标变换检验结果

变量名	全国SDM	东部SEM	中部SDM	西部SEM	时间段Ⅰ	时间段Ⅱ
lndinf	0.0369***	-0.0171***	0.0684***	0.1122***	0.0585***	-0.0231***
	(6.84)	(-3.26)	(3.58)	(12.99)	(6.90)	(-2.88)
lndurb	-0.0965***	-0.0679***	-0.0798	-0.1641***	-0.0271	-0.0152
	(-4.24)	(-3.19)	(-1.21)	(-3.86)	(-1.28)	(-0.38)
lnopen	-0.00973	-0.0199	0.00358	-0.1256***	0.0155	0.0228
	(-0.58)	(-1.11)	(0.11)	(-4.07)	(0.66)	(1.14)
lnindu	-0.0716***	0.0034	0.0145	-0.0274	-0.1302***	-0.0189
	(-3.59)	(0.16)	(0.25)	(-0.93)	(-4.73)	(-0.83)
lndinc	0.2013***	0.6181***	0.3963***	-0.00189	0.2761***	0.5432***
	(2.94)	(8.19)	(2.90)	(-0.01)	(4.26)	(5.18)
lndweal	0.0076	0.0065	0.0124	0.0165*	0.0321	0.0212
	(0.03)	(0.09)	(0.13)	(1.90)	(1.03)	(0.96)
w×lndinf	-0.0557***	—	-0.1193***	—	—	-0.0265**
	(-7.12)	—	(-4.73)	—	—	(-2.39)
w×lndurb	-0.0101	—	0.0971	—	—	-0.1459**
	(-0.27)	—	(0.97)	—	—	(-2.45)
w×lnopen	0.0240	—	-0.1721***	—	—	0.0785***
	(1.11)	—	(-3.44)	—	—	(2.99)
w×lnindu	-0.0516*	—	-0.1233*	—	—	-0.0783*
	(-1.70)	—	(-1.65)	—	—	(-1.85)
w×lndinc	0.3321***	—	0.5492***	—	—	0.5759***
	(3.59)	—	(3.39)	—	—	(3.84)
rho	0.193***	—	-0.246***	—	—	-0.0735
	(4.24)	—	(-2.98)	—	—	(-1.06)
lambda	—	0.1301*	—	0.7910***	-0.2638***	—
	—	(1.81)	—	(23.19)	(-2.85)	—
N	660	264	198	198	300	360

注:表中*、**、***分别表示10%、5%和1%的显著水平下显著。

2. 空间 GMM 估计检验法。为控制城乡基础设施投资差异与城乡居民消费支出差距及其他控制变量产生双向因果、遗漏变量等，造成内生性偏误。本书采用能够有效解决内生性问题，并依然能够估计出空间溢出效应的空间 GMM 模型进行估计。经计算各模型中 AR（1）和 AR（2）检验均通过了误差项一阶序列相关、二阶序列不相关的原假设，且 Hansen 检验在 10% 的显著水平上不显著，表明本书所选工具变量及估计模型具有合理性。经检验，在模型中变量 lnurb 和 lnopen 可能存在内生性问题，以这两个变量作为内变量进行空间 GMM 估计，结果如表 5-8 所示。

表 5-8　　　　　　　　　空间 GMM 检验结果

变量名	全国	东部	中部	西部	时间段 I	时间段 II
lndinf	0.0211***	-0.1372***	0.0848***	0.1371***	0.0476***	-0.1250***
	(5.98)	(-5.92)	(2.78)	(6.08)	(7.96)	(-7.38)
lndurb	-0.199	-0.0863	-0.1758**	-0.128*	0.2017***	-0.122
	(-0.43)	(-0.96)	(-1.87)	(-1.81)	(2.59)	(-1.31)
lnopen	-0.108	-0.1004***	-0.013	0.051	-0.138***	-0.107***
	(-1.27)	(-3.17)	(-0.25)	(1.44)	(-4.20)	(-4.31)
lnindu	-0.137	-0.2341***	-0.333***	-0.021	0.204**	-0.036
	(-0.44)	(2.97)	(-3.99)	(-0.34)	(2.14)	(-0.76)
lndinc	1.367***	1.6089***	1.3250***	1.2603***	1.2621***	2.140***
	(11.89)	(7.47)	(9.06)	(7.36)	(9.03)	(18.46)
AR（1）	[0.001]	[0.003]	[0.000]	[0.014]	[0.034]	[0.012]
AR（2）	[0.371]	[0.268]	[0.653]	[0.125]	[0.236]	[0.634]
Hansen	[0.359]	[0.286]	[0.768]	[0.437]	[0.253]	[0.675]
N	660	264	198	198	300	360

注：表中 *、**、*** 分别表示 10%、5% 和 1% 的显著水平下显著，圆括号中为 z 值，方括号中为 P 值。

表 5-8 的检验结果显示空间 GMM 估计结果与空间 SEM 和 SDM 的检验结果基本吻合，依然证明了本书的主要结论。

第二节　投资性支出影响城乡居民消费结构差距的实证分析

目前，学术界已经对居民消费结构进行了大量的研究和探讨，其中大致可以分为三个方面：首先，关于消费结构的优化，学者们一致认为现阶段我国消费结构呈现出不断升级的特征（孙皓等，2013）[1]，在消费结构升级过程中，食品、衣着等必需品消费在总消费中的比重不断下降，文教娱乐、居住、医疗保健等消费占比不断上升（元惠连等，2016）[2]，徐秋艳和李秉龙（2015）[3] 则借助 AIDS 模型分析发现在居民消费过程中结构变化特征比较明显，主要体现为个人刚性消费比重的降低，如个人穿着等，而医疗保健、文教娱乐、交通通信等消费的比重在逐步上升。其次，通过对不同主体消费结构的研究发现：城镇居民的消费结构优于农村居民的消费结构（肖立，2012）[4]，城镇居民的消费集中在居住、文娱和医疗保健等，而乡村居民的消费集中在衣着、家庭耐用设备等（李姗姗，2014）[5]，城镇居民的消费能够对农村居民的消费起示范作用，带动农村居民消费结构的优化（钟成林，2015）[6]，虽然农村居民消费结构变化趋势比较缓慢，但是消费热点变化较快，异质性检验表明低收入群体的消费倾向大于高收入群体。最后，则是对居民消费结构影响因素的研究，其中影响城乡居民消费结构最有解释力的因素就是居民收入，造成农村居民消费结构落后于城镇消费结构的原因就在于收入差距制约了

---

[1] 孙皓、胡鞍钢：《城乡居民消费结构升级的消费增长效应分析》，《财政研究》2013 年第 7 期。
[2] 元惠连、夏庆杰、王志伟：《中国城镇居民消费需求分析》，《经济科学》2016 年第 4 期。
[3] 徐秋艳、李秉龙：《基于 AIDS 模型的中国农村居民消费结构分析》，《统计与信息论坛》2015 年第 1 期。
[4] 肖立：《城乡居民消费结构对比分析——基于 1990—2010 年的数据》，《财经问题研究》2012 年第 11 期。
[5] 李姗姗：《城乡居民消费结构升级的差异性研究》，《消费经济》2014 年第 2 期。
[6] 钟成林：《城乡居民收入差距对于居民的消费示范效应影响研究——基于 GMM 方法的实证分析》，《上海经济研究》2015 年第 12 期。

农村居民的消费能力（胡日东等，2014）[1]，当收入结构发生变化时相对应的消费结构也会发生变化（Ngullie & Mishra，2009）[2]；同时城乡居民的消费结构还会受到消费习惯的影响，居民消费具有明显的习惯性，在短期内并不会随着收入的变化而发生改变，所以消费习惯也是影响居民消费结构的重要因素（王雪琪等，2016）[3]；工资水平提高、受抚养老人比例增加、财政支持力度加大、产业结构优化、城镇化的加快等都能够促进农村居民消费结构的改善（贾小玫等，2016）[4]，而城乡收入差距的扩大则会制约农村居民消费结构的优化（张丽丽，2019）[5]，消费者年龄也是影响消费结构不可忽视的重要因素[6]，消费者年龄和家庭不同年龄人口占比都会对消费结构有一定的影响。

可以发现关于居民消费结构的研究已经取得丰硕成果，但基础设施投资与城乡居民消费结构之间的关系与影响则较少引起学者们的注意，关于这二者之间的关系学者们还没有达成统一的观点。一部分学者认为基础设施投资会挤出消费，一方面，基础设施投资的增加减少了政府在转移支付和社会保障方面的预算支出，降低了人们的收入水平，从而减少了消费支出，进而不利于消费层次提升；另一方面，基础设施投资的增加将收入的构成从消费者转移到企业，增加了企业的利润，降低了人们的收入，从而减少了消费（Chen & Yao，2011）[7]；有的学者则认为，

---

[1] 胡日东、钱明辉、郑永冰：《中国城乡收入差距对城乡居民消费结构的影响——基于LA/AID'S 拓展模型的实证分析》，《财经研究》2014 年第 5 期。

[2] M. L. Ngullie and Sudhanshu K. Mishra, "Relations among the Components of Household Income and Expenditure in Kohima, Nagaland", *The IUP Journal of Managerial Economics*, No. 7, 2009, pp. 23 – 53.

[3] 王雪琪、赵彦云、范超：《我国城镇居民消费结构变动影响因素及趋势研究》，《统计研究》2016 年第 2 期。

[4] 贾小玫、焦阳：《我国农村居民消费结构变化趋势及影响因素的实证分析》，《消费经济》2016 年第 2 期。

[5] 张丽丽：《我国城镇化与农村居民消费结构变化关系的实证分析》，《商业经济研究》2019 年第 7 期。

[6] 倪红福、李善同、何建武：《人口结构变化对消费结构及储蓄率的影响分析》，《人口与发展》2014 年第 5 期。

[7] Binkai Chen and Yang Yao, "The Cursed Virtue: Government Infrastructural Investment and Household Consumption in Chinese Provinces", *Oxford Bulletin of Economics and Statistics*, Vol. 73, No. 6, 2011.

基础设施投资的增加会加速经济增长，减少对消费的限制，提高消费倾向（冉光和等，2017）①。例如，互联网的建设与普及有利于消费结构升级，并且随消费水平的提高，互联网对消费结构的影响呈倒"U"型（李旭洋等，2019）②（吴晓涵，2019）③。其中，有的学者认为互联网建设对城镇居民消费结构升级的影响效应更大（向玉冰，2018）④，有的学者则认为互联网普及对农村居民消费结构升级的作用更大（白萍等，2019）⑤。同时，交通基础设施投资的增加会促进居民在食品、衣着以及医疗保健等方面支出比的增加，而房产、文教娱乐以及家用设备等的支出比受到交通发展的提升并不是很显著甚至出现下滑（肖挺，2018）⑥。虽然基础设施投资可以促进总体消费水平的提高，但其对消费结构的影响具有两面性。基础设施投资增加了交通通信、居住和其他类消费，抑制了家庭设备和医疗保健类消费，这说明挤入效应和挤出效应并存（李涛等，2020）⑦。

综上可知，大多数的文献只停留在分析居民消费支出的影响因素方面，对基础设施影响居民消费支出的研究有所涉及，但是对基础设施影响居民消费结构的研究文献依然较为缺乏，且多数研究尚未将城镇与农村区别进行分析，致使研究结论无法应用于解决我国城乡消费结构差距的问题。鉴于此，本书在该部分着重从三个层面分析基础设施投入对居民消费结构的影响效应：一是实证分析城镇基础设施投入对城镇居民消费结构的影响效应；二是实证分析农村基础设施投入对农村居民消费结

---

① 冉光和、李涛：《基础设施投资对居民消费影响的再审视》，《经济科学》2017年第6期。
② 李旭洋、李通屏、邹伟进：《互联网推动居民家庭消费升级了吗？——基于中国微观调查数据的研究》，《中国地质大学学报》（社会科学版）2019年第4期。
③ 吴晓涵：《互联网使用对家庭消费结构的影响研究》，《商业经济研究》2019年第5期。
④ 向玉冰：《互联网发展与居民消费结构升级》，《中南财经政法大学学报》2018年第5期。
⑤ 白萍、伊成山：《城乡居民消费升级的内生动力机制——基于互联网视角的考察》，《商业经济研究》2019年第8期。
⑥ 肖挺：《交通设施、居民的消费区域流向与消费结构——来自我国省际层面的经验证据》，《财贸研究》2018年第9期。
⑦ 李涛、胡菁芯、冉光和：《基础设施投与居民消费的结构研究》，《经济学家》2020年第11期。

构的影响效应；三是实证分析城乡基础设施投入不均对城乡居民消费结构差异的影响效应。本书试图通过对以上三个方面进行实证分析，从基础设施投入角度剖析城乡居民消费结构差异的成因，为后期制定各类缩小城乡居民消费结构差异的实践措施提供经验证据。

一　变量、数据及模型构建

（一）变量设计

①城镇居民消费结构：依据中国统计局划分，本书利用城镇居民食品（ur_food）、衣着（ur_clot）、居住（ur_hous）、家庭设备用品（ur_equi）、交通通信（ur_trac）、文教娱乐（ur_cult）、医疗保健（ur_medi）及其他支出（ur_othe）占总支出比例衡量城镇居民消费结构。

②农村居民消费结构：利用农村居民食品（cou_food）、衣着（cou_clot）、居住（cou_hous）、家庭设备用品（cou_equi）、交通通信（cou_trac）、文教娱乐（cou_cult）、医疗保健（cou_medi）及其他支出（cou_othe）占总支出比例衡量农村居民消费结构。

③城乡消费结构差距（d_str）的测度，以往的研究主要以恩格尔系数对其进行测度。计算公式如下：

$$d\_str_i = \frac{M_i}{N_i}$$

其中，d_str表示城乡消费差距，M_i表示城镇居民家庭恩格尔系数，N_i表示农村家庭恩格尔系数，i表示消费种类，$i=1,2,\cdots,8$，则d_str_i为城乡食品（d_food）、衣着（d_clot）、居住（d_hous）、家庭设备用品（d_equi）、交通通信（d_trac）、文教娱乐（d_cult）、医疗保健（d_medi）及其他支出（d_othe）结构差距。

④城镇基础设施投资存量（ur_inf）：在进行城镇基础设施支出对城镇居民消费支出的影响时使用城镇基础设施支出作为自变量，由全国总的财政固定资产投资减去农村财政固定资产投资计算得出。由于机理研究部分的结论表明投资性支出的产出系数决定了投资性支出与居民消费差距的关系，为此，城镇基础设施投资在此使用存量计算，存量的计算方法沿用永续盘存法。

⑤农村基础设施投资存量（cou_inf）：在进行农村基础设施支出对农

村居民消费支出的影响实证检验时使用农村基础设施投资作为自变量，使农村固定资产投资中非农户事业单位固定资产投资数据来测算，同时，利用永续盘存法计算农村基础设施投资存量。

⑥城乡基础设施投资不均（$dinf$）：在此沿用刘伦武所使用的指标，并参考刘晓光（2015）的指标体系。利用城乡基础设施投资存量比衡量城乡基础设施投资不均。

⑦检验城镇基础设施对城镇居民消费结构影响时，将城镇居民收入（ur_inc）和城镇居民财富（ur_weal）作为控制变量，其中城镇居民收入由城镇居民家庭人均纯收入衡量，城镇居民财富由城镇居民家庭年末人均储蓄余量衡量。同时，将经济开放度（$open$）、城镇化水平（$durb$）与产业结构升级（$indu$）等引入控制变量。

⑧检验农村基础设施对农村居民消费结构影响时，将农村居民收入（cou_inc）和农村居民财富（cou_weal）作为控制变量，其中农村居民收入由农村居民家庭人均纯收入衡量，农村居民财富由农村居民家庭年末人均储蓄余量衡量。同时，将经济开放度（$open$）、城镇化水平（$durb$）与产业结构升级（$indu$）等引入控制变量。

⑨检验城乡基础设施不均影响城乡居民消费结构时，将城乡收入差距（$dinc$）、城乡财富差异（$dweal$）引入控制变量，同时借鉴前人研究（徐敏，2015），将经济开放度（$open$）、城镇化水平（$durb$）与产业结构升级（$indu$）等引入控制变量。城镇化水平一般用城镇人口数占总人口的比例来衡量（徐敏、姜勇，2015），而经济开放度则用进出口总额占GDP的比重来衡量（林毅夫，2009），产业结构升级使用二元对比系数测算（白永秀等，2016）[①]。

（二）数据说明及描述性统计

由于数据的可获得性及西藏固定资产数据的缺失，本书使用1998—2015年全国除西藏及港澳台外30个省的相关数据。数据来源于《中国统计年鉴》《中国农村统计年鉴》《中国城镇建设统计年鉴》等。在此，对上述各变量进行描述性统计如表5－9所示。

---

① 白永秀、吴丰华等：《2016年城乡一体化水平评价报告》，经济科学出版社2016年版，第50页。

表 5 - 9　　　　　　　　　　变量说明及数据统计性描述

变量	测算方式	均值	标准差	最小值	最大值
lnur_inf	城镇基础设施存量取对数	8.427	1.296	5.056	13.029
lncou_inf	农村基础设施存量取对数	5.278	1.354	0.764	8.592
ur_food	城镇居民食品支出比	0.367	0.044	0.221	0.514
cou_food	农村居民食品支出比	0.429	0.078	0.275	0.675
ur_clot	城镇居民衣着支出比	0.105	0.025	0.045	0.158
cou_clot	农村居民衣着支出比	0.062	0.016	0.028	0.108
ur_hous	城镇居民居住支出比	0.113	0.041	0.063	0.330
cou_hous	农村居民居住支出比	0.173	0.037	0.074	0.330
ur_equi	城镇居民家庭设备用品支出比	0.066	0.014	0.035	0.129
cou_equi	农村居民家庭设备用品支出比	0.049	0.011	0.027	0.101
ur_trac	城镇居民交通通信支出比	0.122	0.024	0.049	0.177
cou_trac	农村居民交通通信支出比	0.095	0.029	0.020	0.184
ur_cult	城镇居民文教娱乐支出比	0.074	0.019	0.039	0.152
cou_cult	农村居民文教娱乐支出比	0.076	0.023	0.025	0.150
ur_medi	城镇居民医疗保健支出比	0.115	0.031	0.031	0.207
cou_medi	农村居民医疗保健支出比（%）	0.093	0.028	0.022	0.179
ur_othe	城镇居民其他支出占比（%）	0.038	0.011	0.017	0.085
cou_othe	农村居民其他支出占比（%）	0.023	0.007	0.012	0.046
lnur_inc	城镇居民家庭人均纯收入取对数	9.419	0.458	8.064	10.655
lncou_inc	农村居民家庭人均纯收入取对数	8.568	0.529	7.213	9.889
lnur_weal	城镇居民家庭人均年末储蓄余额取对数	10.051	0.626	8.079	12.325
lncou_weal	农村居民家庭人均年末储蓄余额取对数	8.485	1.049	5.296	10.762
lndinf	城乡基础设施不均	1.746	1.017	0.867	12.159
dinc	城乡收入差距	0.091	0.052	0.0002	0.241
dweal	城乡财富差异	0.305	0.255	0.209	1.583
durb	城镇常住人口占总人口比重（%）	0.467	0.156	0.143	0.896
open	进出口总额占 GDP 的比重	0.319	0.401	0.029	1.833
indu	二元对比系数	0.193	0.067	0.031	0.425

（三）模型构建

基础设施投资与城乡消费结构的相关关系是本部分研究的重要内容，由于基础设施存在空间影响，故在此，依然构建空间计量模型检验基础设施投入对居民消费结构的影响效应。依然设定三种常用的空间计量模型：空间滞后模型（SAR）、空间误差模型（SEM）及空间杜宾模型（SDM），具体模型构建如式（5-16）—式（5-24）所示。

1. 空间滞后面板模型构建

A. 城镇基础设施影响城镇居民消费结构的空间滞后面板模型

$$ur\_str_{it} = \rho_1 \sum_{j=1}^{n} w_{ij} ur\_str_{it} + \beta_1 inf_{it} + \sigma_1 r\_x_{it} + \delta_{1i} + \mu_{1t} + \varepsilon_{1it} \quad (5-16)$$

式中，ur_str_{it}为城镇居民消费结构，具体包括 ur_food、ur_clot、ur_hous、ur_equi、ur_trac、ur_cult、ur_medi、ur_othe，ρ_1为空间滞后自回归项的系数，w_{ij}为$n \times n$列矩阵，ur_x_{it}表示一系列控制变量。δ_{1i}和μ_{1t}分别表示空间与时间效应，ε_{1it}服从独立同分布。

B. 农村基础设施影响农村居民消费结构的空间滞后面板模型

$$cou\_str_{it} = \rho_2 \sum_{j=1}^{n} w_{ij} cou\_str_{it} + \beta_2 inf_{it} + \sigma_2 r\_x_{it} + \delta_{2i} + \mu_{2t} + \varepsilon_{2it} \quad (5-17)$$

式中，cou_str_{it}为农村居民消费结构，具体包括 cou_food、cou_clot、cou_hous、cou_equi、cou_trac、cou_cult、cou_medi、cou_othe，ρ_2为空间滞后自回归项的系数，w_{ij}为$n \times n$列矩阵，cou_x_{it}表示一系列控制变量。δ_{2i}和μ_{2t}分别表示空间与时间效应，ε_{2it}服从独立同分布。

C. 城乡基础设施不均影响城乡居民消费结构差距的空间滞后面板模型

$$d\_str_{it} = \rho_3 \sum_{j=1}^{n} w_{ij} d\_str_{it} + \beta_3 dinf_{it} \sigma_3 x_{it} + \delta_{3i} + \mu_{3t} + \varepsilon_{3it} \quad (5-18)$$

式中，d_str_{it}为城乡居民消费结构差距，$dinf_{it}$为城乡基础设施不均，ρ_3为空间滞后自回归项的系数，w_{ij}为$n \times n$列矩阵，x_{it}表示一系列控制变量。δ_{3i}和μ_{3t}分别表示空间与时间效应，ε_{3it}服从独立同分布。

2. 空间误差面板模型构建

A. 城镇基础设施影响城镇居民消费结构的空间误差面板模型

$$ur\_str_{it} = \beta_1 ur\_inf_{it} + \sigma_1 x_{it} + \delta_i + \mu_{1t} + \lambda_{1it}$$

$$\lambda_{1it} = \upsilon_1 \sum_{j=1}^{n} w_{ij}\lambda_{1it} + \varepsilon_{1it} \qquad (5-19)$$

式中，ur_str_{it} 为城镇居民消费结构，具体包括 ur_food、ur_clot、ur_hous、ur_equi、ur_trac、ur_cult、ur_medi、ur_othe，λ_{1it} 为模型的自相关误差项，其与自身存在自相关关系，构造模型显示它受到白噪声 ε_{1it} 的影响。

B. 农村基础设施影响农村居民消费结构的空间误差面板模型

$$cou\_str_{it} = \beta_2 cou\_inf_{it} + \sigma_2 x_{it} + \delta_i + \mu_{2t} + \lambda_{2it}$$

$$\lambda_{2it} = \upsilon_2 \sum_{j=1}^{n} w_{ij}\lambda_{2it} + \varepsilon_{2it} \qquad (5-20)$$

在上式中，cou_str_{it} 为农村居民消费结构，具体包括 cou_food、cou_clot、cou_hous、cou_equi、cou_trac、cou_cult、cou_medi、cou_othe，λ_{2it} 为模型的自相关误差项，其与自身存在自相关关系，构造模型显示它受到白噪声 ε_{2it} 的影响。

C. 城乡基础设施不均影响城乡居民消费结构差距的空间误差面板模型

$$d\_str_{it} = \beta_3 dinf_{it} + \sigma_3 x_{it} \delta_i + \mu_{3t} + \lambda_{3it}$$

$$\lambda_{3it} = \upsilon_3 \sum_{j=1}^{n} w_{ij}\lambda_{3it} + \varepsilon_{3it} \qquad (5-21)$$

式中，λ_{3it} 为模型的自相关误差项，其与自身存在自相关关系，构造模型显示它受到白噪声 ε_{3it} 的影响。

3. 空间杜宾面板模型构建

该模型是空间误差与空间滞后面板模型的一般形式，当消费的模型中空间滞后项与空间误差项都影响消费本身时选择空间杜宾面板模型。

A. 城镇基础设施影响城镇居民消费结构的空间杜宾面板模型

$$ur\_str_{it} = \rho_1 \sum_{j=1}^{n} w_{ij}ur\_str_{jt} + \beta_1 ur\_inf_{it} + \sigma_1 x_{it} +$$

$$\sum_{j=1}^{n} w_{ij}\vartheta_1(x_{it} + ur\_inf_{it}) + \delta_{1i} + \mu_{1t} + \varepsilon_{1it} \qquad (5-22)$$

在上式中，ur_str_{it} 为城镇居民消费结构，具体包括 ur_food、ur_clot、ur_hous、ur_equi、ur_trac、ur_cult、ur_medi、ur_othe，β_1 与 ϑ_1 为待估计函数，可通过构造 Wald 统计量和 LR 统计量检验空间杜宾模型。

B. 农村基础设施影响农村居民消费结构的空间杜宾面板模型

$$cou\_str_{it} = \rho_2 \sum_{j=1}^{n} w_{ij} cou\_str_{jt} + \beta_2 cou\_inf_{it} + \sigma_2 x_{it} +$$

$$\sum_{j=1}^{n} w_{ij} \vartheta_2 (x_{it} + cou\_inf_{it}) + \delta_{2i} + \mu_{2t} + \varepsilon_{2it} \quad (5-23)$$

式中，cou_str_{it} 为农村居民消费结构，具体包括 cou_food、cou_clot、cou_hous、cou_equi、cou_trac、cou_cult、cou_medi、cou_othe，β_2 与 ϑ_2 为待估计函数，可通过构造 Wald 统计量和 LR 统计量检验空间杜宾模型。

C. 城乡基础设施不均影响城乡居民消费结构差距的空间杜宾面板模型

$$d\_str_{it} = \rho_3 \sum_{j=1}^{n} w_{ij} d\_str_{jt} + \beta_3 \ln d\_inf_{it} + \sigma_3 \ln x_{it} +$$

$$\sum_{j=1}^{n} w_{ij} \vartheta_3 (\ln x_{it} + \ln d\_inf_{it}) + \delta_{3i} + \mu_{3t} + \varepsilon_{3it} \quad (5-24)$$

式（5-24）中，d_str_{it} 为城乡消费结构差异，β_3 与 ϑ_3 为待估计函数，可通过构造 Wald 统计量和 LR 统计量检验空间杜宾模型。

以上式中的 w_{ij} 为权重矩阵 W 中的元素，表示区域 i 和区域 j 在空间上相连接的原因，W 的对角线上元素 w_{ij} 被设为 0，d_{ij} 为空间区域 i 和区域 j 的地理距离，其将地理权重矩阵每行标准化为 1 后的形式为：

$$W_{ij}^{*d} = W_{ij}^{d} \bigg/ \sum_{j=1}^{n} W_{ij}^{d} \quad 其中, W_{ij}^{d} = e^{-\tau d_{ij}}, d_{ij} = \frac{2}{3}\sqrt{\frac{prov_i}{\pi}}$$

式中，$prov_i$ 为第 i 个省份的面积，d_{ij} 为省份内部的距离，τ 为系数，可用省份最短距离的倒数表示，以消除度量单位的影响和权重计算误差（余永泽等，2013）[1]。

二 城镇基础设施影响城镇居民消费结构的实证分析

为检验城镇基础设施投资对城镇居民消费结构的影响效应，本书使用城镇 1998—2015 年的存量数据进行实证检验，首先，对各样本数据进行 HT 检验，检验结果显示各变量在 5% 的显著性水平下拒绝单位根假设，为平稳数据；其次，利用 Hausman 检验判定各样本数据在检验过程中选择固定效应还是随机效应模型更加稳健；最后，对各样本数据进行 LM 检

---

[1]

验，判断模型是否存在空间滞后和空间误差效应，如果存在空间误差效应，选用 SEM 模型；存在空间滞后效应，选用 SAR 模型；如果两种效应均存在，则选用 SDM 模型，检验结果显示全样本下应使用固定效应的空间杜宾模型 SDM。

使用空间杜宾模型检验城镇基础设施投资对城镇居民消费结构的影响效应，结果如表 5-10 所示。①对于食品、衣着类消费而言，这二者都属于必需品，支出弹性均小于 1，其消费支出基本不会受到外界因素的干扰，基础设施投资的增加并没有给食品和衣着消费带来显著影响，其主要受到城镇居民家庭人均纯收入的影响，估计结果显示，城镇居民家庭人均纯收入每提高 1%，食物支出和衣着支出占总支出的比重会下降 0.11% 和 0.23%，即城镇居民家庭人均纯收入的增加可以优化城镇居民消费结构。

表 5-10　　城镇基础设施影响城镇居民消费结构的估计结果

变量	ur_food	ur_clot	ur_hous	ur_equi	ur_trac	ur_cult	ur_medi	ur_othe
$lnur\_inf$	-0.0009	-0.0123	0.0008*	0.0007**	-0.0009*	0.0159*	0.0002*	-0.0002
	(-0.92)	(-0.88)	(1.77)	(2.05)	(1.86)	(1.88)	(1.94)	(-0.12)
$lnur\_inc$	-0.0011*	0.0023***	-0.0752**	0.0063	0.0913***	-0.0031	0.0791***	0.0020
	(-1.84)	(-4.33)	(-1.97)	(0.52)	(5.46)	(-0.83)	(3.42)	(0.43)
$lnur\_weal$	0.0012	-0.0018	-0.0042	-0.0020*	0.0035	0.0007	0.0038*	-0.0024**
	(0.35)	(-0.74)	(-1.25)	(-1.75)	(1.41)	(0.51)	(1.89)	(-2.41)
$durb$	-0.0324*	-0.0031	0.0251	-0.0057	-0.0038	0.0019	0.0387**	-0.0061*
	(-1.71)	(-0.27)	(1.60)	(-0.99)	(-0.42)	(0.34)	(2.36)	(-1.69)
$open$	0.0022	-0.0043	0.0317	-0.0012	-0.0095	-0.0095	-0.0164**	-0.0002
	(0.17)	(-0.64)	(1.41)	(-0.18)	(-0.98)	(-1.55)	(-2.10)	(-0.09)
$indu$	0.0588**	0.0148	-0.0407	-0.0015	-0.0064	0.0303**	0.00003	0.0069
	(2.21)	(0.57)	(-0.86)	(-0.09)	(-0.25)	(2.07)	(0.00)	(0.84)
$W \times lnur\_inf$	0.0027*	0.0026***	-0.0024	-0.0013*	-0.0022*	0.0002	0.0009	0.0004
	(1.84)	(3.04)	(-1.28)	(-1.98)	(-1.78)	(0.36)	(0.68)	(1.37)
$W \times lnur\_inc$	0.1312***	-0.0054	0.0856**	0.0019	-0.1192***	0.0253**	-0.0667***	0.0032
	(4.17)	(-0.33)	(2.19)	(0.16)	(-6.52)	(2.41)	(-2.69)	(0.69)
$W \times lnur\_weal$	-0.0127	-0.0040	0.0051	-0.0017	0.0072	-0.0008	-0.0025	-0.0033*
	(-1.28)	(-0.70)	(0.51)	(-0.46)	(1.05)	(-0.22)	(-0.20)	(-1.94)
$W \times durb$	-0.0421	-0.0247	-0.0228	-0.0264	0.0458	-0.0769***	-0.0206	-0.0049
	(-1.11)	(-0.84)	(-0.46)	(-1.35)	(1.15)	(-4.85)	(-0.62)	(-0.48)

续表

变量	ur_food	ur_clot	ur_hous	ur_equi	ur_trac	ur_cult	ur_medi	ur_othe
$W \times open$	0.0533***	0.0368***	-0.1275***	-0.0239*	0.0246**	0.0041	0.0341*	0.0093**
	(3.00)	(4.24)	(-3.46)	(-1.92)	(2.01)	(0.66)	(1.85)	(2.16)
$W \times indu$	0.0401	-0.0317	-0.2573	0.0671*	0.1097	0.0230	0.0420	0.0042
	(0.57)	(-0.82)	(-0.98)	(1.88)	(1.42)	(0.91)	(0.41)	(0.23)
rho	0.745***	0.706***	0.823***	0.369***	0.447***	0.766***	0.258***	0.687***
	(19.58)	(13.22)	(23.27)	(5.94)	(6.28)	(23.49)	(4.59)	(16.10)
$Logl$	1024.134	1277.402	934.775	1477.703	1154.361	1371.574	1089.757	1525.774
R^2	0.624	0.824	0.745	0.713	0.617	0.655	0.695	0.704
N	540	540	540	540	540	540	540	540

注：***、**和*分别代表1％、5％和10％的水平下显著性水平，括号内为t统计量。

②城镇基础设施投资对城镇居民居住消费的影响系数为0.0008，且在10％的水平下显著，这表明城镇基础设施投资水平每提高1％，居住消费需求就会增加0.08％，显然城镇基础设施投资可以促进城镇居民居住类消费提升，究其原因，基础设施投资增加，例如电力设施、燃气管道和水利设施的完善，通过增加电、气、水的生产和供应，可以改善城市居民的居住环境，提高生活质量，增加购房需求、提高房产价格，最终增加城市居民的居住消费所占比例。③城镇基础设施投资对城镇居民家庭设备消费的影响系数是0.0007，并且在5％的水平下显著，这表明城镇基础设施投资每提高1％，城镇居民家庭设备消费需求就会增加0.07％，显然城镇基础设施投资可以促进城镇居民家庭设备消费支出。究其原因，家庭设备消费属于依赖性消费，其使用必须依赖外部条件，而电力设施就是一些家庭设备所依赖的外部条件。电力基础设施投资的增加则鼓励了城镇居民在家用电器和设备上的消费，电视机、电脑等家庭设备属于发展型消费，旨在满足人们的精神和文化需求。所以增加政府对城镇居民文化娱乐基础设施投资，会使城镇居民增加购置电脑、电视等家用电器的消费支出，从而促使城镇居民的家庭设备消费支出比例增加。④城镇基础设施投资对城镇居民交通通信消费的影响系数为-0.0009，且在10％的水平下显著，这表明城镇基础设施投资水平每提高1％，城镇居民

交通通信消费需求就会下降0.09%，显然城镇基础设施投资会抑制城镇居民交通通信类的消费，究其原因可能在于，城镇公共交通基础设施的改善，增加了居民的出行便利度，降低了城镇居民出行成本和交通费用，同时，公共交通基础设施完善、便利，会促使城市居民选择公共交通出行，减少其对私家车的购买和使用，从而在一定程度上降低城镇居民的交通消费支出。⑤城镇基础设施投资对城镇居民文教娱乐消费的影响系数为0.0159，且在10%的水平下显著，这表明城镇基础设施投资水平每提高1%，城镇居民文教娱乐消费需求就会增加1.59%，显然城镇基础设施投资会促进城镇居民文教娱乐类的消费增加。究其原因，文教娱乐支出也属于依赖性消费，教育和文化等辅助基础设施建设水平制约着居民文教娱乐消费的积极性，文化、娱乐和体育设施不断完善可满足城市居民日益增长的精神文化需求，提高他们文化消费需求，促进文化、教育和娱乐支出的增加，改善城镇居民的消费结构，提高消费层次。⑥城镇基础设施投资对城镇居民医疗保健消费的影响系数为0.0002且在10%的水平下显著，这表明城镇基础设施投资水平每提高1%，城镇居民医疗保健消费需求就会增加0.02%，显然城镇基础设施投资增加会促进城镇居民医疗保健类的消费。究其原因，城镇卫生基础设施投入增加，会不断改善医疗、卫生条件，增加医疗、保健等便利度，同时提高医疗、卫生服务质量，进而增加居民医疗、保健需求，最终使医疗保健消费支出比例增加。

综上可知，城镇基础设施投入增加，将会不断促进住房、家庭设备、医疗卫生等消费比例不断增加，进而促进城镇居民消费需求层次上升。

三 农村基础设施影响农村居民消费结构的实证分析

为检验农村基础设施投资对农村居民消费结构的影响效应，使用我国农村地区1998—2015年的样本数据进行实证检验，首先对各样本数据进行HT检验，检验结果显示各变量在1%的显著性水平下拒绝单位根假设，为平稳数据序列；其次对各样本数据进行Hausman检验，结果显示其均通过了检验，即选择固定效应模型更加稳健；最后对各样本数据再进行LM检验，检验结果显示估计农村基础设施对农村居民消费结构的影响时应采用固定效应的空间杜宾模型更加稳健（见表5－11）。

使用空间杜宾模型检验农村基础设施投资对农村居民消费结构的影响效应,结果显示:①与城镇相类似,农村基础设施投资对农村居民食品和衣着影响为负但不显著,对居住消费影响为正没有通过显著性检验,其原因是食品与衣着属于必需品,其支出弹性较小且主要受到农村居民家庭人均纯收入的影响,农村居民家庭人均纯收入每提高1%,食物和衣着的消费需求就会下降1.5%和3.3%;对农村居民来说对其购房需求影响最大的是收入水平而不是基础设施建设,农村居民家庭人均纯收入每提高1%,居住消费支出比重会增加1.03%。②农村基础设施投资对农村居民家庭设备消费的影响系数为0.0003,且在5%的水平下显著,这表明农村基础设施投资水平每提高1%,农村居民家庭设备消费需求就会增加0.03%,显然农村基础设施投资可以促进农村居民家庭设备类的消费支出增加。究其原因在于,农村地区电力、网络设施与城市相比具有较大差距,但随着电力、网络等基础设施不断完善,居民对家用电器、电脑等家用设备的消费需求随之增加,从而提高了其对家用设备消费的支出比例。此外,基础设施完善也促进农业现代化、机械化发展,促使现代农业发展的相关设备需求量增加,进一步提高了家用设备的消费支出比例。③农村基础设施投资对农村居民交通通信消费的影响系数为0.0048,且在5%的水平下显著,这表明农村基础设施投资水平每提高1%,农村居民交通通信消费需求就会增加0.48%。究其原因在于,以往农村居民的生产生活方式对信息需求程度较低,且交通通信基础设施水平较低限制了信息在农村与城市之间交流,但在基础设施投入提升之后,农村交通、通信等基础设施不断完善,使其与城市间联系更加便利,从而促使农村居民交通通信消费支出不断增加。④农村基础设施投资对农村居民

表5-11 农村基础设施影响农村居民消费结构的估计结果

变量	cou_food	cou_clot	cou_hous	cou_equi	cou_trac	cou_cult	cou_medi	cou_othe
lncou_inf	-0.0007 (-0.50)	-0.0003 (-0.01)	0.0001 (0.72)	0.0003** (2.03)	0.0048** (2.31)	0.0015 (0.73)	0.0057** (2.35)	0.0002 (0.21)
lncou_inc	-0.0150*** (-3.27)	-0.0333** (-2.57)	0.0103*** (3.18)	0.0278** (2.14)	0.0038 (1.14)	0.0361*** (2.78)	0.0014*** (3.04)	-0.0019 (-0.27)

续表

变量	cou_food	cou_clot	cou_hous	cou_equi	cou_trac	cou_cult	cou_medi	cou_othe
lncou_weal	-0.0153***	-0.0016	0.0005	-0.0005	0.0024	0.0026**	0.0026	0.000
	(-3.53)	(-1.22)	(0.01)	(-0.47)	(1.02)	(2.43)	(1.48)	(0.58)
durb	-0.0289*	-0.0039	0.0196	-0.0181***	-0.0262***	0.0033	-0.0006	0.0110***
	(-1.66)	(-0.64)	(0.63)	(-3.45)	(-2.60)	(0.45)	(-0.07)	(3.98)
open	-0.0348	0.0072*	0.0498***	0.0014	-0.0018	-0.0107*	-0.0038	-0.0002
	(-1.38)	(1.77)	(2.83)	(0.25)	(-0.25)	(-1.81)	(-0.44)	(-0.13)
indu	-0.1025*	0.0112*	0.0256	0.0379***	0.0366	0.0119	0.0142	0.0023
	(-1.83)	(1.79)	(0.43)	(2.98)	(1.05)	(0.50)	(0.77)	(0.15)
$W \times lncou\_inf$	0.0010	-0.0017	-0.0013	-0.0002	-0.0087***	-0.0007	0.0080**	-0.0023*
	(0.49)	(-0.70)	(-0.72)	(-0.64)	(-3.28)	(-0.16)	(2.03)	(-1.92)
$W \times lncou\_inc$	0.2052***	-0.0103	-0.0049	-0.0198	0.0016	-0.0195	-0.0524**	0.0078
	(4.15)	(-1.03)	(-0.09)	(-1.63)	(0.31)	(-1.17)	(-2.23)	(0.97)
$W \times lncou\_weal$	-0.0386***	0.0027	0.0179	0.0028	0.0042	-0.0014	0.0068	-0.0045*
	(-4.01)	(0.76)	(1.43)	(1.41)	(0.52)	(-0.34)	(0.99)	(-1.74)
$W \times durb$	-0.1509***	-0.0083	-0.0571	0.0169	0.0860**	-0.0783***	-0.0008	0.0037
	(-2.58)	(-0.67)	(-1.61)	(1.27)	(2.10)	(-3.84)	(-0.03)	(0.28)
$W \times open$	0.0959***	0.0020	-0.0526	0.0031	-0.0212**	0.0024	0.0255**	-0.0122**
	(4.85)	(0.54)	(-1.25)	(0.46)	(-2.00)	(0.39)	(2.17)	(-2.29)
$W \times indu$	0.1154	0.0448***	-0.2337	-0.0607*	-0.1089**	0.1328**	-0.1044**	-0.0112
	(0.71)	(2.77)	(-1.13)	(-1.82)	(-2.17)	(2.18)	(-2.51)	(-0.67)
rho	0.387***	0.371***	0.407	0.658***	0.797***	0.615***	0.620***	0.656***
	(7.26)	(6.75)	(0.97)	(5.11)	(21.60)	(8.40)	(11.77)	(11.68)
Logl	888.646	1210.810	832.468	1430.6048	1501.190	1194.391	1603.749	1601.282
R^2	0.768	0.872	0.817	0.671	0.857	0.795	0.786	0.756
N	540	540	540	540	540	540	540	540

注：***、**和*分别代表1%、5%和10%的水平下显著性水平，括号内为t统计量。

文教娱乐消费的影响系数为0.0015，但并未通过显著性检验。其原因在于，尽管现在国家更加重视教育，特别是初级教育，增加了对教育基础设施的投资，改善了学校的配套基础设施和教育服务质量，但我国农村居民对教育、文化消费的观念依然较为保守，因此农村基础设施投资的增加并不能影响农村居民文教娱乐消费。⑤农村基础设施投资对农村居民医疗保健消费的影响系数为0.0057，且在5%的水平下显著，这表明农村基础设施投资水平每提高1%，农村居民医疗保健消费需求就会增加0.57%，显然农村基础设施投资的提高可以促进农村居民医疗保健消费支出，这主要是由于基础设施投入提升后，缩短了城市与农村间的通勤成本，降低了农村前往城市的就医成本，使得农村居民前往城市享受医疗服务更加便利，医疗、保健需求也相应提升。此外，基础设施改善也促使城镇化发展，使农村居民生活观念逐步转变，对身体健康、生活质量的重视程度提升，进一步刺激了其对医疗、保健消费支出比例增加。综上可知，农村基础设施投入增加，显著促进了农村居民在教育、交通通信及医疗保健方面的需求增加，但并未增加农村居民在食品、衣着等方面的消费需求，可见，增加农村基础设施投入有利于提升农村居民消费层次。

四 城乡基础设施不均影响居民消费结构差距的实证分析

为检验城乡基础设施不均对城乡居民消费结构差距的影响效应，本书依然使用我国农村和城镇1994—2015年的样本数据进行实证分析，在检验之前，先对各样本数据进行HT检验，结果显示各变量在10%的显著性水平下拒绝单位根假设，即为平稳数据序列；而后对样本数据进行Hausman检验，判断其使用固定效应还是随机效应模型更加稳健；为优选更稳健的空间面板计量模型，再对各样本数据进行LM检验，最终检验结果显示，估计城乡基础设施不均影响城乡居民消费结构差距的影响效应时应采用固定效应的空间杜宾模型。具体估计结果如表5-12所示。

表5-12　城乡基础设施不均影响居民消费结构差距的估计结果

变量	d_food	d_clot	d_hous	d_equi	d_trac	d_cult	d_medi	d_othe
ln*dinf*	0.0208 (0.81)	0.0354 (0.46)	-0.0219* (-1.91)	0.0168 (0.94)	0.0121*** (2.86)	0.0526* (1.86)	0.0237* (1.74)	-0.1459 (-1.16)
dinc	0.0102* (1.76)	-0.0768* (-1.85)	1.1277* (1.81)	-0.6173 (-0.71)	0.7398275 (-0.59)	0.1273** (2.01)	0.5033** (2.34)	-2.2379** (-2.11)

续表

变量	d_food	d_clot	d_hous	d_equi	d_trac	d_cult	d_medi	d_othe
dweal	0.0711	0.0178	-0.1406	-0.2571	-0.1713	0.3790***	-0.0696	0.6853**
	(1.20)	(0.09)	(-1.29)	(-1.00)	(-0.11)	(2.60)	(-0.79)	(2.08)
durb	0.1045	0.0220	-0.1379	-0.7703	0.4389	0.7494	0.9969	0.6642
	(0.89)	(0.06)	(-0.93)	(-1.46)	(0.72)	(1.43)	(1.34)	(1.01)
open	-0.1556***	-0.0094	0.0987	0.2075	0.1896**	-0.0158	0.0876	0.1203
	(-5.37)	(-0.09)	(1.48)	(1.04)	(2.17)	(-0.10)	(0.57)	(0.75)
indu	0.2125	-0.8918*	0.1893	-0.8315**	-0.9045*	0.6055*	-0.3923	-0.0488
	(1.00)	(-1.87)	(0.54)	(-2.24)	(-1.71)	(1.83)	(-0.94)	(-0.05)
$W \times lndinf$	-0.0194	0.3240***	-0.1014	-0.0415	0.1341	0.1964**	0.1354	-0.0403
	(-0.55)	(3.56)	(-1.28)	(-0.44)	(0.81)	(1.76)	(1.09)	(-0.22)
$W \times lndinc$	0.3869	-0.8183	1.0049	-2.3034*	-3.5695***	0.5633	3.3051**	-0.2497
	(0.92)	(-0.84)	(1.15)	(-1.72)	(-2.98)	(0.68)	(-2.39)	(-0.15)
$W \times lndweal$	0.0645	-0.7958*	0.5114*	-0.9817	-0.8568	1.1006***	0.0943	-0.3138
	(0.36)	(-1.71)	(1.65)	(-1.54)	(-1.35)	(3.21)	(0.14)	(-0.31)
$W \times durb$	0.4629	-2.4029**	1.1859*	-2.6939*	-2.1221	1.0093*	0.1082	-1.0977
	(1.26)	(-2.38)	(1.84)	(-1.93)	(-1.50)	(1.65)	(0.07)	(-0.53)
$W \times open$	0.0348	0.4338***	-0.3968***	-0.6664***	0.6851**	-0.0663	0.2308	1.2880***
	(0.60)	(3.15)	(-4.97)	(-2.76)	(2.40)	(-0.42)	(0.97)	(5.29)
$W \times indu$	-0.0906	-0.7060	-0.3780	1.4287	2.3687***	-0.8446*	-0.7156	2.5126**
	(-0.28)	(-0.79)	(-0.54)	(1.06)	(2.60)	(-1.66)	(-1.13)	(2.15)
rho	0.516***	0.479***	0.733***	0.485***	0.639***	0.377***	0.607***	0.570***
	(5.72)	(6.51)	(14.83)	(12.50)	(13.24)	(4.52)	(10.19)	(15.03)
Logl	52692.122	1122.440	1254.691	1170.078	1062.174	1143.460	1143.542	1053.070
R^2	0.732	0.732	0.837	0.806	0.625	0.6165	0.811	0.836
N	540	540	540	540	540	540	540	540

注：***、**和*分别代表1%、5%和10%的水平下显著性水平，括号内为t统计量。

表5-12的估计结果显示：①对于食品、衣着类消费而言，城乡基础设施投资不均并没有显著影响城乡食品和衣着消费差距，其主要受到城乡收入差距的影响，城乡收入差距对城乡食品和衣着消费差距的影响系数分别为0.0102、-0.0768，且都通过了10%的显著性检验，这表明城

乡收入不均程度每提高1%，城乡食品消费差距就会上升1.02%，衣着消费差距会下降7.68%。②对居住消费而言，城乡基础设施不均每增加1%，城乡居住消费结构差距将显著缩小2.19%，可见，降低城乡基础设施投资不均等程度，会缩小城乡居住消费支出差距。究其原因在于，在长期的二元经济结构下，城镇与农村基础设施完善程度存在较大差异，这使得城镇与农村基础设施投入乘数存在差异，农村基础设施投入会对消费产生更大的乘数效应，随着农村基础设施不断完善，提升了农村人口流入城市的便利度，大量农村居民选择在城市购买房产，从而增加自身财产性收入，进而促进了其住房消费在总消费中的比例提升。此外，在边际递减规律的作用下，基础设施投入在刺激农村居民生活质量提升方面的边际效应更强，从而使得农村居民提升生活层次，增加对房屋建设、装修等消费支出。③城乡基础设施投资不均对城乡家庭设备消费差距的影响并不显著，这可能是由于居民对于家庭耐用消费品的需求都是稳定而且是不易增长的。④城乡基础设施投资不均对城乡交通通信消费差距的影响系数为0.0121，且通过了1%的显著性检验，这表明城乡基础设施投入之间的差距每扩大1%，城乡交通通信消费差距就会扩大1.21%，即城乡基础设施不均会加剧城乡交通通信需求差距。究其原因可能在于，城镇的交通基础设施水平日趋完善，且伴随着城市基础设施发展，城镇居民的出行成本不断降低，交通通信支出比例提升幅度不大，但随着农村基础设施不断完善，农村与城市间运输成本降低，农村居民流动性增强，致使交通通信费用日渐提升，从而使得随着基础设施投入不均等程度提升，城乡居民交通通信消费差距不断扩大。⑤城乡基础设施投资不均对城乡文教娱乐消费差距的影响系数为0.0526，并通过10%的显著性检验，这表明城乡基础设施建设之间的差距每扩大1%，城乡文教娱乐消费差距就会扩大5.26%，即城乡基础设施不均会加剧城乡文教娱乐消费差距。其原因在于：当前城镇居民对生活的要求不再只局限于"生存"，越来越注重精神享受，文教娱乐基础设施的完善，比如建设并开放图书馆、博物馆、影剧院等，可通过改善居民消费的文化环境，使得城镇居民花费在文化教育和娱乐上的支出不断增加，而农村文化设施基础薄弱，文化消费环境不佳，农民接受教育、消遣娱乐的边际消费倾向低于城镇居民，因此，即使在基础设施方面投入与城镇相同的资金，其也无法产生与城市相同文化娱乐消费提升效应，致使城乡基础设施不均必将造成文教娱乐消费差距。⑥城乡基础设施投资不均对城乡医疗保健消费差距的影响系数为0.0237，并通过10%的显著性检验，这表明城乡基础设施建设之间的差距每扩大1%，城乡医疗保健消费差距就会扩大2.37%，显然，城乡基础设施不均会加剧城乡医疗保健消费差距。这主要是由于城乡居民在医疗保健消费倾向存在一定差异所造成的，由于城乡间居民收入差距较大，致使农村居民在医疗保健方面的边际消费倾向低于城镇居民，因此，提高农村基础设施水平，虽拉近了城乡间距离，但其对城市医疗保健消费的边际提升效应依然强于农村地区，最终使得城乡基础设施不均将引起城乡居民医疗保健消费差距扩大。综上可知，城乡基础设施不均等程度加大，对食品、衣着等消费差距影响不大，但却会显著扩大城乡交通通信、文教娱乐与医疗保健消费差距，由此可知，城乡基础设施不均是造成农村消费层次与城市消费层次间差距拉大的重要因素。

第三节　本章小结

本章在以往文献研究基础上，以基础设施代表投资性支出，并选取1994—2015年除西藏及港澳台外30个省城镇与农村基本建设支出存量的面板数据，从城乡居民消费支出与结构差距两方面着手，验证投资性支出与城乡居民消费差距的相关关系。第一，在检验了居民消费存在空间集聚性，且基础设施存在空间溢出效应的基础上，构建SEM、SAR、SDM等空间面板模型来检验投资性支出对城乡消费支出差距的影响。研究结果表明：(1) 城镇基础设施对城镇居民消费的影响作用因区域经济发展状况而异，在经济发展状况较好的东部地区，城镇基础设施投资挤出居民消费，而在经济发展状况较差的东部地区，城镇基础设施挤入居民消费。(2) 农村基础设施投资对东部地区农村居民消费支出不显著，但对西部地区农村居民消费支出影响作用显著，且影响作用显著大于城镇。(3) 在将我国城乡消费差距进行两阶段划分下，实证检验城乡基础设施支出不均影响城乡居民消费差距的作用，得出在1994—2003年和2004—2015年两个时间段，城乡基础设施投资不均在缩小城乡居民消费差距的作用由正转负；再将全国样本数据分为东、中、西部进行实证检验，得出东部地区城乡基础设施投资不均对缩小城乡消费差距的作用无意义，对中部地区有较小作用，对西部地区作用最明显；在时空分异下，研究了不同时间段、不同区域间城乡基础设施投资不均与居民消费差距的关系，得出现阶段我国西部地区城乡基础设施不均与城乡居民消费差距之间依然呈正向关系，而东、中部地区二者之间关系可能是反向的，缩小城乡基础设施差距反而可能扩大城乡居民消费差距。

第二，在检验城乡消费结构存在空间集聚性的基础上，通过 SDM 空间面板模型来检验基础设施投资对城乡居民消费结构的影响。研究结果表明：(1) 城镇基础设施对城镇居民各消费支出占总支出的比重的影响存在差异性，具体而言，城镇基础设施投资的增加对城镇居民食品、衣着和其他商品服务消费需求的影响不显著，与居住、家庭设备、文教娱乐和交通通信需求之间呈正相关关系，与交通通信消费需求呈负相关，这表明随着收入的提高，城镇居民更倾向于文教娱乐、医疗保健等消费项目的支出，体现了城镇基础设施投资的增加会促进城镇消费结构的升级。(2) 与城镇实证结果相类似，其一，农村基础设施投资的增加对农村居民食品、衣着、居住、文教娱乐和其他消费需求的影响并不显著，其中文教娱乐消费需求不随基础设施投资水平的提高而上涨的原因在于目前农民收入的增加主要是通过增加工作时间，牺牲闲暇时间来实现的，从而减少了对文化、教育和娱乐活动的需求。其二，农村基础设施投资会增加农村居民在家庭设备、交通通信和医疗保健的消费需求，这表明农村居民也会随着农村基础设施投资的增加而关注更高层次的消费需求，但与城镇居民收入水平的差距使得农村居民消费结构落后于城镇居民消费结构的优化。(3) 城乡基础设施不均并未显著影响城乡居民食品、衣着、家庭设备消费支出比例，但其却显著扩大了城乡居民交通通信、文教娱乐和医疗保健消费差距，综合来看，城乡基础设施不均是造成农村消费层次与城市消费层次间差距拉大的重要因素。

根据以上结论，在下一步制定缩小城乡居民消费支出差距和消费结构差距时应注意以下几点：第一，加强西部地区基础设施建设，推进城乡经济、生活一体化。根据计算缩小西部地区基础设施投资差异对缩小该地区城乡消费差距作用明显大于东、中部地区，为此，应加大西部农村地区公共基础设施投入，提升农村居民消费水平。在合理的公共财政支出规划下，扩大用于偏远、基础设施落后的农村地区的道路、网络、通信等公共基础设施的建设投入比例，改善农村人居环境，保障劳动力要素自由流动，并通过基础设施的改善加强城乡联系，革新农村居民消费观念，提升居民消费水平。第二，优化城镇基础设施投入结构，均衡布局基础设施。通过限制城镇公共财政支出中基础设施投入的比例，引导财政部门或规划发展部门将有限资金投入具有全局性、战略性的基础设施建设，保障新建基础设施能够推进城镇经济更好发挥对农村的辐射带动作用，促进城乡协调发展。第三，提高城乡居民收入水平，缩小城乡居民收入差距。实证结果表明，收入是影响城乡居民消费水平和消费结构的关键因素，消费是收入的函数，消费函数理论在城乡基础设施投资的影响下依然适用，因此增加居民收入是促进消费结构升级的重要途径之一。提高居民收入水平，特别是要扩大中等收入群体，增加农民和其他低收入者收入，完善信贷市场，刺激整个社会的消费需求，增强城乡居民消费意愿，提高居民消费能力，优化消费结构。首先，政府应该设计合理的收入分配制度，使城镇居民具有良好的未来收入增长预期，提高城镇居民收入的可持续性，减少消费的不确定性，以促进当前消费和未来消费结构升级。其次，政府要对农村地区提供更多的帮助和政策支持，为农民提供更多的就业机会，提高他们的工资收入和各类物资保障，缩小城乡居民收入差距，以有效推动消费结构升级和消费市场现代化。第四，为农村基础设施建设提供更多的政策支持，缩小城乡差距。长期以来政府对农村地区的投资不足，这就导致了农村的基础设施建设滞后于城镇的建设，严重限制了农村居民的消费。因此，国家应加强农村基础设施的建设，加大对农村基础建设的投资力度，首先要加快对农村电网和信息网络基础设施的改造，改善农村地区的供电环境和农民用电状况。其次要改善农村教育基础设施建设、提高农村教师整体素质，提升农民的平均文化水平，逐渐缩小城乡人力资本差距。最后要加大对农村地区医疗保健基础设施的投资力度，缩小城乡医疗水平差距，通过改善农村医疗卫生和保健水平来提高农民的劳动力质量和工作效率，进而提高农民收入，促进农村地区经济发展，改善农村地区消费环境。

第六章

转移性支出不均影响城乡消费差距的实证分析：以社会保障支出为例

社会保障支出是转移性支出的重要部分，H. Yigit Aydede（2007）[①]认为社会保障支出增加对提升居民消费水平具有重要作用，且对于不同收入群体具有不同影响，那么，按照 Yigit Aydede（2007）的研究结论表明社会保障支出在我国可能对城镇与农村居民消费水平影响作用也存在差异，为此，本章使用社会保障支出代表转移性支出，从而衡量转移性支出与城乡居民消费之间的关系。对这一问题的研究有助于厘清社会保障究竟投入城镇还是农村更有效，从而提高社会保障支出效率。在对上一问题的研究基础上，研究城乡社会保障支出不均如何影响城乡消费差距有助于通过优化城乡社会保障配置比例促进城乡协调，释放农村消费潜力，促进城乡生活一体化。

第一节 转移性支出影响城乡居民消费支出差距的实证分析

关于社会保障与居民消费的关系理论可以追溯到莫迪里安尼等（Modigliani et al.，1953）[②]的生命周期理论。而后国内外学者从不同角

[①] H Yigit Aydede, *Saving and Social Security Wealth: A Case of Turkey*, Available at SSRN, 2007, p. 42.

[②] Franco Modigliani and Richard Brumberg, "Utility Analysis and the Consumption Function: An Interpretation of Cross-Section Data", *Journal of Post Keynesian Economics*, 1954, pp. 388 – 436.

度论证了二者关系,现将国内外研究梳理如下。

第一,关于社会保障和居民消费相关关系的研究结论在国外存在明显的不一致性。在以往对社会保障和居民消费的相关关系研究中,有一部分学者研究结论显示社会保障能够降低居民的预防性储蓄,提高居民消费倾向,从而刺激消费,即社会保障对居民消费具有引致效应(Attanasio and Brugiavini,2003;Wouter Zant,2005;)[1][2],Todd Gormley等(2006)[3]研究了有无社会保障对居民消费选择的影响差异,得出无社会保障的居民更倾向于减少消费,且这一影响并不受流动性约束的限制。Li and Yingyao Wang(2013)[4]也利用社会调查研究结果分析得出农村社会保障支出与居民消费间呈正相关关系;还有学者认为二者之间因资产替代效应[5]与引致退休效应[6]的相互作用净效应存在不确定方向。Sanjit Dhami(2002)[7]、Yakita(2001)和Hungerford(2009)[8]都在加入其他控制变量的情况下对各国的社会保障支出影响居民消费的关系进行了检验,得出二者之间关系并不确定的结论。此外,还有一些学者通过实证研究得出拥有社会保障的居民更倾向于提前退休,并倾向于在当期增加储蓄、降低消费,从而对居民消费产生挤出效应(Cagan,1965;Leimer and Le-

---

[1] Orazio P. Attanasio and Agar Brugiavini, "Social Security and Households' saving", *The Quarterly Journal of Economics*, Vol. 118, No. 6, 2003.

[2] Wouter Zant, "Social Security Wealth and Aggregate Consumption: An Extended Life-cycle Model Estimate for the Netherlands", *De Economist*, Vol. 136, No. 8, 1988.

[3] Todd Gormley and HongLiu ed., "Limited Participation and Consumption-Saving Puzzles: A Simple Explanation and the Role of Insurance", *working paper*, Vol. 96, No. 2, 2006.

[4] Dan Li and Yingyao Wang, "Study on Rural Social Security on Local Residents Developmental Consumption", *Video Surveillance for Sensor Platforms*, Vol. 225, No. 8, 2013.

[5] 资产替代效应是指由于人们可以从公共养老金计划中获得养老金收益,就可能减少为退休期消费而在工作时期积累财产的需要。

[6] 引致退休效应是指可以享受社会保障的人较无保障的人具有提前退休激励,从而刺激增加退休前储蓄。

[7] Sanjit Dhami, "Optimal Consumption Taxes and Social Security under Tax Measurement Problems and Uncertainty", *International Tax and Public Finance*, Vol. 23, No. 9, 2002.

[8] Thomas L. Hungerford, "The Social Security Surplus and Saving", *Public Finance Review*, No. 37, 2009.

snoy，1982）①②。虽然国外很多学者进行了二者之间关系的研究，但缺乏对形成这一关系的内在理论机理的分析与阐述，导致所得结论存在争议。

第二，国内对社会保障与居民消费二者关系的研究结论也存在较大差异，有学者认为二者之间存在正向关系（陈赤平和丰倩，2014；郭东杰和余冰心，2016）③④，也有学者认为二者间存在负向关系（刘新、刘伟等，2010），还有学者认为二者之间的关系并不确定（吴庆田和陈孝光，2009）⑤。也有学者通过分时段、分区域对我国进行实证分析表明，社会保障对居民消费的影响在不同时间段和不同区域间相关关系存在差异性（张治觉、吴定玉，2010；杨志明，2011；顾静、吴忠，2013）⑥⑦⑧。但以往国内研究依然存在较多局限性，主要局限于以下两点：一是研究多集中于对农村或城镇单一的分析上，缺乏城镇与农村的比较分析，无法给城乡协调发展从社会保障的角度提出客观的对策建议（姜百臣和马少华，2012；杨芷晴和袁玉洁，2015；方匡南和章紫艺，2013）⑨⑩⑪。二是虽在实证研究过程中考虑了区划因素，但仅局限于传统

---

① Philip Cagan, "The Effect of Pension Plans on Aggregate Saving: Evidence firom a Sample Survey", *NBER Books*, Vol. 21, No. 3, 1965.

② Dean R. Leimer and Selig D. Lesnoy , " Social Security and Private Saving: New Time-Series Evidence ", *Journal of Political Economy* , No. 3, 1982, pp. 606 – 629.

③ 陈赤平、丰倩：《动态视角下我国农村社会保障制度变革对农村居民消费的影响》，《消费经济》2014 年第 6 期。

④ 郭东杰、余冰心：《计划生育、人口变迁与居民消费需求不足的实证研究》，《经济学家》2016 年第 8 期。

⑤ 吴庆田、陈孝光：《农村社会保障消费效应的协整分析与误差修正模型》，《统计与决策》2009 年第 18 期。

⑥ 张治觉、吴定玉：《我国财政社会保障对居民消费产生引致还是挤出效应》，《消费经济》2010 年第 3 期。

⑦ 杨志明：《农村社会保障与农村居民消费的关系——基于中国数据的经验分析》，《经济与管理》2011 年第 6 期。

⑧ 顾静、吴忠：《社会保障、居民消费与地区差异性——基于 2006—2010 年各省面板数据的实证研究》，《社会保障研究》2013 年第 1 期。

⑨ 姜百臣、马少华：《社会保障对农村居民消费行为的影响机制分析》，《中国农村经济》2010 年第 11 期。

⑩ 杨芷晴、袁玉洁：《农村社会保障支出对农村居民消费的影响研究》，《社会保障研究》2015 年第 6 期。

⑪ 方匡南、章紫艺：《社会保障对城乡家庭消费的影响研究》，《统计研究》2013 年第 3 期。

的区划方式，没有考虑到不同经济发展水平区域社会保障对居民消费的影响作用存在差异。如纪江明、赵毅（2013）[①] 以 1991—2008 年的数据建立 PanelData 模型研究得出我国东部地区社会保障对居民消费的正向作用最大，而西部地区最小。

基于以上研究缺陷及本书第三部分民生性支出对城乡居民消费差距的影响机理，本章拟在前人基础上，以经济协调水平差异作为区划标准，分区域实证研究农村或城镇社会保障支出与各自居民消费支出之间的客观关系，以及城乡社会保障配置扭曲对城乡居民差距的影响。为进一步验证以上理论推导结论是否符合现实情况，本书在此利用全国各省域 1991—2015 年的数据进行实证分析。为保障实证研究结果的针对性，并剔除城乡经济发展差距和社会保障制度不适应所带来的影响因素，本书在城乡经济协调水平分阵营基础上研究城乡社会保障对居民消费的影响作用，为使研究更加客观和深入，首先分析城镇社会保障支出对城镇居民消费支出的影响；其次分析农村社会保障支出对农村居民消费支出的影响；最后分析城乡社会保障支出不均对城乡居民消费差距的实际影响。

一 变量、数据及模型构建

（一）变量设计

该部分使用的主要变量根据文章研究层次有所变化，主要包含以下几种。

①居民消费支出变量：城镇家庭人均消费支出（ur_con）、农村家庭人均消费支出（cou_con）、城乡居民消费支出差距（$dcon$）。其中，城乡居民消费差异使用 Teil（1967）年提出的泰尔指数进行测算，测算公式如下：

$$dcon_{j,t} = \sum_{i=1}^{2} \frac{C_{ij,t}}{C_{j,t}} ln\left(\frac{C_{ij,t} N_{j,t}}{C_{j,t} N_{ij,t}}\right)$$

其中，j 表示地区，i 表示分组，即城或乡，C_t 表示两组消费的总消费，N_{it} 表示 t 时期城镇或农村的人口，N_t 表示 t 时期的总人口。

[①] 纪江明、赵毅：《中国区域间农村社会保障对居民消费的影响》，《中国人口·资源与环境》2013 年第 5 期。

②社会保障支出变量：由于各类统计年鉴上并无农村社会保障支出数据，为了使城乡社会保障支出便于比较，本书参照纪江明（2013）的做法，使用农村人均转移性收入、城镇人均转移性收入来衡量农村、城镇居民享受社会保障的程度，而城乡社会保障支出不均程度使用泰尔指数测算。

③其他控制变量：根据本书理论部分分析，居民收入、居民财富会影响居民的消费预期，从而影响居民消费。因此，本书将城镇/乡村居民纯收入，城镇/乡村居民财富（居民储蓄）等作为控制变量。

④门槛变量及相关控制变量：本书在计算城乡差距时，使用城乡居民收入差距、城乡财富差异和城乡社会保障差异作为门槛变量。其中，城乡居民收入差距使用城乡居民人均纯收入的GINI系数测算，城乡财富差异使用城乡居民人均储蓄的泰尔指数测算。而控制变量为城镇化率、经济开放度和产业结构，其中城镇化率使用城镇人用城镇人口数占总人口的比例来衡量（徐敏、姜勇，2015）[①]，经济开放度用进出口总额占GDP的比重来衡量（林毅夫徐森杰，2009）[②]，产业结构升级使用二元对比系数[③]测算（白永秀等，2016）。

⑤城乡经济协调水平分异区划划分：借鉴白永秀等（2016）对中国省域城乡经济一体化的划分依据，利用聚类分析法对我国2016年的省域经济协调水平划分，结果如表6-1所示。

表6-1　全国30个省域城乡经济一体化按指数分组

	标准	省份	个数（个）	占比（%）
第一阵营	城乡经济协调指数 >2.37	上海、北京、天津	3	10.0

[①] 徐敏、姜勇：《产业结构提升能够缩小城乡消费差距吗?》，《数量经济技术经济研究》2015年第5期。

[②] 林毅夫、余森杰：《我国价格剪刀差的政治经济学分析：理论模型与计量实证》，《经济研究》2009年第1期。

[③] 二元对比系数由（第一产业GDP比重/第一产业从业人员比重）/（非一产GDP比重/非一产从业人员比重）测算。

续表

	标准	省份	个数（个）	占比（%）
第二阵营	2.37≥城乡经济协调指数>0.79	浙江、江苏、广东、福建、辽宁、山东、安徽、重庆、河北、山西	10	33.3
第三阵营	0.79≥城乡经济协调指数>-0.04	江西、河南、湖北、湖南、陕西、四川、吉林、内蒙古、海南、广西、黑龙江、宁夏	12	40.0
第四阵营	-0.04≥城乡经济协调指数	青海、云南、甘肃、贵州、新疆	5	16.7

（二）数据说明及描述性统计

由于1991年全国96%的市县实行了养老保险统筹，这标志着我国的社会保障制度改革进入了实质性阶段，加之我国的农村转移性收入是从1991年开始统计的，因此，本书使用1991—2015年我国大陆除西藏外30个省的相关数据。数据来源于《中国统计年鉴》《中国人口和就业统计年鉴》《重庆市统计年鉴》《中国金融年鉴》等。在此，对各变量进行描述性统计，如表6-2所示。

表6-2　　　　　　　　　数据描述性统计

变量	全国	第一阵营	第二阵营	第三阵营	第四阵营
ur_con	8311.88 (6114.96)	12720.6 (9038)	8851.02 (6187.41)	7327.646 (5074.91)	6950.536 (4645.82)
ur_sec	2702.69 (2290.20)	4935.095 (3482.80)	2750.44 (2230.10)	2332.6 (1841.74)	2155.983 (1620.31)
ur_inc	9365.594 (7557.26)	13960.12 (11105.15)	10352.78 (8118.03)	8089.144 (6007.45)	7697.985 (5526.53)
ur_weal	24043.9 (28027.33)	48072.58 (41090.73)	24330.1 (26176.24)	16278.8 (11225.24)	27690.53 (39355)
cou_con	3243.116 (2839.29)	5664.14 (4298.29)	3519.43 (2896.57)	2802.455 (2238.91)	2295.47 (1913.05)

续表

变量	全国	第一阵营	第二阵营	第三阵营	第四阵营
cou_sec	377.8997 (603.80)	820.063 (1093.85)	368.427 (522.12)	315.6182 (502.09)	281.0228 (442.20)
cou_inc	4069.38 (3398.32)	7736.7 (5309.58)	4561.07 (3399.47)	3405.29 (2441.08)	2479.44 (1766.67)
cou_weal	6729.08 (11688.73)	20183.95 (22650.93)	6841.76 (9044.75)	3618.17 (4698.45)	5896.98 (12959.39)
dcon	0.11408 (0.0502)	0.0670 (0.0486)	0.1011 (0.0401)	0.1110 (0.0421)	0.1202 (0.0410)
dsec	1.1247 (0.4189)	0.5219 (0.3972)	1.1245 (0.3799)	1.1794 (0.3837)	1.0338 (0.3337)
dweal	0.43079 (0.3224)	0.1942 (0.3265)	0.3629 (0.2438)	0.4154 (0.2828)	0.4482 (0.3273)
dinc	0.08874 (0.0502)	0.0356 (0.0291)	0.0722 (0.0378)	0.0778 (0.0374)	0.0941 (0.0453)
durb	0.4060 (0.1746)	0.6858 (0.1869)	0.4005 (0.1532)	0.3808 (0.1432)	0.4317 (0.1758)
open	0.3104 (0.4009)	1.0568 (0.4449)	0.4091 (0.4106)	0.2393 (0.3779)	0.3377 (0.2732)
indu	0.4068 (0.5729)	0.2993 (0.3115)	0.3945 (0.5083)	0.4019 (0.5544)	0.3967 (0.5507)

注：表内所列数据为中位数，括号内为标准差。

(三) 模型构建

在本书研究过程中首先需要明确各阵营城镇社会保障支出或农村社会保障支出对自身消费支出的影响系数差异，进而分析城乡社会保障差异在各阵营对城乡居民消费支出差距影响的区域分异性。为此，构建如式 (6-1) —式 (6-4) 的两类模型。

①社会保障影响居民消费支出的模型设定

在此设定城镇与农村社会保障影响居民消费的 PanelData 基准模型如下：

$$ur\_con_{it} = \alpha_1 + \theta_1 ur\_sec_{it} + \sigma_1 x_{1it} + \varepsilon_{it} \quad (6-1)$$

$$cou\_con_{it} = \alpha_2 + \theta_2 cou\_sec_{it} + \sigma_2 x_{2it} + \varepsilon_{it} \quad (6-2)$$

但若受到个体与时间效应影响，则可将以上模型扩展为固定效应模型：

$$ur\_con_{it} = \alpha_1 + \theta_1 ur\_sec_{it} + \sigma_1 x_{1it} + \delta_i + \mu_t + \varepsilon_{it} \quad (6-3)$$

$$cou\_con_{it} = \alpha_2 + \theta_2 cou\_sec_{it} + \sigma_2 x_{2it} + \delta_i + \mu_t + \varepsilon_{it} \quad (6-4)$$

其中，x_{1it}、x_{2it} 分别代表一系列控制变量，ε_{it} 为随机误差项，α_1、α_2 为截距系数，θ_1、θ_2 为斜率系数，i 表示省份，t 表示时间，δ_i 和 μ_t 分别表示个体与时间效应，ε_{it} 为随机误差项，服从独立同分布。

②社会保障影响城乡居民消费支出差距的模型设定

由于社会保障支出对农村和城镇所产生的作用并不一致，且国家的社会保障对农村与城镇的各项社会保障政策在26年内有过多次调整，加之肖攀、李连友（2015）曾研究得出因居民收入不同，社会保障与消费之间呈非线性关系。为此，本书在此假定社会保障差异对城乡居民消费差距的影响也可能是非线性的，初步借鉴 Hansen（1996）的研究，引入 PSTR 模型。

首先，设定各阵营以城乡收入差距为门槛变量的多重门槛模型：

$$dcon_{it} = \mu_i + \beta_0' X_{it} + \beta_1 dsec_{it} I(dinc_{it} \leq \gamma_1) + \beta_2 d\,sec_{it}$$

$$I(dinc_{it} > \gamma_1) + \cdots +$$

$$\beta_n dsec_{it} I(dinc_{it} \leq \gamma_n) + \beta_n d\,sec_{it} I(dinc_{it} > \gamma_n) + \varepsilon_{it} \quad (6-5)$$

其中，i 表示省份，t 表示时间，$dcon_{it}$ 和 $dsec_{it}$ 分别表示解释变量（城乡居民消费差距）和被解释变量（城乡居民社会保障差异），X_{it} 为一系列控制变量，包括经济开放度（$open_{it}$）、城乡居民财富差异（$dweal_{it}$）、产业结构（$indu_{it}$）和城镇化率（$durb_{it}$），β_0' 为控制变量系数矩阵，城乡收入差距 $dinc_{it}$ 为门槛变量，I 为一个指标函数，γ_n 为特定门槛值，n 为门槛值个数，μ_i 为个体效应，即无法观测到的值，ε_{it} 为随机误差项。

其次，设定各阵营以城乡财富差异为门槛变量的多重门槛模型：

$$dcon_{it} = \mu_i + \beta_0' X_{it} + \beta_1 dsec_{it} I(dweal_{it} \leq \gamma_1) +$$

$$\beta_2 d\,sec_{it} I(dweal_{it} > \gamma_1) + \cdots +$$

$$\beta_n dsec_{it} I(dweal_{it} \leq \gamma_n) + \beta_n dsec_{it} I(dweal_{it} > \gamma_n) + \varepsilon_{it} \quad (6-6)$$

最后，设定各阵营以城乡社会保障差异为门槛变量的多重门槛模型：

$$dcon_{it} = \mu_i + \beta_0' X_{it} + \beta_1 dsec_{it} I(dsec_{it} \leq \gamma_1) +$$
$$\beta_2 d\ sec_{it} I(dsec_{it} > \gamma_1) + \cdots +$$
$$\beta_n dsec_{it} I(dsec_{it} \leq \gamma_n) + \beta_n d\ sec_{it} I(dsec_{it} > \gamma_n) + \varepsilon_{it} \quad (6-7)$$

二 城镇社会保障影响城镇居民消费的实证分析

在各阵营估计分析中，使用1991—2015年的长面板数据，首先，对各阵营样本数据进行 HT 检验，检验结果显示各变量在5%的显著性水平下拒绝单位根假设，为平稳数据序列。其次，对各阵营样本数据进行 Hausman 检验，得出各阵营数据均存在固定效应。最后，对各阵营数据进行变系数和变截距检验，检验结果显示：第一阵营使用组内 FGLS 检验，第二阵营、第三阵营和第四阵营使用全面的 FGLS 检验。而在全国总体样本进行估计分析时，由于30个省份的样本量大，所使用1991—2015年数据变为短面板数据，对其进行平稳性与固定效应检验，显示其为平稳性面板数据，应采用短面板固定效应模型进行估计分析，分析结果如表6-3所示。

表6-3　　　城镇社会保障影响城镇居民消费支出的估计结果

变量	全国	第一阵营	第二阵营	第三阵营	第四阵营
ur_sec	0.2041***	-0.5946***	0.0714***	0.2085***	0.1103*
	(7.06)	(-6.57)	(2.62)	(6.70)	(1.68)
ur_inc	0.7362***	0.7924***	0.6524***	0.6272***	0.6921***
	(85.24)	(16.89)	(51.47)	(36.26)	(21.36)
ur_weal	0.0045***	-0.0022	0.0023***	-0.0006	0.0038**
	(3.58)	(-0.52)	(2.60)	(-0.16)	(1.96)
$prov$	—	3.507	-27.31	34.8303*	-62.3593
	—	(0.01)	(-1.09)	(1.93)	(-2.95)
t	—	361.41***	117.67***	87.1033***	89.6646***
	—	(5.02)	(7.38)	(4.63)	(2.95)
$\_cons$	739.5181***	144.941	434.248**	39.2299	347.196
	(12.96)	(0.18)	(2.39)	(0.22)	(1.51)

注：*、**、***分别表示10%、5%和1%的显著水平下显著。

由表 6-3 分析结果显示，在全国总体样本下，城镇社会保障支出对城镇居民消费支出在 1% 的显著性水平下影响系数为 0.2041，显著为正。而在四个阵营中第一阵营这一影响系数发生了明显变化，在 1% 的显著性水平下为 -0.5946，显著为负，即在第一阵营区域社会保障支出增加可能会降低居民消费支出，这可能是由于第一阵营属于我国经济发达地区，社会保障覆盖面较广，人民收入水平较高，社会保障支出的增加直接产生对居民可支配收入的挤出效应，从而引起消费支出降低。第二阵营为我国的经济较发达地区，社会保障支出对居民消费支出的影响作用在 1% 的显著性水平下为正，但系数仅为 0.0714，与第三阵营的 0.2085 和第四阵营的 0.1103 相比影响效应不大，这说明在我国经济越发达地区社会保障支出可能对居民消费支出的挤出效应越大，增加这些地区的财政社会保障支出对增加居民消费支出正向作用并不明显，甚至存在负向作用。而第四阵营属于我国城乡经济一体化水平最低的区域，经济状况也在全国属于较低水平，其社会保障支出增加对居民消费水平的影响作用为 0.1103，小于全国总体水平，这说明在经济基础差、城乡一体化水平低的区域增加社会保障支出投入对增加居民消费支出所产生的作用小于经济一体化水平较高一点的区域，由此可见，社会保障政策实施可能存在最优区域，即城乡经济一体化水平指数处于 [-0.04，0.079] 的区域，在经济一体化水平最低的第四阵营应首先配套实施促进农村经济发展的政策，提升城乡经济一体化水平，在此基础上，加大对城镇居民社会保障支出将有利于居民消费水平提升。

三 农村社会保障影响农村居民消费的实证分析

在进行全国农村总体样本检验时，由于存在 30 个省，1991—2015 年数据依然使用短面板模型进行估计分析。而对四个阵营农村样本进行分析时由于省份较少，故使用长面板模型进行估计。依然对全国农村总体样本和四个阵营农村样本进行 Hausman 检验、平稳性检验等，显示全国农村样本使用固定效应面板模型更加稳健，而四个阵营样本中：第一阵营使用 OLS 估计、第二阵营使用随机系数模型估计、第三阵营使用变系数模型估计、第四阵营使用组内 FGLS 回归更符合各阵营样本数据特性。经回归，其估计结果如表 6-4 所示。

表 6-4　　　　农村社会保障影响农村居民消费系数估计结果

变量名称	全国	第一阵营	第二阵营	第三阵营	第四阵营
cou_sec	1.3168***	-0.4260	1.5909***	1.5226***	2.1259***
	(3.67)	(-1.37)	(5.52)	(4.69)	(21.70)
cou_inc	0.5959***	0.8544***	0.4523***	0.5111***	0.4098***
	(15.32)	(8.90)	(8.57)	(7.54)	(10.93)
cou_weal	0.0118***	0.0383	0.0772**	0.0669	0.0093***
	(1.50)	(1.97)	(2.48)	(1.30)	(6.74)
prov	—	-222.06	—	—	62.5323**
	—	(-1.07)	—	—	(2.55)
t	—	-119.48*	—	—	33.3655***
	—	(-3.44)	—	—	(3.67)
_cons	240.2474***	626.673	335.166***	326.138***	2.0680
	(5.95)	(1.29)	(4.58)	(3.85)	(0.02)

注：*、**、***分别表示10%、5%和1%的显著水平下显著。

表 6-4 所列结果显示在全国总体范围内，社会保障支出对农村居民消费水平的影响系数在 1% 的显著性水平下为 1.3168，正向影响作用显著。在四个阵营的估计结果中，社会保障支出对城乡经济协调水平较高的第一阵营农村居民消费水平影响并不显著，而对城乡协调水平处于中等程度的第二阵营和第三阵营正向影响作用较为显著，在 1% 的显著性水平下分别为 1.5909 和 1.5226，且对城乡经济协调程度最低的第四阵营影响程度明显高于第二阵营和第三阵营，在 1% 的显著性水平下为 2.1259，是全国总体水平的 1.62 倍。此外，无论是在全国总体范围还是在第二阵营、第三阵营、第四阵营农村地区的社会保障支出对居民消费支出水平的正向影响作用都显著大于居民人均纯收入对居民消费水平的正向影响作用，是其 2—5 倍。由此可见：第一，增加我国农村居民消费的社会保障支出明显会提升农村居民的消费水平；第二，增加城乡经济协调水平最低的第四阵营区域的农村居民社会保障支出对该区域农村居民消费水平提升的效率明显高于其他区域；第三，农村居民消费水平的影响因素中社会保障支出作用最明显，原因在于农村居民收入水平较城镇差距较大，且社会保障政策正经历着从无到有的过程，社会保障对居民消费预

期的提升作用较大（方匡南、章紫艺，2013）①。

综合对比分析以上对城镇与农村在全国总体范围与四个阵营社会保障与居民消费水平的估计结果显示：一是无论在全国范围还是按照城乡经济协调度分阵营估计分析，除第一阵营外，社会保障支出对农村居民的正向影响作用明显高于城镇，且是城镇的10倍左右，可见，在我国农村加大社会保障支出更能有效提升居民消费水平；二是在农村影响居民消费水平权重最大的因素是社会保障支出，而在城镇却是居民人均纯收入；三是城乡经济协调度最差的第四阵营城镇社会保障支出对居民消费支出的正向影响不仅低于第三阵营城镇作用，同时还较该阵营农村区域的差距最大，可见，在该区域更应加大农村地区的社会保障支出。

四 城乡社会保障支出不均影响居民消费支出差距的实证分析

由于我国长期以来在城镇和农村所实施的社会保障政策存在明显差异，且农村社会保障影响农村居民消费的估计结果与城镇社会保障影响城镇居民消费的估计结果之间存在较大差异，且显现出非线性关系。为此，本书在进行城乡社会保障差异影响居民消费差距的估计中先假设二者之间存在非线性关系，使用多重 PRST 模型进行估计，若在估计过程中通过门槛效应检验则使用 PRST 模型估计，若未通过则使用面板模型进行估计。在进行估计之前，对全国总体和各阵营变量数据进行 HT 检验，结果显示各变量均通过了显著性检验，拒绝存在单位根的假设。计算 VIF 值，检验模型是否存在多重共线性，结果显示 VIF 小于 10，在可接受的范围内，说明计量方程不存在多重共线性。

（一）城乡社会保障支出不均与居民消费差距的非线性关系估计

由于城乡经济协调水平影响社会保障支出的消费效用弹性在城乡间的差距，为此，对全国总体和城乡经济协调水平由高到底排序的四个阵营的相关数据进行门槛效应检验，得出：全国总体在5%的显著性水平下通过双重门槛效应检验，门槛值为0.769和1.648，置信区间为［0.761，0.814］和［1.612，1.683］；第一阵营在5%的显著性水平下通过双重门

---

① 方匡南、章紫艺：《社会保障对城乡家庭消费的影响研究》，《统计研究》2013年第3期。

槛效应检验，门槛值为1.729和0.667，置信区间为[1.728，1.729]和[0.653，0.667]。第二阵营、第三阵营分别在1%和5%的显著性水平下通过了单一门槛效应检验，门槛值为0.991和0.997，置信区间为[0.890，1.511]和[0.968，1.005]；第四阵营在10%的显著性水平下通过了双重门槛效应检验，门槛值为0.776和1.195，置信区间为[0.693，1.623]和[0.989，1.396]。此外，为提升模型估计的可靠性，本书对全国社会保障支出不均与城乡居民消费差距的相关关系做了含工具变量固定效应（FE-IV）检验，对比其与非线性估计结果差异，并使用$dsec1$代表最大的门槛值，$dsec3$代表最小的门槛值，结果如表6-5所示。

由全国的FE-IV估计和门槛效应估计结果对比显示，城乡社会保障支出不均与城乡居民消费差距之间的线性关系并不显著，但非线性关系显著。具体实证结果分析如下。

第一，在全国总体社会保障支出不均与城乡居民消费差距之间呈倒"U"型关系，只有当城乡社会保障支出不均程度小于0.769时，缩小城乡间的社会保障支出差距才有助于缩小城乡居民消费差距，表明在城乡社会保障支出不均程度小于0.769的地区加大农村社会保障支出有利于缩小城乡居民消费差距。原因在于农村社会保障支出对农村居民消费支出的影响存在门槛效应，只有当政府的社会保障资金投入量大于某一水平时，社会保障支出才不会被转移成储蓄，起到提升居民预期收入的作用，进而促进居民消费水平提高（肖攀等，2015）[①]。

表6-5　　　　城乡社会保障差异（$dsec$）约束下的估计结果

变量名称	全国FE-IV	全国	第一阵营	第二阵营	第三阵营	第四阵营
$dsec$	-0.0261 (-0.86)	-0.0399** (-2.27)	-0.3563*** (-9.87)	-0.1039*** (-3.65)	-0.1642*** (-6.34)	-0.0756 (-1.54)
$dsec\_x\_dsec1$	— —	0.0303*** (4.80)	-0.0292*** (-2.72)	0.0278*** (3.96)	0.0251*** (4.38)	0.0333*** (2.64)

[①] 肖攀、李连友、苏静：《农村社会保障对农村居民消费影响的门槛效应与区域异质性——基于面板平滑转换模型的分析》，《软科学》2015年第6期。

续表

变量名称	全国 FE - IV	全国	第一阵营	第二阵营	第三阵营	第四阵营
$dsec\_x\_dsec3$	— —	-0.0214*** (-7.17)	-0.0402*** (-6.25)	— —	— —	-0.0281*** (-3.66)
$dweal$	0.0075 (0.33)	0.0563*** (5.47)	0.0364 (1.34)	-0.0182 (-0.72)	0.4514** (2.48)	0.0730*** (3.21)
$dinc$	0.6158*** (6.48)	0.5061*** (12.16)	0.4484*** (8.15)	0.2543*** (3.24)	0.5977*** (7.89)	0.4918*** (6.14)
$durb$	-0.086 (-1.01)	-0.1542*** (-3.65)	-0.8277*** (-15.47)	-0.2769*** (-3.90)	-0.4191*** (-6.38)	-0.2813*** (-2.72)
$open$	0.0068 (1.00)	0.0031 (0.45)	0.0112*** (3.29)	0.0440*** (3.49)	0.0233 (1.35)	0.0173 (0.85)
$indu$	-0.012** (-2.19)	-0.0244*** (-11.62)	-0.0292*** (-4.99)	-0.0338*** (-7.88)	-0.0331*** (-9.84)	-0.0247*** (-5.83)
单一门槛 $F1$	—	45.868***	18.196*	16.805***	20.487**	13.373*
双重门槛 $F2$	—	22.189**	36.285**	13.886	7.125	8.377*
三重门槛 $F3$	—	7.045	8.740	1.831	6.251	13.620
$\_cons$	0.115 (1.67)	0.163*** (4.44)	0.805*** (14.88)	0.2911*** (3.77)	0.3601*** (6.74)	0.254** (2.56)

注：*、**、***分别表示10%、5%和1%的显著水平下显著。

第二，在城乡协调分异视角划分下的四个阵营社会保障支出不均与城乡居民消费差距之间关系也存在较大差异：在第一阵营，城乡社会保障支出不均与居民消费差距之间呈负向非线性相关关系。城乡社会保障差异在两个门槛值之间时，社会保障支出不均对城乡居民消费差距的负向影响作用最大，在门槛值0.667以下，影响系数为-0.0292，在门槛值1.729以上时，影响系数为-0.0402。可见，在城乡经济协调度高的区域，单一的实施扩大农村社会保障支出的政策会挤出私人消费，从而可能扩大城乡消费差距，若社会保障差异本身在0.667和1.729之间时，扩大农村社会保障支出会更加速城乡居民消费差距的扩大。原因在于第一阵营地区经济发展水平较高，城镇居民工资水平高于其他地区，按照我国现行社会保障政策，工资越高的个人，社会保障缴纳金额越多，从而减少居民可支配收入，降低居民消费水平，加之社会保障支出本身的引致退休效应在城镇作用更显著，进一步抑制了居民消费支出。方显仓和王昱坤（2013）[①] 研究表明上海市社会保障支出在收入不确定性的影响下反而抑制了居民消费支出。在第二阵营、第三阵营，城乡社会保障支出不均与居民消费差距之间呈倒"V"型关系，在门槛值之前，前者对后者有正向影响，在门槛值之后，前者对后者呈负向影响，可见，在城乡经济协调水平处于中等范围的区域，城乡社会保障支出不均程度较低时，扩大农村社会保障支出有利于缩小城乡消费差距，这与全国的情况比较相似，依然与农村社会保障支出对农村居民消费支出的引致作用发挥需跨越某一门槛值才能显现。而第四阵营的城乡社会保障支出不均和居民消费差距在自身的门槛值为 0.776、1.195 前后，较全国总体的负向与正向关系更大。可见，在城乡经济协调水平最低的地区，社会保障政策对居民消费水平调节的作用更大，这就证明了不同城乡经济协调水平下社会保障支出不均对居民消费差距的影响存在较大差异。

（二）城乡社会保障支出不均与城乡居民消费差距的约束机制研究

为估计城乡收入差距和城乡财富差异是否影响社会保障支出不均与城乡居民消费差距的关系，本书在城乡收入差距和城乡财富差异约束下估计城乡社会保障支出不均对城乡居民消费差距的影响效应。

①城乡收入差距（$dinc$）约束下的估计结果。对所有样本进行 300 次自举的门槛效应检验结果显示：全国总体样本数据通过了三重门槛效应检验，门槛值为 0.059、0.144 和 0.174，置信区间为 ［0.058，0.069］、［0.142，0.160］ 和 ［0.025，0.174］；第一阵营数据通过了双重门槛效应检验，门槛值为 0.019 和 0.048，置信区间分别为 ［0.014，0.032］ 和 ［0.048，0.072］；第二阵营数据通过了单一门槛效应检验，门槛值为 0.065，置信区间为 ［0.058，0.101］；第三阵营数据通过了双重门槛效应检验，门槛值为 0.101，0.059，置信区间分别为 ［0.092，0.107］ 和 ［0.056，0.070］；第四阵营数据通过了双重门槛效应检验，门槛值为 0.070 和 0.144，置信区间分别为 ［0.057，0.089］ 和 ［0.136，0.149］。

[①] 方显仓、王昱坤：《社会保障、预防性储蓄与上海居民消费》，《上海经济研究》2013 年第 10 期。

各影响系数估计结果如表 6-6 所示。

表 6-6　城乡居民收入差异（DINC）约束下的结果列表

变量名称	全国	第一阵营	第二阵营	第三阵营	第四阵营
$dsec$	-0.1071*** (-2.68)	-0.3340*** (-8.28)	-0.0558** (-2.07)	-0.1409*** (-5.45)	-0.2071*** (-4.94)
$dsec\_x\_dinc1$	-0.0264*** (-5.04)	-0.0219*** (-3.66)	-0.0165*** (-3.76)	-0.0193*** (-5.47)	-0.0239*** (-4.48)
$dsec\_x\_dinc3$	0.0277*** (8.25)	0.0405*** (6.00)	— —	0.0176*** (4.65)	0.0270*** (5.32)
$dweal$	0.0258** (2.52)	-0.0567* (-1.87)	-0.0051 (-0.19)	0.0011 (0.06)	-0.0107 (-0.62)
$durb$	-0.3412*** (-8.91)	-0.8893*** (-15.91)	-0.2690*** (-3.72)	-0.4776*** (-7.33)	-0.6382*** (-7.49)
$open$	-0.0043 (-0.58)	0.0095** (2.03)	0.0356*** (2.79)	0.0016 (0.09)	-0.0173 (-0.85)
$indu$	-0.0264*** (-8.08)	-0.0413*** (-5.32)	-0.0314*** (-7.31)	-0.0315*** (-8.83)	-0.0239*** (-4.48)
单一门槛 F	75.077***	28.385***	16.428***	41.607***	33.790***
双重门槛 F	71.539***	14.449***	4.008	17.135***	18.679***
三重门槛 F	19.621***	10.490	2.935	2.221	3.085
$\_cons$	0.379*** (11.79)	0.0955*** (7.86)	0.279*** (4.69)	0.474*** (8.88)	0.632*** (7.95)

注：表中 *、**、*** 分别表示 10%、5% 和 1% 的显著水平下显著。

表 6-6 以城乡人均纯收入差异为门槛变量，估计结果显示：第一，全国总体样本和第一阵营、第三阵营、第四阵营样本下，城乡社会保障支出不均程度与城乡居民消费差距之间都呈近似的"N"形关系，即在最小门槛值之前二者负向相关，在最小值与最大值之间，二者负向相关关系增强，但在最大的门槛值之后，二者呈正向相关。可见，城乡社会保障支出不均影响居民消费差距的作用效果受到城乡居民人均纯收入差异的影响，居民人均纯收入差距较小时（小于各自门槛值最小值）城乡居

民社会保障差异对城乡居民消费差距呈现较小的负向影响,而当居民人均纯收入差距较大时(大于各自门槛值最大值),城乡居民社会保障差异缩小能够缩小城乡居民消费差距,在城乡居民纯收入差距在合理范围内(门槛最大值与最小值之间)时,城乡社会保障差异对居民消费差距的负影响作用最大。这可能是由于社会保障支出对城镇或农村居民消费的挤出效应导致的,农村社会保障支出增加,在城乡收入差距较小的情况下更可能降低农村居民的消费预期,从而降低消费,扩大城乡消费差距,这与姜百臣和马少华(2010)[①] 等人的研究结论一致。第二,在不同的门槛值前后,第一阵营、第四阵营的城乡社会保障支出不均对本阵营城乡居民消费差距的影响作用更大,这可能是由于第一阵营城乡经济协调水平高,且居民收入水平普遍高于第二阵营、第三阵营居民,在城乡人均纯收入水平较低时(低于门槛最大值),增加农村社会保障支出对农村居民未来消费预期增加程度较小,而对本期消费挤出效应更高,从而在更大程度上扩大了居民消费差距。而第四阵营城乡经济差距大,农村居民收入水平最低,当城乡人均纯收入差距较大时(大于门槛最大值),增加农村社会保障支出,能够在更大程度上提升居民未来收入预期,从而提升当期消费水平。

②城乡财富差异(dweal)约束下的估计结果。进行300次自举的门槛效应检验结果显示:全国总体样本数据在1%的显著性水平下通过了单门槛效应检验,门槛值为0.226,置信区间为[0.223,0.234];第一阵营数据在5%的显著性水平下通过了双重门槛效应检验,门槛值为1.228、0.217,置信区间为[1.228,1.229]、[0.035,0.249]。第二阵营数据在5%的显著性水平下通过了单一门槛效应检验,门槛值为0.173,置信区间为[0.115,0.239];第三阵营、第四阵营数据模型均不存在门槛效应,适合使用固定效应面板模型。其估计结果如表6-7所示。

[①] 姜百臣、马少华:《社会保障对农村居民消费行为的影响机制分析》,《中国农村经济》2010年第11期。

表6-7　城乡居民人均财富差异（dweal）约束下的估计结果

变量名称	全国	第一阵营	第二阵营	第三阵营	第四阵营
dsec	-0.1071 *** (-6.93)	-0.3172 *** (-12.44)	-0.0321 (-1.18)	-0.1348 *** (-5.24)	-0.1944 *** (-4.55)
dsec_x_dweal1	—	-0.0236 *** (-2.72)	—	—	—
dsec_x_dweal3	0.0337 *** (8.70)	-0.0212 *** (-3.86)	-0.0169 *** (-4.21)	—	—
dweal	—	—	—	0.0300 (1.63)	0.0208 (1.07)
dinc	0.5171 *** (13.29)	0.5203 *** (8.19)	0.2403 *** (3.08)	0.5961 *** (7.62)	0.5458 *** (6.49)
durb	-0.2470 *** (-6.83)	-0.8878 *** (-15.91)	-0.2281 *** (-3.45)	-0.4189 *** (-6.38)	-0.5257 *** (-5.83)
open	-0.0014 (-0.21)	0.0140 *** (3.29)	0.0330 *** (2.65)	0.0102 (0.58)	0.0048 (0.23)
indu	-0.0229 *** (-11.23)	-0.0151 ** (-2.21)	-0.0305 *** (-7.16)	-0.0322 *** (-8.94)	-0.0280 *** (-6.45)
单一门槛 F	106.583 ***	7.927	31.490 **	50.918	23.308
双重门槛 F	13.023	48.881 **	9.804	8.430	11.062
三重门槛 F	11.214 *	7.191	2.494	7.487	7.515
_cons	0.284 *** (8.95)	0.737 *** (14.10)	0.214 *** (3.77)	0.382 *** (6.95)	0.497 *** (5.82)

注：*、**、*** 分别表示10%、5%和1%的显著水平下显著。

在城乡居民人均财富差异约束下估计城乡社会保障支出不均影响居民消费差距的结果显示：第一，在全国样本下，城乡社会保障与居民消费差距的关系呈"V"型，即当城乡居民人均财富差异较小时（小于门槛值0.226），城乡社会保障支出不均对居民消费差距产生负向影响，此时，单一增加农村居民社会保障支出，会挤出居民收入，降低农村消费水平，从而扩大居民消费差距。而当城乡居民人均财富差异较大时（大于门槛值0.226），前者对后者产生正向影响，此时，扩大农村居民社会保障支出有助于提升农村居民的消费预期，提升消费水平，缩小城乡居民消费差距。第一阵营、第二阵营中城乡社会保障支出不均对城乡居民消费差距都具有负向影响作用,即无论城乡财富差异状况如何,单一增加农村社会保障支出,都无法缩小城乡居民消费差距,还可能会扩大这一差距。原因在于,我国大部分农村地区社会保障所引致资产边际替代效应较大,从而在更大程度上挤出居民消费(袁志刚、冯俊,2005)[①],使得城乡居民消费差距扩大,而在第一阵营农村居民收入较其他阵营更高,其居民对未来生活品质要求更高,但对社会保障能够提升未来生活品质的预期降低,从而会促使其降低当期消费,使得城乡居民消费差距在社会保障支出不均程度缩小的情况下反而更大,这与白重恩等(2012)[②]的研究结论一致。

综上可知,在不同的约束条件下,城乡社会保障支出不均对居民消费支出差距的影响作用存在显著的异质性:在城乡收入差异约束下,全国、第一阵营、第二阵营、第四阵营的城乡社会保障支出不均对城乡消费差距的影响作用在门槛值前后表现为先负向后正向的效应,总体呈"U"型关系,但第二阵营仅通过了双重门槛检验,社会保障支出不均与城乡消费差距之间呈非线性的负向相关;而在城乡财富差异约束下,全国社会保障支出对城乡消费支出差距的影响在门槛值前后呈现先负向后正向的影响,相关关系呈"V"型,第一阵营、第二阵营城乡社会保障支出不均与城乡居民消费差距之间呈显著的非线性负向相关,而第三阵营、第四阵营未通过门槛效应检验,社会保障支出不均与城乡消费差距之间呈显著的反向线性相关。

第二节 转移性支出影响城乡居民消费结构差距的实证分析

改革开放四十多年,我国经济增长水平稳步上升,在 2010 年之前实

---

① 袁志刚、冯俊:《居民储蓄与投资选择:金融资产发展的含义》,《数量经济技术经济研究》2005 年第 1 期。

② 白重恩、吴斌珍等:《中国养老保险缴费对消费和储蓄的影响》,《中国社会科学》2012 年第 8 期。

际年均增长率约为10%，人民生活水平发生了翻天覆地的变化，消费能力持续增加，但在长期的二元经济结构影响下，要素不断涌入城市，致使城市居民消费能力的增长远超过农村地区，造成巨大的城乡消费差距，而消费较收入更能衡量居民的生活水平（高帆，2015）[1]，城乡消费差距扩大会加剧城乡矛盾，导致城乡发展不平衡。在我国社会基本矛盾变化的新论断下，提升农村居民生活水平对改变城乡发展不平衡具有重要意义。加之，2011年之后，我国经济增长速度逐步减缓，进入"新常态"，为改善这一状况，刺激农村需求这一经济增长引擎尤为重要，2017年末我国农村人口占到全国总人口的41.48%，但农村消费总额仅占到全国总消费额的24.80%，在精准扶贫、乡村振兴的战略措施下推动农村居民收入不断增加的良好状况下，释放农村需求潜力成为刺激消费需求的重要方面。Feldstein（1974）[2]、Gormley等（2010）[3]对西方国家的实证研究结论都表明社会保障支出增加有利于刺激居民消费需求，且通过我国长期实践及以往研究也表明有社会保障的农村居民较无社会保障的农村居民而言，需求水平更高（方匡南、章紫艺，2013）[4]，可见社会保障对刺激居民消费需求具有重要作用，但我国农村居民与城市居民相比，消费观念不一致，导致边际消费倾向存在较大差异，鉴于此，持续加大社会保障力度是否有利于挖掘农村的需求潜力，提升农村居民需求层次呢？对这一问题的回答不仅有利于提升农村居民生活水平，促进城乡社会平衡发展，且有利于通过社会保障政策调整，促进我国经济发展稳步提升，并为农村供给侧结构性改革提供现实依据。

关于社会保障与居民消费结构的关系，以往学者主要从以下两个方面进行了研究：一是社会保障能够降低居民的预防性储蓄，提高居民消费倾向，从而刺激消费，即社会保障对居民消费层次提升具有正向促进

---

[1] 高帆：《中国城乡居民消费行为的差异性——基于省际面板数据的实证研究》，《经济学家》2015年第2期。

[2] M Feldstein, "Social Security, Induced Retiretment, and Aggregate Capital Accumulation", *Journal of Polical Econcmy*, Vol. 82, No. 5, 1974.

[3] Todd Gormley and Hong Liu ed., "Limited Participation and Consumption-Saving Puzzles: A Simple Explanation and the Role of Insurance", *Journal of Financial Economics*, Vol. 96, No. 2, 2010.

[4] 方匡南、章紫艺：《社会保障对城乡家庭消费的影响研究》，《统计研究》2013年第3期。

作用。如刘苓玲、徐雷（2012）[①] 研究得出社会保障支出与居民消费关系之间总体上存在正相关关系，但在东、中、西部地区这一关系存在差异，西部地区拉动作用大、中部次之、东部最小。Attanasio 和 Brugiavini（2003）[②] 认为社会福利与居民消费间存在正相关关系。顾静、吴忠（2013）[③] 利用变系数模型分析全国各省 2006—2010 年的面板数据得出社会保障对居民消费的影响作用受到社会保障制度完善程度的影响，社保制度越完善的省份，居民收入预期越高，进而消费层次越高。Dan Li and Yingyao Wang（2013）[④] 利用社会调查研究结果分析得出农村社会保障支出与居民消费结构间呈正相关关系，且居民消费的主要点在于医疗和子女教育。

二是二者之间因资产替代效应[⑤]与引致退休效应[⑥]的相互作用而存在不确定关系。持这一观点的学者是对 Feldstein（1974）[⑦] 的理论进行了延伸或者进一步验证。如余官胜、王睿（2011）[⑧] 提出社会保障对居民消费的影响程度受到经济发展水平的影响，经济发展水平较高时，提升社会保障支出，对居民消费需求提升的促进作用越大，经济发展水平低时这一作用是负向的，会降低居民消费需求。刘新、刘伟等（2010）认为在居民收入和利率的影响下，社会保障支出与居民消费间存在不确定关系。

[①] 刘苓玲、徐雷：《社会保障支出、经济增长与居民消费的区域差异研究》，《人口与经济》2012 年第 3 期。

[②] Orazio P. Attanasio and Agar Brugiavini, "Social Security and Households Saving", *The Quarterly Journal of Economics*, Vol. 118, No. 6, 2003.

[③] 顾静、吴忠：《社会保障、居民消费与地区差异性——基于 2006—2010 年各省面板数据的实证研究》，《社会保障研究》2013 年第 1 期。

[④] Dan Li and Yingyao Wang, "Study on Rural Social Security on Local Residents Developmental Consumption", *Video Surveillance for Sensor Platforms*, Vol. 225, No. 8, 2013.

[⑤] 资产替代效应是指由于人们可以从公共养老金计划中获得养老金收益，就可能减少为退休期消费而在工作时期积累财产的需要。

[⑥] 引致退休效应是指可以享受社会保障的人较无保障的人具有提前退休激励，从而刺激增加退休前储蓄。

[⑦] M Feldstein, "Social Security, Induced Retirement, and Aggregate Capital Accumulation", *Journal of Polical Econcmy*, Vol. 82, No. 5, 1974.

[⑧] 余官胜、王睿：《社会保障参与和居民消费需求——基于省际动态面板数据的实证研究》，《软科学》2011 年第 4 期。

Sanjit Dhami (2002)[①] 计算了不同税收情况下社会保障与居民消费的关系，最终得出无论哪种税收下，社会保障支出都对居民消费的影响具有不确定性。

综上可知，以往研究主要集中在社会保障支出与居民消费之间关系的经验研究上，且在居民对美好生活追求的现状下，仅从消费水平阐明需求潜力挖掘问题已无法满足现实需要。而本部分拟在以往研究的基础上，探讨社会保障增加能否提升农村与城镇居民消费需求水平与消费需求层次，并在此基础上，进一步检验城乡社会保障差异下，城乡居民消费需求结构是否存在差距，为完善社会保障政策、释放农村与城市居民需求活力、缩小城乡居民消费结构差距的路径设计提供经验证据。此外，为检验社会保障影响居民消费需求的约束效应，本书在不同的影响因素约束条件下对社会保障对城市与农村居民消费需求之间的关系进行了客观估计。

一 变量、数据及模型构建

（一）变量设计及数据说明

①被解释变量。对居民消费需求潜力的挖掘需关注消费需求水平与需求层次两个方面，以期为供给侧结构性改革提供依据。因此，本章将居民消费结构作为被解释变量，具体由居民在食品、衣着、居住、家庭设备用品、交通通信、文教娱乐、医疗保健及其他支出占总支出比例衡量。

②核心解释变量。本书的核心解释变量为社会保障支出，由于农村社会保障尚不健全，且统计数据连续性较差，使研究结论存在严重误差，故在此参照纪江明、赵毅（2013）的做法，使用人均转移性收入衡量社会保障支出[②]。

③门槛变量与控制变量。综合分析以往对居民消费需求影响的相关

---

① Sanjit Dhami, "Optimal Consumption Taxes and Social Security under Tax Measurement Problems and Uncertainty", *International Tax and Public Finance*, Vol. 23, No. 9, 2002.

② 纪江明、赵毅：《中国区域间农村社会保障对居民消费的影响》，《中国人口·资源与环境》2013年第5期。

文献，在此选取的控制变量为家庭财产、家庭纯收入、城镇化水平、外贸依存度与产业发展水平。所有变量、计算方式及数据描述见表6-8。

表6-8　　　　　　　　变量说明及数据统计性描述

变量	测算方式	均值	标准差	最小值	最大值
社会保障水平（sec）	人均转移性收入	486.95	728.94	11.9	4846.78
需求水平（cons）	人均消费支出	3764.41	3197.53	537.76	17358.9
食品需求（food）	食品支出比（%）	37.33	8.35	23.97	73.10
衣着需求（clot）	衣着支出比（%）	7.81	24.80	3.00	18.46
居住需求（hous）	居住支出比（%）	17.78	4.18	6.00	33.27
家庭设备用品需求（equi）	家庭设备用品支出比（%）	6.05	1.36	3.1	11.75
交通通信需求（trac）	交通通信支出比（%）	9.16	4.08	1.14	2.10
文教娱乐需求（cult）	文教娱乐支出比（%）	11.58	3.43	3.01	21.51
医疗保健需求（medi）	医疗保健支出比（%）	7.61	2.64	1.55	14.77
其他服务需求（othe）	其他支出占比（%）	2.67	0.90	0.63	6.37
家庭财产（weal）	家庭人均储蓄量	8310.13	13595.65	64.39	91818.83
家庭收入（inc）	家庭人均纯收入	4615.97	3657.77	555.83	21195.4
城镇化水平（durb）	城镇常住人口占总人口比重	41.94	17.16	12.65	97.00
外贸依存度（open）	进出口总额占GDP的比重	0.3056	0.3924	0.0287	2.0253
产业发展水平（indu）	二元对比系数	0.2761	0.3523	0.0312	3.5523

我国自1991年市县实行了养老保险统筹，这标志着我国的社会保障制度改革进入实质性阶段，因此，本部分使用1992—2016年中国大陆除西藏外30个省（直辖市）的相关数据，数据主要来源于《中国统计年鉴》、《中国人口和就业统计年鉴》《中国金融年鉴》《重庆市统计年鉴》和部分省份的统计公报。

（二）模型设定

在理论机理分析过程中显示社会保障与居民消费之间因预期的不确定性和居民边际消费系数的可变性，二者可能存在非线性关系。因此，借鉴 Hansen（2000）的研究，引入多重面板门限模型。

①城镇社会保障影响城镇居民消费结构的实证模型设计

$$ur\_str_{it} = \mu_i + \alpha_1 ur\_sec_{it} \cdot I(ur\_sec_{it} \leq \gamma_1) + \alpha_2 ur\_sec_{it} \cdot I(ur\_sec_{it} > \gamma_1) + \cdots + \alpha_n ur\_sec_{it} \cdot I(ur\_sec_{it} \leq \gamma_n) + \alpha_n ur\_sec_{it} \cdot I(ur\_sec_{it} > \gamma_n) + \theta X_{it} + \varepsilon_{it} \quad (6-8)$$

其中，ur_str_{it} 表示城镇居民消费结构，在测算时，指 $urcons_{it}$、$urfood_{it}$、$urclot_{it}$、$urcult_{it}$、$urhous_{it}$、$urequp_{it}$、$urtrac_{it}$、$urmedi_{it}$ 和 $urothe_{it}$。X_{it} 为一系列控制变量，θ 为控制变量的系数矩阵，ur_sec_{it} 为门槛变量，I 为一个指标函数，γ_n 为特定门槛值，n 为门槛值个数，μ_i 为个体效应，即无法观测到的值，ε_{it} 为随机误差项。同理构建模型（6-9）和模型（6-10）分析农村社会保障影响农村居民消费结构及城乡社会保障支出不均影响城乡居民消费结构差距。

②农村社会保障影响农村居民消费结构的实证模型设计

$$cou\_str_{it} = \mu_i + \alpha_1 cou\_sec_{it} \cdot I(cou\_sec_{it} \leq \gamma_1) + \alpha_2 cou\_sec_{it} \cdot I(cou\_sec_{it} > \gamma_1) + \cdots + \alpha_n cou\_sec_{it} \cdot I(cou\_sec_{it} \leq \gamma_n) + \alpha_n cou\_sec_{it} \cdot I(cou\_sec_{it} > \gamma_n) + \theta X_{it} + \varepsilon_{it} \quad (6-9)$$

③城乡社会保障支出不均影响城乡居民消费结构差异的实证模型设计

$$d\_str_{it} = \mu_i + \alpha_1 dsec_{it} \cdot I(dsec_{it} \leq \gamma_1) + \alpha_2 dsec_{it} \cdot I(dsec_{it} > \gamma_1) + \cdots + \alpha_n dsec_{it} \cdot I(dsec_{it} \leq \gamma_n) + \alpha_n dsec_{it} \cdot I(dsec_{it} > \gamma_n) + \theta X_{it} + \varepsilon_{it} \quad (6-10)$$

二 城镇社会保障影响城镇居民消费结构的实证分析

在进行实证分析前，使用我国1992—2015年30个省的省域面板数据，首先对需求结构的各模型进行 HT 检验，结果显示各模型均通过了单位根检验。其次使用基于残差的 Pedroni 协整检验，检验结果表明社会保障与需求结构之间均存在平稳的长期均衡。最后计算各样本的 VIF 值，结果显示各样本模型的 VIF 值均小于10，在可接受的范围内，得出所使用模型的计量方程不存在多重共线性。使用多重面板门限模型检验社会保障支出对城镇居民消费结构的影响效应，结果显示：城镇社会保障支出对城镇居民消费结构的影响效应因需求层次不同存在一定差异，对食品、衣着、居住、家庭设备、交通通信、文教娱乐、医疗保健及其他服务消费的影响效应在1%、5%或10%的水平下通过了多重面板门槛效应检验，其中对食品需求影响的门槛值为4547.100和6140.800，对衣着需求影响的门槛值为5199.400和7182.500，对居住需求影响的门槛值为6343.826，对家庭设备需求影响的门槛值为2568.710和5847.840，对交通通信需求影响的门槛值为4547.100和3821.210，对文教娱乐需求影响的门槛值为7290.535和1099.490，对医疗保健需求影响的门槛值为1099.490和3545.860，对其他服务需求影响的门槛值为1489.570和1097.870。其余估计结果如表6-9所示。

表6-9　　城镇社会保障影响城镇居民消费结构的估计结果

变量	ur_food	ur_clot	ur_hous	ur_equi	ur_trac	ur_cult	ur_medi	ur_othe
ur_inc	116.948 *** (2.61)	-59.125 *** (-3.92)	482.239 *** (5.54)	157.160 *** (24.28)	101.007 *** (4.90)	83.598 ** (5.49)	25.469 (0.84)	-22.451 *** (-4.29)
ur_weal	-390.412 *** (-6.72)	37.123 ** (2.15)	-418.501 *** (-4.26)	-312.158 *** (-14.29)	-117.908 *** (-4.05)	10.093 (0.47)	-374.042 *** (-10.32)	8.418 (1.36)
indu	64.431 * (1.72)	20.200 * (1.77)	-266.822 *** (-3.59)	691.247 *** (4.84)	-47.996 *** (-3.12)	21.009 (1.60)	-75.030 *** (-3.16)	-6.620 * (-1.83)
durb	23.953 (0.35)	134.960 *** (6.21)	509.348 *** (4.00)	-37.432 *** (-2.62)	89.285 ** (2.48)	143.097 *** (5.91)	8.313 (0.18)	42.425 *** (5.23)
open	84.020 * (1.66)	-28.342 * (-1.75)	-790.853 *** (-8.70)	109.151 * (1.71)	169.517 *** (4.76)	-180.129 *** (-9.99)	28.469 (0.77)	27.717 *** (4.09)
ur_sec1	1.831 *** (13.15)	0.264 *** (30.69)	0.400 *** (4.88)	0.053 *** (8.64)	0.153 *** (7.83)	0.446 *** (10.35)	0.713 *** (8.51)	0.249 *** (17.12)
ur_sec2	0.776 *** (39.77)	0.237 *** (39.61)	0.012 (0.30)	0.046 *** (7.10)	0.232 *** (15.81)	0.172 *** (24.58)	0.247 *** (11.17)	0.127 *** (14.03)
ur_sec3	0.653 *** (38.22)	0.225 *** (34.72)	—	0.028 *** (5.04)	0.213 *** (22.61)	0.134 *** (21.81)	0.289 *** (24.20)	0.078 *** (41.29)
ur_sec4	—	—	—	—	—	—	—	—
C	1007.254 *** (13.98)	167.719 *** (6.24)	1701.414 *** (8.97)	191.862 * (1.80)	592.859 *** (12.41)	141.409 *** (5.43)	345.854 *** (5.84)	90.169 *** (11.48)
R^2	0.912	0.889	0.573	0.910	0.851	0.781	0.869	0.899
N	720	720	720	720	720	720	720	720
F1	44.892 **	44.168 ***	21.311 **	38.037 **	16.325 **	28.299 **	33.349 **	56.663 ***

续表

变量	ur_food	ur_clot	ur_hous	ur_equi	ur_trac	ur_cult	ur_medi	ur_othe
F2	31.047***	20.654***	13.193	25.720***	6.992***	26.228***	14.885***	20.648**

注：括号内为修正异方差后的 t 统计量，***、**、* 分别代表系数通过1%、5%和10%的显著性水平，ssec1—ssec4 分别表示不同的社会保障门槛区间需求水平或需求结构变量的系数，F1—F3 分别代表单一门槛、双重门槛及三重门槛检验的 F 值。

表6-9估计结果显示：城镇社会保障支出与城镇居民食品、衣着、家庭设备、交通通信、文教娱乐、医疗保健、其他服务消费需求均在1%的显著性水平下呈非线性正相关关系，与城镇居民居住消费需求在1%的显著性水平下呈线性正相关关系，具体分析如下，对城镇居民食品、衣着、家庭设备、交通、文教娱乐以及其他服务消费需求而言，社会保障支出的不断增加会促使城镇居民食品消费需求提升，但正向促进作用呈不断缩小趋势，当城镇社会保障支出水平分别低于4547.100、5199.400、2568.710、3821.210、1099.490、1097.870 时，增加社会保障支出有助于增加城镇居民的可支配收入，从而提升城镇居民的食品、衣着、家庭设备、交通、文教娱乐以及其他服务消费需求，当越过社会保障支出门槛值 6140.800、7182.500、5847.840、4547.100、7290.535、1489.570 之后，增加社会保障支出对城镇居民食品、衣着等消费需求影响逐渐变小，原因在于城镇居民食品、衣着、家庭设备、交通、文教娱乐以及其他服务消费需求逐渐得到满足后，增加其消费的边际效用递减，故其需求增加是有限的。对城镇居民医疗消费需求而言，在社会保障支出水平低于1099.490 时，社会保障支出的不断增加会促使城镇居民医疗保健消费需求提升，当社会保障支出水平处于1099.490 和3545.860 之间时，社会保障支出仍对城镇居民医疗保健消费需求有正向促进作用，且呈缩小趋势，当社会保障支出水平高于3545.860 时，社会保障支出仍对城镇居民医疗保健消费需求有正向促进作用，且较上一阶段呈扩大趋势，原因在于社会保障水平不断提升，居民重视自身的身心健康，医疗保健消费需求总体上提升，但提升幅度较小。对城镇居民居住需求而言，当城镇社会保障支出水平低于6343.826 时，增加社会保障支出有助于增加城镇居民的可支配收入，从而提升城镇居民居住需求，当越过社会保障支出

门槛值6343.826之后,增加社会保障支出对城镇居民居住消费需求影响不显著,这是由于我国1998年实行住房改革,社会保障水平提升带来了政策性保障性住房供给增加,导致了城镇居民居住需求增加有限。

其余控制变量对需求结构的影响存在较大差异。家庭收入与城镇居民衣着及其他服务消费需求呈负向相关关系,与城镇居民食品、居住、设备、交通通信、文娱消费需求呈正向相关关系,其他不显著。家庭财产水平与城镇居民食品、居住、设备、交通及医疗消费需求呈显著负向相关关系,与城镇居民衣着呈显著正向相关关系,其他不显著。经济开放水平与城镇居民衣着、居住和文娱消费需求呈显著负向相关关系,与城镇居民食品、设备、交通、其他服务消费需求呈显著正向相关关系,其他不显著。产业发展水平与城镇居民居住、交通、医疗、其他服务消费需求之间呈显著负向相关关系,与城镇居民食品、衣着、家庭设备用品之间呈显著正向相关关系,其他不显著,产业发展水平为逆向指标,表明产业发展水平越高,城镇居民居住、交通、医疗、其他服务消费需求越高。城市化水平与城镇居民衣着、居住、交通、文娱、其他服务消费需求之间呈显著正向相关关系,与城镇居家庭设备用品消费需求之间呈显著负向相关关系,其他不显著。

三 农村社会保障影响农村居民消费结构的实证分析

使用多重面板门槛模型检验社会保障支出对农村居民消费结构的影响效应,结果显示:农村社会保障支出对农村居民消费结构的影响效应因需求层次不同存在一定差异,对食品、衣着、居住、家庭设备、交通通信、文教娱乐、医疗保健及其他服务消费的影响效应在1%、5%或10%的水平下通过了多重面板门槛效应检验,其中对食品需求影响的门槛值为974.800和1765.700,对衣着需求影响的门槛值为2272.755和1446.579,对居住需求影响的门槛值为669.261和2272.755,对家庭设备需求影响的门槛值为975.951和2121.000,对交通通信需求影响的门槛值为1765.700和2391.500,对文教娱乐需求影响的门槛值为2121.000和1521.300,对医疗保健需求影响的门槛值为1766.000和2121.000,对其他服务需求影响的门槛值为1071.250和1521.300。在进行hausman检验后,使用固定效应面板模型进行估计。估计结果如表6-10所示。

表6-10　　农村社会保障影响农村居民消费结构的估计结果

变量	cou_food	cou_clot	cou_hous	cou_equi	cou_trac	cou_cult	cou_medi	cou_othe
cou_inc	-73.446***	-26.566***	-37.657**	0.975	42.435***	-27.461***	1.802	-7.562***
	(-3.27)	(-4.24)	(-2.08)	(0.18)	(5.16)	(-3.89)	(0.16)	(-3.23)
cou_weal	-324.102***	-13.414*	-112.091***	-30.082***	-22.786**	-31.331***	-55.601***	-7.936***
	(-12.07)	(-1.69)	(-5.45)	(-4.72)	(-1.99)	(-3.16)	(-4.14)	(-2.92)
indu	-19.477	-11.964**	-97.825***	-5.440	0.712	4.479	-3.712	3.385*
	(-1.14)	(-2.25)	(-7.11)	(-1.12)	(0.11)	(0.70)	(-0.43)	(1.66)
durb	-180.878***	1.828	-28.088	-26.497***	-14.981	-14.231	18.221	-6.351*
	(-5.30)	(0.19)	(-1.04)	(-3.17)	(-1.02)	(-1.14)	(1.05)	(-1.77)
open	190.108***	19.550***	-40.569**	10.827*	-0.639	-38.701***	18.683	8.574***
	(7.62)	(2.69)	(-2.09)	(1.84)	(-0.07)	(-4.44)	(1.32)	(3.21)
cou_ssec1	1.904***	0.379***	1.406***	0.434***	0.499***	0.557***	0.696***	0.150***
	(7.62)	(27.32)	(19.43)	(25.91)	(30.24)	(34.68)	(32.02)	(21.74)
cou_ssec2	1.209***	0.269***	0.949***	0.258***	0.389***	0.409***	0.467***	0.118***
	(39.07)	(31.25)	(35.70)	(38.00)	(30.97)	(37.31)	(29.51)	(22.31)
cou_ssec3	0.949***	0.191***	0.599***	0.182***	0.288***	0.334***	0.395***	—
	(36.92)	(25.94)	(27.62)	(24.41)	(27.08)	(38.15)	(25.43)	—
cou_ssec4	—	—	—	—	—	—	—	—
C	884.378***	96.699***	238.599***	49.000***	162.859***	91.429***	133.312***	37.943***
	(37.17)	(16.04)	(11.35)	(8.36)	(20.25)	(12.75)	(12.42)	(15.11)
R^2	0.913	0.845	0.860	0.858	0.850	0.897	0.875	0.797
N	720	720	720	720	720	720	720	720
F1	148.585***	222.834***	149.911***	159.699***	198.428***	185.009***	162.703***	120.871**
F2	48.043***	38.160***	23.902***	59.863*	23.592***	52.809***	43.248**	22.896

注：括号内为修正异方差后的 t 统计量，***、**、* 分别代表系数通过1%、5%和10%的显著性水平，ssec1—ssec4 分别表示不同的社会保障门槛区间需求水平或需求结构变量的系数，F1—F3 分别代表单一门槛、双重门槛及三重门槛检验的 F 值。

表6-10中社会保障对居民消费需求结构的影响效应检验结果显示：社会保障与农村居民食品、衣着、居住、家庭设备用品、交通通信、文教娱乐、医疗保健及其他服务消费需求间均呈现非线性正向相关关系，但正向促进作用呈不断缩小趋势，对食品和居住需求而言，当社会保障水平低于974.800、和669.261时，其估计系数相较其他消费需求较大，

说明在社会保障水平较低时,农村居民会首先满足最基本的物质生活需求,从而使得食品、居住、衣着等需求水平提升,而当社会保障水平分别超越这两个门槛值之后,其正向促进缩小趋势较为明显,这是因为,当社会保障水平进一步提升,农村居民的基本物质需求得到满足并转向较高层次的需求时,将使交通通信、文教娱乐与医疗保健需求占比不断提高,随着社会保障水平不断提升,超越某一界线后,居民对未来基本物质与健康等保障性有了确定性预期,从而进一步提升个人精神追求,逐步转向更高层次的商品需求。同时,社会保障对家庭设备用品需求的影响效应在1%的显著性水平下显著为正,原因在于农村居民的家庭设备用品大多还处于必需品阶段,社会保障水平增加,有利于居民提升未来收入预期,政府的转移性支出也有利于增加居民当期可支配收入,从而提升其对家庭设备及用品的需求。

其余控制变量对消费需求结构的影响存在较大差异。其中,家庭净收入增加抑制农村居民食品、衣着、居住消费需求水平提升,也抑制文教娱乐及其他服务消费需求水平提升,原因可能在于,我国农村居民对教育、文化消费的观念依然较为保守。但家庭净收入与交通通信消费需求水平在1%的显著性水平下正相关,其他不显著。家庭财产水平对农村居民食品、衣着、居住、家庭设备用品、交通通信、文教娱乐、医疗保健、其他服务消费需求均具有负向影响。经济开放水平对食品、衣着、家庭设备用品、其他服务消费需求具有显著正向影响,对居住、文教娱乐消费需求具有显著的抑制作用,对其他需求作用并不显著,产业发展水平与其他服务消费需求显著正相关,但与衣着、居住消费需求间呈负相关关系,其他不显著。城市化抑制食品、家庭设备用品和其他服务消费需求水平,其他不显著,原因在于城市化使农村与城市的关系更加密切,增加了农村居民的未来不确定性,抑制了居民消费需求提升。

四 城乡社会保障支出不均影响居民消费结构差距的实证分析

使用多重面板门槛模型检验社会保障支出不均对城乡居民消费结构差距的影响效应,结果显示:社会保障支出不均对城乡居民消费结构差距的影响效应因需求层次不同存在一定差异,对食品、衣着、居住、家庭设备用品、交通通信、文教娱乐、医疗保健及其他服务消费的影响效应在1%、5%或10%的水平下通过了多重面板门槛效应检验,其中对食品需求影响的门槛值为1.971、-0.614和0.840,对衣着需求影响的门槛值为-0.926、1.198和0.657,对居住需求影响的门槛值为1.096、-2.139和-1.981,对家庭设备用品需求影响的门槛值为1.971、-0.698和1.513,对交通通信需求影响的门槛值为-2.177和1.814,对文教娱乐需求影响的门槛值为-0.455、1.860和1.291,对医疗保健需求影响的门槛值为1.212和-2.177,对其他服务需求影响的门槛值为1.781、-1.965和1.516。社会保障支出不均对城乡居民消费结构的计量模型均通过了门槛效应检验(见表6-11)。

表6-11 社会保障支出不均影响城乡居民消费结构差距的估计结果

变量	d_food	d_clot	d_hous	d_equi	d_trac	d_cult	d_medi	d_othe
dinc	0.223 ***	-0.191 ***	0.248 ***	-0.261 ***	-0.0916	0.103 *	-0.114 *	-0.375 ***
	(3.36)	(-3.37)	(3.46)	(-3.96)	(-1.26)	(1.81)	(-1.76)	(-4.88)
dweal	-0.0134	-0.394 ***	-0.294 ***	0.466 ***	-0.161 **	0.650 ***	0.643 ***	0.357 ***
	(-0.14)	(-7.37)	(-2.89)	(5.33)	(-2.01)	(6.66)	(7.44)	(3.83)
open	-0.00728	-0.0432	-0.0818	0.0904	-0.0819	0.0929	-0.158 **	0.0236
	(-0.10)	(-0.50)	(-0.93)	(0.93)	(-1.01)	(1.34)	(-2.12)	(0.31)
indu	0.00107	-0.394 ***	-0.0924 *	0.0825 *	-0.116	0.156 ***	-0.178 ***	0.169 ***
	(0.02)	(-7.37)	(-1.73)	(1.80)	(-1.32)	(3.44)	(-3.03)	(3.20)
durb	1.219 ***	-0.948 ***	0.157	-0.271	-0.223	-0.672 **	0.277	-0.706 **
	(4.32)	(-3.27)	(0.47)	(-0.94)	(-0.73)	(-2.26)	(0.87)	(-2.49)
d_sec1	1.256 ***	-1.054 ***	-0.446	-0.297	-1.198 ***	-0.895 ***	-0.605	-1.327 ***
	(3.93)	(-3.21)	(-1.14)	(-0.91)	(-2.99)	(-2.74)	(-1.56)	(-4.03)
d_sec2	0.392	-0.349 *	0.245	0.103	-0.324	-0.884 ***	0.0536	-0.926 ***
	(1.54)	(-1.88)	(0.69)	(0.41)	(-1.10)	(-3.53)	(0.17)	(-3.40)
d_sec3	1.591 ***	-0.579 *	0.470	-1.548 ***	0.277	-0.416 *	-0.567 **	-0.718 ***
	(7.23)	(-1.92)	(1.35)	(-6.43)	(1.06)	(-1.78)	(-2.25)	(-2.68)
d_sec4	1.019 ***	-0.948 ***	0.771 ***	-0.750 ***	—	-1.094 ***	—	-0.466 *
	(4.12)	(-3.91)	(2.80)	(-3.13)	—	(-4.91)	—	(-1.84)
C	0.228 ***	-0.0390	-0.161 ***	-0.0682	-0.0821 *	-0.120 *	0.0975 **	-0.0840 **
	(3.99)	(-0.85)	(-3.03)	(-1.23)	(-1.94)	(-1.76)	(2.19)	(-2.01)
R^2	0.230	0.267	0.131	0.327	0.0938	0.362	0.198	0.203
N	720	720	720	720	720	720	720	720
F1	92.346 **	20.702 *	24.809 ***	54.029 **	15.491 **	49.768 **	25.147 **	11.363 **

续表

变量	d_food	d_clot	d_hous	d_equi	d_trac	d_cult	d_medi	d_othe
F2	40.286***	23.034**	10.388**	64.022***	19.437***	10.179**	25.006***	14.277**
F3	0.000**	0.000*	0.000**	0.000*	0.000	0.000*	-0.000	0.000*

注：括号内为修正异方差后的 t 统计量，***、**、* 分别代表系数通过1%、5%和10%的显著性水平，ssec1—ssec4 分别表示不同的社会保障门槛区间需求水平或需求结构变量的系数，F1—F3 分别代表单一门槛、双重门槛及三重门槛检验的 F 值。

表6-11估计结果显示：城乡社会保障支出不均与城乡居民食品消费结构差距在1%的显著性水平下呈非线性正向相关关系，与城乡居民衣着、家庭设备用品、文教娱乐、其他服务消费结构差距之间呈非线性负向相关关系，与城乡居民居住消费结构差距在1%的显著性水平下呈线性正向相关关系，与城乡居民交通通信、医疗保健消费结构差距之间呈线性负向相关关系。具体分析如下：对城乡居民食品消费结构差距而言，城乡社会保障支出不均程度越大，城乡居民食品消费结构差距越大，当社会保障支出不均通过门槛值0.840以后，社会保障支出不均对食品消费结构差距的正向促进作用有所减弱，表明缩小社会保障支出不均能够缩小城乡居民食品消费差距。对城乡居民衣着、家庭设备用品、文教娱乐、其他服务消费结构差距而言，城乡社会保障支出不均程度越大，以上消费结构差距越小，但城乡社会保障支出通过门槛值-0.926、-0.698、1.860和1.516之后，社会保障不均对以上消费结构差距的抑制作用减弱，反映了相较于食品这类基础消费，更高层次消费呈现出较强的城乡差异性，社会保障支出向乡村地区倾斜，有助于缩小城乡居民的消费差距，提升农村居民的消费水平。对城乡居民居住消费结构差距而言，社会保障支出不均程度越大，居民居住消费结构差距越大，缩小社会保障支出不均能够缩小城乡居民居住消费差距。对城乡居民交通通信、医疗保健消费结构差距而言，两者通过了双重门槛检验且存在正向相关结果，但正向结果不显著，其负向相关结果表明社会保障支出不均程度越大，居民交通通信、医疗保健消费结构差距越小，原因可能是城乡居民消费结构升级，城乡消费结构差距缩小。

其余控制变量对需求结构的影响存在较大差异。家庭收入与城乡居民食品、居住、文教娱乐消费结构差距之间呈显著正向相关关系，与城乡居民衣着、家庭设备用品、医疗保健以及其他服务消费结构差距之间呈显著负向相关关系，对其他消费需求影响不显著。家庭财产与城乡居民衣着、居住、交通通信之间呈显著负向相关关系，与城乡居民家庭设备用品、文教娱乐、医疗保健、其他服务消费结构差距之间呈显著正向相关关系，其他不显著。经济开放度与城乡居民医疗保健消费结构差距在5%显著性水平下呈负向相关关系，表明经济开放程度越高，城乡居民医疗保健消费结构差距越小，其他均不显著。产业发展水平与城乡居民衣着、居住、医疗保健之间呈显著负向相关关系，与城乡居民家庭设备用品、文教娱乐、其他服务消费结构差距之间呈显著正向相关关系，对食品与交通通信需求影响不显著。城镇化水平对城乡居民食品消费结构差距在1%显著性水平下呈正向相关关系，与城乡居民衣着、文教娱乐、其他服务消费结构之间呈负向相关关系，表明城镇化进程的加快将抑制城乡居民衣着、文教娱乐、其他服务消费结构差距的扩大，提升城乡居民消费水平，对其他消费影响不显著。

第三节　本章小结

为更有针对性地研究社会保障政策对居民消费的作用以及以此来缩小城乡居民消费支出和消费结构的差距，促进区域城乡协调的可行性。第一，本书将全国省域根据城乡经济协调水平由高至低划分为四个阵营；利用各省域1991—2015年的相关数据，采用面板模型和PRST模型对全国和四个阵营的城镇和农村社会保障支出与居民消费支出之间的关系以及城乡社会保障差异和居民消费差距之间关系进行估计，最终得出以下结论：(1) 各阵营社会保障支出对城镇和农村居民消费支出的影响存在显著差异，对第一阵营城镇呈显著负向影响，对其他阵营农村的正向影响作用接近城镇的10倍，在第四阵营这一差距达到最大。(2) 城乡社会保障支出不均与城乡居民消费差距之间呈非线性相关，全国1991—2015年数据通过了在以城乡社会保障差异为门槛变量的三重门槛效应检验，结果显示全国的城乡社会保障支出不均与城乡居民消费差距之间关系呈倒"U"型，只有城乡社会保障支出不均程度小于0.769时，改善社会保障城乡支出的扭曲程度才有助于缩小城乡居民消费差距；城乡经济协调分异下的四个阵营城乡社会保障支出不均与居民消费差距之间的相关关系因城乡经济协调水平高低变化而存在一定差异，第一阵营二者呈反向非线性相关，第二阵营、第三阵营二者呈倒"V"型相关，第四阵营二者呈倒"U"型相关。可见，除第一阵营调整城乡社会保障支出比例对居民消费差距缩小无意义以外，其余三个阵营在各自城乡社会保障支出不均指数小于门槛值0.991、0.997、0.776时，社会保障支出城乡比例调整都有意义。（3）城乡收入差异和城乡财富差异约束社会保障支出对城乡居民消费差距的影响作用发挥：①在城乡收入差距约束下，全国、第一阵营、第三阵营、第四阵营城乡社会保障支出不均对居民消费差距的影响在各自门槛值之后由负转正，二者呈"U"型相关，当城乡收入差距在全国、第一阵营、第三阵营、第四阵营分别大于0.174、0.048、0.101及0.144时，改善城乡社会保障支出不均有助于缩小城乡居民消费差距。但第二阵营二者间呈非线性负相关关系。②而在城乡财富差异约束下，全国社会保障支出对城乡消费差距的影响在门槛值前后呈现先负向后正向的影响，相关关系呈"V"型，可见，城乡财富差异也存在需要跨越的门槛值。第一阵营、第二阵营城乡社会保障支出不均与城乡居民消费差距之间呈显著的非线性负向相关，而第三阵营、第四阵营未通过门槛效应检验，社会保障支出不均与城乡消费差距之间呈显著的反向线性相关。

　　第二，本书利用我国1992—2015年各省域城乡社会保障支出数据和消费结构数据，采用门槛模型对全国城镇和农村社会保障支出与居民消费结构之间的关系以及城乡社会保障不均对居民消费结构差距的影响进行估计，结论主要有以下几点：（1）城镇社会保障支出与城镇居民食品、衣着消费需求、城镇家庭设备用品、城镇交通通信消费需求、城镇文教娱乐消费需求、城镇医疗保健消费需求、其他服务消费需求呈非线性正相关，当城镇社会保障支出水平分别低于门槛值4547.100、5199.400、2568.710、3821.210、1099.490、1097.870时，增加社会保障支出有助于提升城镇家庭设备用品、城镇交通通信消费需求、城镇文教娱乐消费需求、城镇医疗保健消费需求、其他服务等消费需求；城镇社会保障支出与城镇居民居住消费需求呈线性负相关关系，表明城镇社会保障支出的增加会抑制居民居住需求。（2）农村社会保障支出与农村居民食品、衣着、居住消费需求、农村家庭设备他用品、农村交通通信消费需求、农村文教娱乐消费需求、农村医疗保健消费需求及其他服务消费需求间均呈现非线性正向相关关系，当农村社会保障水平分别低于门槛值974.800、1446.579、669.261、975.951、1765.700、1521.300、1766.000、1071.250时，社会保障支出增加有助于食品、衣着和居住的消费需求提升，而随着社会保障水平跨越各自的第一个和第二个门槛值974.800、1446.579、669.261、975.951、1765.700、1521.300、1766.000、1071.250 和 1765.700、2272.755、2272.755、2121.000、2391.500、2121.000、2121.000、1521.300后，社会保障对农村居民食品、衣着、居住、家庭设备用品、交通通信、文教娱乐、医疗保健及其他服务消费需求的正向促进效应逐渐减弱。(3) 城乡社会保障支出不均与城乡居民食品消费结构差距呈非线性正向相关，当城乡社会保障支出不均低于门槛值0.840时，不均水平越大，城乡居民食品消费结构差距越大，当社会保障支出不均超过其门槛值后，对食品消费结构差距的正向促进作用有所减弱；城乡社会保障支出不均与城乡居民衣着、家庭设备用品、文教娱乐、其他服务消费结构差距之间呈非线性负相关关系，当城乡社会保障支出不均水平在其门槛值 -0.926、-0.698、1.860 和 1.516之前，城乡社会保障支出越不均，这四种消费结构差距就越小，但当城乡社会保障支出分别通过门槛值之后，城乡社会保障不均对以上消费结构差距的抑制作用就会减弱；城乡社会保障与城乡居民居住消费结构差距呈线性正向相关关系，与城乡居民交通通信、医疗保健消费结构差距之间呈线性负向相关关系。

基于以上结论，后期制定缩小城乡居民消费差距的路径时应考虑以下几点。

第一，加大农村社会保障政策改革力度。本书估计结果显示在第二、第三、第四阵营农村社会保障对提升农村居民消费支出的作用较大，显著大于农村居民收入对农村居民消费支出的引致作用。可见，较城镇而言，农村居民对社会保障政策抱有更高的期望。因此，应促进农村社会保障政策改革，在国家财政收入约束下，应逐步引入第三方企业承担基本社会保险以外的保险业务，为农村居民做好养老、医疗等保险服务工作，提升收入预期，从而增加当期消费，提升生活水平，实现与第一阵营的区域协调目标。

第二，谨慎使用扩大农村社会保障支出的相关政策。原因在于单一扩大农村社会保障支出政策未必能够缩小城乡居民消费差距，仅在以下情况下适用：一是在第一阵营城乡收入差距大于0.048的省份；二是在第二阵营城乡社会保障差异小于0.991的省份；三是在第三阵营城乡收入差距大于0.101的省份或社会保障差异小于0.997的省份；四是在第四阵营城乡收入差异大于0.144的省份或社会保障差异小于0.776的省份更适宜于使用扩大农村社会保障支出，进而缩小城乡居民消费差距。因此，在促进区域城乡协调发展的目标下，要更充分地考虑城乡收入差距与社会保障差异等情况，在此基础上制定符合地区实际的社会保障政策，盲目扩大农村社会保障支出，不仅无法实现城乡协调目标，甚至可能加大城乡居民消费差距。

第三，加大对外开放的政策更适用于城乡经济协调水平高的区域。据估算在第一、第二阵营加大对外开放力度能够显著缩小城乡居民消费差距，但在第三、第四阵营这一影响作用并不显著。可见，城乡协调水平较高的省份可通过加强国际产业合作、对外交流、增加外贸等方式提升对外开放水平，进而缩小城乡差距。

第四，加速提升第二、第三阵营的产业结构和城镇化建设水平。据估算产业结构和城镇化水平提升能够显著缩小城乡居民消费差距，但在第二、第三阵营的作用大于第一和第四阵营，因此，第二、第三阵营在促进城乡协调发展过程中，应将重点放在产业结构提升和城镇化建设上。一方面，可通过产业转移或承接、技术进步、创新发展等方式进一步提升区域内产业的全要素生产率，从而提升产业结构。另一方面，可通过户籍制度改革、基础设施建设等促进地区城镇化发展。进而从产业结构与城镇化两个方面共同加速缩小城乡居民消费差距，促进城乡协调发展。

第五，首先，应关注城乡社会保障与城乡居民消费结构之间的门槛效应，根据城乡社会保障发展的不同阶段，合理配置相应的保险和社会福利项目，对居民生活发挥托底作用，释放居民消费潜力，从而高效地发挥社会保障促进居民消费结构升级的作用。其次，依靠增加社会保障支出来促进居民消费结构升级这一目标不可能在短期内实现，社会保障支出对城乡居民消费结构的影响在较长时间内才能充分显现出来。因此，我们需要大力完善社会保障制度，建立健全覆盖城乡、统一公平的社会保障体系，平衡城镇和农村的社会保障发展水平，合理适度加强对农村地区的社会保障的政策支持，拓展其社会保障覆盖范围，逐步缩小与城镇社会保障水平的差距。最后由于家庭收入是影响城乡社会保障释放居民消费能力的重要因素，因此在进一步完善城乡社会保障体系、提高居民社会保障水平的同时，不断开拓和巩固促进城乡居民增收的途径，通过加快推进收入分配、税收和财政改革及其他直接影响城乡居民切身利益的各项改革，从根本上提高城乡居民的消费能力，以推动消费结构的优化和现代化。

第七章

公共支出视角下缩小城乡消费差距的路径与政策建议

根据以上理论研究结果与实证研究结论,本书提出从公共支出视角缩小城乡居民消费差距的实施路径与政策建议,具体如下内容所示。

第一节 公共支出视角缩小城乡居民消费差距的实施路径

为提高实施路径的针对性与可行性,结合公共支出的研究视角,本书分别从优化民生性支出、改善投资性支出与调整转移性支出等思路入手,提出缩小城乡居民消费差距的实施路径。

一 调整民生性支出视角的实施路径

(一)优化城乡财政支出结构,提升城乡民生性支出效率

本书第三部分详细说明了民生性支出与居民消费的相关关系,表明民生性支出存在最优规模,而本书第四部分以教育支出为例对第三部分民生性支出影响居民消费的理论机理进行了实证检验,检验结果表明民生性支出不均与城乡居民消费差距间存在非线性相关关系,但从全国、中部及西部地区看,民生性支出均等化水平越高时,加大农村地区教育投入,缩小城乡教育投入差距才能缩小城乡居民消费水平。但2015年我国中部地区教育投入差距指数为0.355,西部地区教育投入差距指数为0.376,全国集聚教育投入差距指数为0.332,而本书计算的第四部分城

乡教育投入全国、中、西部最小门槛值分别为 3.661、3.913 和 3.192，可见，目前我国的城乡教育投入不均程度基本处于最小门槛值之下，此时，推进城乡民生性支出均等化对缩小城乡居民消费差距具有重要作用。

而要提高民生性支出在城乡的支出效率，应通过以下路径实现：一是全面调研分析，全方位了解农村地区教育投入状况。组织教育投入调研团队，深入我国中、西部地区农村中、小学，通过访问学生、教师、教育主管部门人员等了解国家财政教育投入经费使用情况及现存困难，并形成书面材料向财政主管部门汇报，形成财政预算重要参考资料，促进财政预算支出比例朝向合理化发展。二是加大贫困落后地区财政民生性支出比例，改善贫困地区教育、医疗及卫生条件。在国家精准扶贫政策指引下，进一步核查贫困村落、村民，引导各地区财政管理部门、教育管理部门制定贫困户助学政策，建立财政专项教育、医疗经费账户，帮助贫困家庭学生顺利完成学业，避免贫困户脱贫后返贫，不断提升贫困户的收入水平，促进农村地区居民消费水平全面提高，缩小城乡居民消费差距，实现社会公平。三是营造良好投资环境，引导社会资金投入城镇教育。在我国东部地区城镇加大教育投入不仅无法提升居民消费水平，反而会因税收等负担加重抑制居民消费，但东部地区教育水平与国际水平依然存在差距，这就需要从行政审批、校企合作等入手，营造良好的教育、医疗等公共产品投资环境，吸引社会资金投入，在提高教育、医疗水平的同时，提升居民消费水平。

（二）加速推进乡村振兴战略，实现农村居民生活富裕

根据本书第三部分测算，城乡教育支出投入不均对城乡居民消费差距的影响受到城乡纯收入差距与城乡财富差异的约束，在城乡纯收入差异的约束下缩小城乡教育投入差距不一定能缩小城乡居民消费差距，虽然西部地区城乡教育投入不均对城乡居民消费差距的作用不受城乡收入差距的影响。但全国、东部及中部地区的城乡居民收入差距只有大于门槛值 0.138、0.210 和 0.136 时，缩小城乡教育不均才有助于缩小城乡居民消费差距，而 2015 年我国、东部及中部的城乡收入差距分别为 0.093、0.109、0.084，都低于门槛值，而此时，单纯缩小城乡教育投入不均对缩小城乡居民消费差距的影响作用并不显著，而城乡居民财富差异也会约束城乡教育投入不均改善对居民消费差距影响作用，全国的城乡财富差

异只有大于 0.225 小于 1.005 时才能依靠缩小教育投入不均来缩小居民消费差距，而 2015 年我国的城乡财富差异为 0.085，并不在 0.225 和 1.005 之间，可见，在不考虑城乡收入和城乡财富差异时单一缩小城乡教育投入不均不一定能缩小城乡居民消费差距。为此，本书提出应通过乡村振兴战略，促进农村居民生活水平提升，从而提升农村居民消费，缩小城乡居民消费差距。

为此，应从以下几方面着手提高农村居民消费水平：一是完善土地流转制度，促进农业产业化发展。土地流转制度是巩固农村基本经济制度的核心，有助于农业产业化发展，降低农业管理成本，提高农业机械化效率，提高农产品附加价值，从而降低农业投入成本，增加农民收益，提高农村居民消费。二是推进农村信息化发展，搭建农民就业创业平台。在信息化的时代，农村居民消费水平较低的一个重要原因在于农村信息化发展较晚，信息服务在农村依然滞后，限制了农村居民拓宽消费渠道，抑制居民消费提升；此外，信息化能够为农民创业、就业创造网络条件，使农民与外界紧密联系，不断调整自己，适应市场环境，寻找商机和工作机会，提升个人及家庭收入，进而提升消费水平，最终缩小城乡居民消费差距。

（三）加大农村教育投入，推进城乡义务教育一体化

教育支出是民生性支出的重要部分，较医疗、卫生、行政费用、国防支出等其他民生性支出而言，教育支出的目的在于人才培养，是一种人力资本投入，因此其对居民消费的影响是通过两个途径实现的：一是在公共支出总量不变的情况下，教育支出增加有助于改善教学环境，提升教育质量，增加人才储备量，提升人力资源产出效率，促进经济增长，提高居民收入，进而提升居民消费水平。二是教育支出来源于公共支出，而公共支出来源于税收，在我国现行税收体制下，城镇居民的税收负担大于农村居民，增加教育支出投入将更大程度地挤出城镇居民消费，从而缩小居民消费差距。在我国长期的城乡二元经济发展体制下，农村教育水平与城镇差距较大，不利于农村居民素质提升，也阻碍了农村居民提高自身劳动生产效率，提升家庭收入水平和消费水平的目标实现，更导致了城乡差距不断扩大，各类因社会不公平而产生的矛盾日益增多。为此，应不断扩大农村教育投入，推进我国城乡义务教育一体化发展。

首先，以现代化建设为标准，推进中、小学建设。农村中、小学建设状况与城镇差距较大，缺乏计算机、网络等信息化设备的建设，制约了乡村中、小学生通过网络课程、计算机等与外界联系、沟通及互相学习，限制了学生自主学习能力和创新能力的发挥。因此，在加大农村教育投入过程中，应重视在中、小学的计算机、网络设备建设方面的投入，不断缩小城乡教育信息化差距。其次，扩大乡村教师培训经费投入，不断提升乡村教学水平。我国农村地区教师学历普遍低于城镇，缺乏培训、学习机会，导致师资水平难以提高。为此，应不断加大乡村教师培训力度，在有条件的师范院校专门设立乡村教师培训机构，以财政补贴的形式，鼓励师范院校定期对乡村教师进行培训；此外，加大培训补贴，鼓励乡村中、小学组织教师前往城镇的优秀中、小学进行观摩、学习，不断提升农村教师教学水平。最后，提升农村教师工资水平，增强农村师资力量。我国广大农村地区依然面临着教师缺乏的问题，原因在于农村地区生活便利性差，教师待遇水平低，鉴于此，应不断提高农村教师工资水平，以优惠政策吸引高校毕业生投身农村教育事业，扩充农村高水平教师力量，提升农村师资水平。

二 优化投资性支出视角的实施路径

（一）扩大西部农村投资性支出，推进西部地区城乡协调发展

本书第五部分的实证检验结果表明，在时空分异下，缩小公共基础设施投资差距不一定缩小城乡居民消费差距，但缩小西部地区公共基础设施投资差距对缩小西部地区居民消费差距具有显著作用，原因在于与东、中部地区相比，西部地区城乡基础设施落后，且差异较大，如新疆、贵州等山区农村地区，基本的道路设施尚不能满足居民需要，因此，基础设施的少量投入会在更大的乘数作用下对经济增长产生积极作用，从而增加居民收入，对居民消费产生较东部与西部地区农村更大的挤入效应，且在基础设施越差的贫困地区投入量提升越多，越有利于该地区居民消费增加。因此，缩小西部地区的基础设施差距对缩小城乡居民消费差距具有显著影响。且经过测算，加大农村基础设施投入对农村居民消费水平提升具有显著的正向推进作用，而扩大城镇基础设施投入对城镇居民消费具有显著的抑制作用。为此，提出扩大西部农村地区投资性支

出，不断推进西部地区城乡协调发展的路径。

这就需要做好以下几点工作：一是全面调查分析西部农村投资性支出状况，精准化投入建设资金。由于国家财政资金来源于税收，税收提升，居民可支配收入减少，居民消费水平降低，为此，精准投入投资性支出资金，不仅能够提升资金使用效率，且能减小财政支出负担。而要实现投资性支出精准化，必须对西部农村的基础设施状况、公共基础设施对居民消费及消费结构的影响进行全面调查与分析，了解投资性支出投资的确定建设项目，做好资金预算，提升农村投资性支出效率。二是加强西部农村地区网络、道路等公共基础设施建设，改善农村经济发展环境。农村经济发展的制约因素来源于农村基础设施水平较低，交通、消费便利性差，在信息化发展时代，网络、道路建设能够较其他基础设施在较大程度上促进城乡联系，提高投资与消费便利性，从而拓宽农村居民收入渠道，提高居民收入水平，增加居民消费。

（二）优化投资性支出结构，提升投资性支出效率

根据本书第三部分的理论分析结论，投资性支出对居民消费的影响作用方向并不确定，这取决于投资性支出的产出系数和居民的风险厌恶系数大小，而本书第五部分的实证检验结果表明：投资性支出中的基础设施支出抑制了东部与西部地区的居民消费，尤其是城镇的居民消费，可见，扩大我国东、西部地区投资性支出，对提升居民消费水平将存在较大抑制作用。此外，第五章关于城乡基础设施投资不均与城乡居民消费差距的相关关系检验结果表明，目前缩小东部、中部的城乡基础设施差距对城乡居民消费差距缩小的作用并不显著。加之，杨琦（2018）等人的测算结果表明，道路、网络及电信基础设施投资增加有助于促进农村居民消费水平提升，而基础设施投资是投资性支出的重要组成部分[①]。鉴于此，缩小居民消费差距，应不断优化投资性支出的内部结构，这就需要从以下几点着手：

一是全面分析我国投资性支出结构，精准化协调区域投资比例。改革开放后各项经济发展战略及不同区位条件导致我国东、中及西部地区经济发展不平衡，发展差距较大，各项投资性支出存量也存在显著的区

[①] 杨琦：《农村基础设施投资是拉动还是挤出了居民消费》，《南方经济》2018年第1期。

域差异，加之城乡二元结构的存在，导致城乡间投资性支出结构也存在明显差异，鉴于此，必须对我国东、中、西部地区的投资性支出结构进行全面分析，根据分析结果调整区域的投资性支出结构。二是扩大全局性、战略性基础设施投资支出，发挥投资性支出的空间溢出效应。全局性基础设施投资包括铁路、国家网络等基础设施，该项基础设施投资能够使东、中、西部地区、我国城与乡间的联系更加紧密，为要素在区域间、城乡间流动提供便利，发挥东部地区对中、西部地区的辐射带动作用，提升城镇对农村的"反哺"效果，缩小区域间、城乡间经济发展差距，从而提高农村居民收入，缩小城乡消费差距。

（三）合理控制投资性支出规模，引导民间资金参与公共基础设施建设

本书第三部分理论分析阐明了投资性支出是公共支出的重要组成部分，但公共支出来源于税收，税收增加将减少居民可支配收入，从而抑制居民消费，因此，仅依靠政府提供基础设施，将抑制居民消费。而本书第五部分实证结果表明缩小财政城乡基础设施差距对缩小东部和中部地区的居民消费差距作用并不显著，由此可见，目前，加大财政对城镇基础设施投入将对居民消费产生抑制作用，但即使是东部地区居民生活水平与世界发达国家相比依然存在较大差距，居民消费水平依然亟待提升，因此，应合理控制投资性支出规模，引导社会资金参与到公共基础设施建设上来，在刺激经济增长的同时，提升居民消费水平，尤其是农村居民消费水平，进而缩小城乡居民消费差距。为此，应从以下几点着手。

一是处理好财政投资与民间投资的关系，保障民间投资空间。一般而言，民间投资较政府投资更注重资本的获利，通常会将资本重点投资到高收益、见效快、回收期短的竞争性领域，而低收益、回收期长、见效慢且涉及国计民生的投资性项目和公共基础设施建设主要由政府承担。民间资本和社会资本是基础设施建设的两大来源，若政府资本过多涉入市场，将挤占民间投资的盈利空间，不利于民间投资增长，同时也将挤出居民消费。因此，政府应将投资性支出重点投向民生性基础设施建设，而一些效益高、回收快的投资项目应鼓励和支持民间资本投资。二是营造良好的地区投资环境，保障民间投资收益。地区投资环境是吸引外来

投资和本地社会投资的基础,宽松的税收体系,配套的教学、医疗卫生服务体系,便利的融资平台体系,公共服务质量较高的政府治理体系等能够营造一个良好的投资环境,增强社会资本的投资信心,保障社会资本投资收益。而纵观我国农村地区,投资环境依然较差,因此,要实现吸引社会资本投入农村基础设施建设的目标,应从改善农村环境入手。

三 改善转移性支出视角的实施路径

(一) 加大中、西部地区居民转移性支出,促进居民消费水平

我国中、西部地区因沿海地区优先发展相关战略措施及自身区位条件、经济基础等原因与东部地区发展差距较大,加之因长期存在的城乡二元经济结构的影响导致城乡差距较大的第三、第四阵营地区均处于我国中、西部地区。这些地区因经济发展滞后,居民收入水平较低等原因导致居民消费平均水平明显低于东部地区,居民生活水平也难以提升。因此,提升中、西部地区农村居民消费水平既有助于缩小中、西部地区的城乡消费差距,也有利于东、中西部地区协调发展。第六章研究结论说明除第一阵营外,城镇或农村社会保障支出水平提升对城镇或农村的居民消费水平提高具有显著的推动作用,且农村的这一推动作用是城镇的 10 倍左右,为此,加大中、西部地区居民转移性支出,既有助于提升该区域居民消费水平,也有助于缩小城乡居民消费差距。

为此,应从以下几点着手加大中、西部地区居民转移性支出:一是重视农村扶贫,精准扩大转移性支出对象。在国家精准扶贫政策的引导下,加大对中、西部地区"建档立卡"贫困户的转移支付,通过增加该群体医疗、养老等保障经费支持,降低贫困户生存顾虑,提升贫困户未来发展信心,培养贫困户发展能力。二是单独设立社会保障事业管理委员会,根据中、西部地区城乡不同特点差别化实施扩大转移性支出的相关政策。通过对中、西部地区城镇与农村居民收入、居民财富、地区发展状况等进行全面调研的情况下,制定差别化资金管理制度,促进中、西部地区社会保障事业的发展。三是扩大城镇低收入群体的社会保障支出,增强转移性支付的再分配功能。根据城镇居民的收入登记划分,在现有社会保险补贴标准基础上,注重提升低收入群体的社会保险补贴标准,在避免增加企业和个人社会保险支出负担的基础上,优化公共支出

中的转移性支出比例，切实扩大低收入群体的转移性收入，提升其消费水平，缩小城乡居民消费差距。

（二）完善转移性支出体系建设，保障居民福利水平

社会保障是转移性支出的主要支出形式，中华人民共和国成立以来的社会保障制度是从1951年颁布《中华人民共和国劳动保险条例》开始的，到20世纪80年代中期，社会保障制度主要以企业为主体，即基本只在城镇居民中发挥作用。1986年《国务院关于发布改革劳动制度四个规定的通知》把企业职工养老保险扩大到劳动合同制工人，并在县、市级实行统筹，到1991年96%的市县实行了养老保险统筹，这才标志着我国社会保障制度改革进入实质性阶段，社会保障制度才逐步开始在农村居民消费中发挥作用，2000年后新农村社会养老保险和医疗保险开始试点实施，社会保障制度在农村才开始逐步完善，但直到今天，养老保险在农村的覆盖率依然远低于城镇，预计到2020年才能实现全部覆盖。结合本书第六章的实证检验结果，我国的社会保障支出对居民消费的影响受到居民收入与居民财富的约束，因此，在地区差异、收入差异、财富差异分类的基础上，以基本医疗保障和生活保障为导向，进一步完善我国农村基本养老、医疗、失业、工商等保险制度，探索农民工在城镇的各项保险体系建设。

具体从以下几方面着手：一是建立政府主导的养老保险发放保障体系，扩大参保范围。建立社会保险账户，及时补充账户基金；制定统一、规范的城镇个体工商户与灵活就业人员的参保缴费标准政策；探索低收入群体的参保方式，减少养老保险上缴份额，降低养老保险参与门槛。此外，探索多层次养老保险体系，吸引企业参与社会保险。根据地区发展状况，居民收入水平，地区企业经营情况等，在经济发展状况好的东部地区农村逐步探索建立企业年金、基本养老保险和储蓄相结合的养老保险体系，减轻财政负担，减少个人消费的挤出效应。二是逐步完善新农合医疗保险体系，提高医疗保险覆盖面。针对中低收入农村家庭，特别是建档立卡贫困户，提高大病补贴标准，简化报销方式；引导社会保险管理机构探索农村居民社会保险、医疗保险账户相互拆借措施，提升社会保险福利性，解决中低收入群体看病致贫问题，提高居民预期收入，提升居民当期消费水平。三是完善失业保险申领办法，提升失业人员再

就业能力。根据失业人员再就业期望及培训情况等，进一步完善失业保险申领条件；根据地区产业发展政策，引导社会保险管理机构增设失业人员技能培训专项经费，加大力度对失业人员进行再就业培训，提升失业人员就业能力，增加失业人员收入，提高失业人员消费水平。四是构建工伤保险体系，完善工伤保险政策。通过企业、工会等组织宣传工伤保险政策，制定工伤保险标准，建立由工人、医生和政府人员共同组成的工伤鉴定委员会，鉴定工伤事故，切实保障工人基本权益。

（三）明确政府职责，发挥市场作用，优化转移性支出项目结构

根据本书第三部分理论研究和第六部分的实证研究结果表明：转移性支出对居民消费的作用不仅取决于转移性支出自身大小，也受到储蓄、收入等其他因素的影响，且转移性支出项目因比例不合理，在居民风险规避下，会使居民的转移性收入转化为居民储蓄，对居民消费提升作用无法显现。因此，调整转移性支出项目结构，使其与居民储蓄、收入等比例协调，从而促进居民消费水平提升，尤其是农村居民消费水平提升，有助于缩小我国城乡居民消费差距。优化转移性支出项目结构，第一，应明确政府职责，发挥政府的宏观引导与规划作用。根据政府职能，划分中央与地方政府管理职责，中央政府重点负责全国统一的基本养老保险、军人社会保障、重大疫情、自然灾害的社会救助等具有全国性公共产品特征的保障项目；在此基础上还应该做好各地方转移性支出项目的监督和管理工作，承担地方间各项利益冲突的协调工作，为地方根据自身特点实施差别化转移性支出结构提高保障与支持；中央政府还应完善中央财政投入机制，做好转移性支出年度规划，指导地方政府落实中央相关政策。而地方政府主要根据中央政府的统一公共医疗保险政策，结合地区特点，负责建设和发展具有较强的地方性公共产品特征的项目，例如，制定城镇最低生活保障标准，失业救济金标准、职业年金实施办法、社会福利标准等；地方政府还应执行好国家统一的公共医疗保险政策，并针对贫困地区，实施有针对性的地区公共补贴标准和补贴项目，不断降低转移性支出制度成本，提升制度的运行效率。地方政府还应优化地方财政政策，配套做好转移性支出项目结构优化工作。第二，应处理好政府与市场的关系。在社会保险政策制定过程中，政府应发挥主要作用，并制定政策引导市场利用自身运行机制解决社会保障政策具体实

施过程中的问题，并吸引社会资本参与医疗保险、失业保险等基金账户的设立与管理，根据市场需求设立转移支出项目类别，优化项目结构，提升转移支出的经济增长效应和消费提升效应，进而缩小城乡居民消费差距。

第二节　公共支出视角缩小城乡居民消费差距的政策建议

为保障缩小城乡居民消费差距的实施路径能够顺利执行，提升路径运行效率，本书在此从民生性支出、投资性支出与转移性支出视角分别提出缩小城乡居民消费差距的政策建议。

一　调整民生性支出视角的政策建议

（一）中央政府层面

第一，发挥宏观调控的引导作用，精准化缩小城乡民生性支出差距。民生性支出标准决定了教育、医疗、卫生、行政的财政支出额度，为缩小我国城乡消费差距，应根据区域特点制定灵活的民生性支出标准。这就需要中央政府从以下几方面着手，引导地区实施精准化的民生性支出政策：一是通过国家宏观调控，平衡城乡间民生性支出差距。在全国范围内调动资源、全面分析我国城乡民生性支出差距及影响因素，以不同的财政补贴标准引导农村政府加大教育投入力度，引导城镇政府积极帮扶农村教育发展。二是通过制定民生性支出绩效评价体系，评估城乡民生性支出效率。根据民生性支出的消费效应、收入效应、经济增长效应、人力资本效应等设计评价体系，并成立中央直属的评估机构，评估城乡民生性支出绩效，引导教育、医疗等民生性支出向农村地区转移，缩小城乡民生性支出差距。三是制定弹性化的民生性支出标准，促进乡村教育、医疗发展。提高乡村生均财政经费标准，制定城乡同等的教师、医师工资标准，改善农村教学软环境，提升医院医疗水平，促进乡村教育、医疗发展，缩小城乡民生性支出差距，平衡城乡居民消费差距。

第二，建立健全农村民生性支出的保障机制，提升农村民生性支出效率。目前，我国民生性支出的相关制度的法制建设相对落后，教育、医疗等民生性支出资金依然缺乏有效约束和监督，预算与决算存在一定差距，资金使用过程的透明性与公开性不强，随意性较强。为此，中央政府应从以下几点着手，出台农村民生性支出的保障措施，提高农村民生性支出效率：一是出台相关法律，保障民生性支出的规范使用。明确民生性支出的支出对象、分配方式、拨付程序及违法惩治措施，落实各相关部门的法定职责，约束各职能部门依法司职，保障民生性支出的使用效率。二是完善民生性支出的预算、决算制度，引导民生性支出改善农村居民生活水平。完善民生性支出划拨部门的年度预算项目编制目录，要求省级部门在预算目录内详细进行教育、医疗、行政等资金使用预算。此外，强化民生性支出资金使用审计和监督，在国家审计为主导的前提下，引入社会审计机制，对民生性支出资金使用的各个环节进行全方位审计，专项检查农村义务教育、医疗等公共服务支出资金使用情况，实施民生性支出资金的精细化管理政策，提升农村教育、医疗等民生性支出效率。

（二）地方政府层面

第一，提升农村政府执政能力，保障农村民生性支出发挥应有作用。农村财政部门承担农村民生性支出的分配与划拨工作，而教育、医疗、卫生等部门是教育、医疗等民生性经费的使用主体，其执行能力决定民生性支出效率。应从以下几方面着手提升农村政府执政能力：一是发挥人民监督作用，规范政府行为。完善乡镇政府、村委会的监督管理制度，实施财政福利性补贴公示政策，及时采纳民众意见及建议，完善居民意见反馈机制，及时整改查处各类渎职、腐败问题，营造良好的政府执政环境，保障教育、医疗等财政补贴切实落到每一位贫困居民手中，缩小贫富差距。二是扩大基层公务员培训范围，不断提升基层政府公共服务能力。地方省级政府应联合省内高校，定期开办公务员执政能力提升培训班，提升基层公务员业务能力；市级与县级政府应定期组织财政部门、教育、医疗卫生等部门公务人员前往省城或东部沿海城镇的对口部门交流、学习，提升基层尤其是农村政府的执政能力和公共服务能力，保障中央民生性支出在农村地区精准化发挥对消费的激励作用。

第二，提升地方政府公信力，降低居民不确定预期。提升政府公信力，需地方政府从以下几点着手：一是健全地方政府决策机制，科学制定决策程序。以地区发展规律为依据，兼顾社会公平与经济效率，广泛收集民众意见，扭转个别领导脱离实际做决策的思路，并切实将公众参与、专家论证、风险评估、法律审查、集体讨论决策等确定为法定决策程序，确保政府决策科学合理、程序正当、公开透明、责任到人。二是推行政务公开制度，增强政策制定透明度。对于非国家机密、个人隐私的政务信息要及时公开，对于民生性支出对象、资金实用情况定期公示，对民众申请公开信息，在法定时限内及时回复，并做好相应工作。三是实施行政问责制，完善政府绩效考核制度。按照权责对等原则，在明确教育、医疗卫生等政府机构的主体责任和权利的基础上，建立严密的政府问责程序，推行多元化主体的问责体系，重点问责行政乱作为与行政不作为现象，制定完善的政府考核机制，引导政府公务人员将工作重心转移到满足人民日益增长的公共服务需要上来，不断优化服务质量，提升政府公信力，消除民众投资、消费的不确定性，在提升居民收入水平的同时，不断提高居民消费水平。

二 优化投资性支出视角的政策建议

（一）中央政府层面

第一，完善顶层设计方案，优化投资性支出结构。中央的投资性支出实施方案指导地方政府的投资性支出方向及结构安排。为提升投资性支出效率，改善西部地区、农村地区的基础设施状况，提升贫困地区居民生活水平与消费水平，中央政府首先应成立专门的投资性支出绩效评估部门、评估小组或委托高校、企事业单位，构建能够评判投资性支出的公共服务绩效、经济增长绩效、生活质量提升绩效等多层次评价指标体系，准确判定东、中、西部地区的投资性支出效益与结构安排状况，并形成专门的评价性报告，作为中央财政进行投资性支出方案设计的重要参考材料。其次依据投资性支出总量及投资结构评价结果，结合国家当前发展战略、地区经济发展状况、城乡的未来发展定位等设计投资性支出方案，明确未来三年到五年，投资性支出的重点项目、重点投资区域、引导地方政府按照规划方案，结合地区实际情况，优化投资性支出结构。最后应成立专门的督导小组，指导地方政府根据地方实际不断细化中央的顶层设计方案，并以公共服务质量提升，居民生活水平提高为目标，优化地区的投资性支出结构。

第二，深化财税体制改革，保障民间投资收益。财税体制改革有助于明确中央政府与地方政府承担投资性支出资金多少的责任，在合理的财政约束下，深化财税体制改革更有助于充分发挥公共投资性支出效率，扩大民营投资空间，保障民间投资收益，提高民间投资热情。首先，应完善中央政府与地方政府的财政分配制度，明确各级政府的事权和责权，根据受益范围划分政府支出责任、受益范围涉及全国或多个区域的由中央政府承担支出资金，而受益范围仅为地区内部的应由地方政府承担支出资金，由粗到细设计中央、省、市县三级政府事权明细单，制订明确的事权方案，渐进优化式执行方案内容。其次，应推进财政预算改革，制定一套规范统一、公开透明的预算体系，强化政府预算约束，统筹安排财政资金，全面校正过度投资、越位投资、缺位投资等不良状况，保障投资性支出合理性，保障民间投资空间。最后，改革企业征税制度，对投向具有公共服务性质的企业或个人给予税收优惠或补贴，鼓励民间投资加大具有正外部性的固定资产投资额，改善地区经济发展环境和人民生活环境，最终提高居民收入水平和消费水平。

(二) 地方政府层面

第一，加强地区间联系，扩大投资性支出空间效应。公路、桥梁、水利设施等基础设施在地理距离较近的区域间存在明显的空间溢出效应，因此，在地方财政资金有限的状况下，加强与邻近政府间协作，能有效节省地方财政的投资性支出资金。为此，首先，应完善地方政府间协作机制，加强地方政府间沟通与交流。在计划进行省际、市际、县际等公路、桥梁、水利、电力、网络等基础设施建设初期，政府间应进行协商，共同研究建设方案，财政资金共担计划等，积极稳妥地进行地方基础设施建设工作。其次应不断完善地方政府的投资性支出收益分配机制，利用法律法规明确政府间协作的利益分配关系及风险共担方案，不断降低地方政府间协作的交易成本与交易风险，增强地方间政府协作的意愿。最后搭建政府自主合作交流平台，利用官员交流、公务人员异地挂职、资源共享、企业合作、技术分享等方案，加强地方政府间沟通与交流，不断降低政府成员间的信息搜索成本、谈判及协商成本。进而，降低地方政府投资性支出规模，提升投资性支出效率，降低投资性支出对居民消费的挤出作用，提升居民消费水平。

第二，厘清市场与政府的关系，引导市场健康运行。在引导私人资本加大投资性支出的目标下，健康的市场运行环境能够建立私人资本的投资信心，也能提高私人资本投资者的确定性预期，激发私人资本投资热情，在投资乘数的作用下，不断提升居民收入，促进居民消费水平提升。为此，应进一步厘清市场与政府的关系，引导市场健康运行。首先，应弱化"守夜人"的角色，制定偏向性政策，为民营资本搭建融资平台、技术研发平台等，释放市场活力，以宽松的政策体系和高质量的公共服务引导民营资本投资东部地区非民生性基础设施建设。其次，推进市场化改革进程，完善信贷市场、交易市场运行机制和监督管理制度，减少利用民营资本进行公共投资的企业对政府的依赖程度，使其回归市场，利用市场自由调节功能引导企业投资，不断降低政府参与对市场交易环境带来的"额外负担"。最后，全面、充分论证政府对民营资本投资基础设施建设的干预性措施及手段，在尊重市场规律的基础上，避免因政府干预对市场机制产生的破坏作用，进而导致民营资本投资利益损失。

三　改善转移性支出视角的政策建议

（一）中央政府层面

第一，将宏观调控与精准施策相结合，做好科学协调总体规划。首先，应主导转移性支出政策制定，避免政府管理过多、过细，影响市场机制发挥，也降低因市场失灵造成的效率损失。中央政府应重点做好转移性支出宏观政策的制定工作，根据我国未来发展战略、发展方向，制定相配套的社会保障政策。其次，应批准设立转移支付基金管理和服务部门，保障转移支付基金发挥作用，同时，根据各地区发展政策与状况，在东部崛起战略、西部大开发战略、乡村振兴战略等国家发展战略基础上，配套做好转移性支付的总体规划方案，保障各项战略的顺利实施。再次，积极引导保险市场发展，监督其健康运行。制定政策引导社会组织建立社会保险、失业保险、医疗保险服务机构和管理公司，中央政府通过社会保障监督委员会，保险监督委员会等实时指导地方社会保障工作监督单位工作，并及时了解其工作困难，帮助其解决实际问题，切实做好本地区的保险市场监督工作。最后，构建全国共享的信息技术平台，方便社会救助。中央政府应积极在转移性支出政策实施时，引入先进技术，加大投入、建设全国统一的社会保险信息技术平台及信息救助平台，在全国网络互通的基础上，实现全国信息共享，打破户籍限制造成的转移性支出政策跨地域无法享受和实时办理的困难，促进劳动力转移，提升经济发展水平，促进居民消费支出增加。

第二，推进城乡社会保障一体化战略实施，缩小城乡居民消费差距。本书的第六章说明我国的二元经济结构造成城乡经济发展差距较大，且曾经的经济发展战略导致城乡社会保障支出水平、配套政策等存在较大差异，而社会保障支出不均也造成了城乡居民消费差距，为此，应推进城乡社会保障一体化发展。这需要中央政府分步制定渐进式的城乡社会保障一体化推进战略。首先，在制定社会保障制度时，应尽量做到城乡统一、区域统一，但应提高落后地区、农村地区的转移支付水平，促进我国落后地区和农村地区的转移支付水平不断增长，超越门槛值，提升转移性支出消费增长效应，缩小区域、城乡消费差距。其次，促进户籍制度改革、农村土地制度改革，加速农村城镇化发展，并加速实施乡村振兴战略，吸引农村居民在城镇落户，同时，依靠民众提高自身收入，降低风险预期，提高社会保障对居民消费的挤入效应，缩小城乡居民消费差距。最后，配套制定相关税收政策，促进城乡公平分配，并采取"以工哺农"的政策，降低城镇福利补贴，增加农村福利补贴，提升农村居民转移性收入，缩小城乡居民消费差距。

第三，将立法与立规相结合，完善转移性支付的法律法规体系。社会保障法律体系被用来调整社会保障关系，是为保障社会成员能够按照国家政策正常享有社会保险的一种制度规范，以国家立法为前提，制定社会保障制度，构建完备的社会保障体系，决定了一个国家的社会保障交涉的成熟度。因此，应将社会保障立法作为社会主义市场经济法律制度的重要组成部分，并放在突出位置。目前，我国的社会保障法律体系依然存在诸多问题，并不完善，制约了社会保障制度的顺利实施，也影响了社会保障支出效率的提升效果。鉴于此，中央政府应根据我国社会保障立法现状，出台社会保障基本法和配套法律法规。以《社会保险法》《社会救助法》为主要内容制定相关法律体系；在制定《社会保障法通则》的基础之上，加大力度制定与颁布《社会保险法》《社会救济法》

《社会福利法》，以及《社会优抚法》等，配合推进其他相关社会保障法律不断完善，并最终推出《社会保障法》，严格界定社会保障的范围、对象、职责、标准、水平、权利及义务等，及时惩处违反社会保障法律体系的组织或个人，营造良好的社会保障运行环境，促进社会保障相关制度有效实施。

(二) 地方政府层面

第一，提升地方政府财政决策能力，优化城乡转移支付结构。地方政府更了解地方发展状况，对地方城镇、乡村转移性支付效率提升负有主体责任，这就要求地方政府应根据地方实际情况，不断优化公共支出结构，合理安排转移性支出在城、乡间的比例。鉴于此，地方政府应提升自身政府财政决策管理能力。一是明确地方人大、党委和政府在财政支出结构决策方面的责、权、利，出台相关财政决策管理体制与制度，确保地方人大的财政决策权力主体地位，做好财政决策审核与执行监督工作，发挥其作为地方人民意志代表的作用，及时收集地区人民关于社会保障、生活补贴等要求与愿望，督促政府调整以往转移性支出比例与结构。二是明确地方政府在地方公共支出决策责任的主体地位。制订地方政府发展战略规划，明确政府公共支出责任落实工作，建立城乡公共支出决策议事规则与相关程序，以科学民主决策为基础，建立专家咨询机制，提供决策制定执行帮扶，提升村镇政府决策执行能力，建立城乡医疗保险、社会保险政策执行监督规定，及时收集村镇转移性支付意见及建议，完善应急反馈机制，防止公共支出决策的盲目性和随意性。

第二，建立城乡公共服务标准化体系，提升财政转移支出效率。城乡公共服务标准化体系建立要求以中央政府为主导，以地方政府为主体，以城乡基本公共服务现状为依据，制定满足城乡居民公共需求，完善社会保险、医疗保险、失业保险、食品补贴等转移性支出效率提升的城乡政府公共服务标准。为此，应从以下几方面着手落实：一是明确各级政府公共服务主体责任。省、市级政府制定公共服务范围、总体目标、具体要求及考核标准，而县（区）、镇（乡）、社区重在编制服务标准化手册、社会保险、医疗保险、食品补贴等办理服务指南和具体流程，在规范化、人性化、品质化及便利化的基础上，不断根据居民需求完善服务标准，提升服务质量。二是健全各级政府公共服务的考核机制，设计群众满意度评价体系,将满意度调查结果纳入政绩考核,并评选服务之星,以榜样与监督共同作用,确保社区、乡村公共服务质量。三是建立公共服务培训机制,针对国家转移性支出政策变化或执行进行专门培训,并成立工作督导组,指导、监督乡镇转移性支出类经费发放、使用情况,依托高标准的乡村公共服务质量,保障转移性支出精准发挥提升农村居民消费水平的效率。

第三,完善地方政府转移性支出效率评价机制,保障转移性支出效率发挥。对地方转移性支出效率评价有助于提升地区转移性支出效率,在我国长期存在的二元经济结构下,进一步完善农村地区转移性支出效率评价有助于提升农村养老、医疗等保障的作用效率,提升农村居民收入预期,促进居民消费水平提升。为此,应从以下两方面着手,推进地方转移性支出效率评价机制不断完善:一是制定完整的效率评价体系框架,指导评价方法确定、指标选取和评价制度完善。根据转移性支出评价组织、评价对象、效果要求等详细设计转移性支出效率评价思路、评价目标、评价标准、评价方法、奖惩制度、执行方案等,科学评价地方政府转移性支出效率。二是制定科学的效率评价指标体系,全面衡量地方政府转移性支出效果。制定能够衡量转移性支出作用过程、作用结果、工作规则、工作程序与结果应用等信息的综合指标体系,全面反映转移性支出政策实施主体、实施对象变化等情形。

第八章

结论及进一步研究的问题

第一节 研究结论

本书是在我国长期存在城乡二元经济结构，导致城乡发展差距扩大，社会矛盾日益突出的背景下提出的，目的在于回答：如何从调整公共支出视角着手不断缩小城乡居民消费差距，进而提高农村居民生活水平，促进城乡平衡发展。鉴于此，在具体研究中，首先，本书从公共支出以及居民消费的相关文献梳理入手，在公共支出挤入居民消费、挤出居民消费及对居民消费的不确定性分类下梳理了公共支出影响居民消费的相关文献，得出公共支出对居民消费的影响作用研究结论存在分歧，且城乡公共支出不均对城乡居民消费差距的影响作用研究被忽视。其次，在对公共支出、居民消费的理论内涵进行分析的基础上，引入无限期界的消费模型，重点研究公共支出影响居民消费的理论机理，创新性地阐明了公共支出对城乡居民消费差距的影响机理。再次，为验证理论机理的可靠性，基于我国发展实际，对公共支出的三个分类：投资性支出、民生性支出及转移性支出影响居民消费的客观作用进行实证检验，并进一步对城乡投资性支出不均、民生性支出不均及转移性支出不均对城乡居民消费差距的影响作用进行了实证检验。最后，在理论机理研究与实证研究结果的共同分析下，分别从调整投资性支出、完善民生性支出及优化转移性支出视角提出缩小城乡居民消费差距的实现路径，为保障路径的顺利实施，本书进一步提出有针对性的政策建议。

一 理论研究结论

第一，公共支出规模增加不一定能促进居民消费水平提高，这与居民公共支出类型及作用机理有关。以往研究结论表明公共支出对居民消费的影响体现在挤入效应与挤出效应两个层面，但尚未清晰地分析两种效应的作用途径与产生机理。本书研究结论表明公共支出通过直接与间接效应影响居民消费，直接效应体现在消费的直接补贴与对经济增长的促进作用下。但间接作用可通过三种途径影响居民消费：一是通过改变居民的未来预期，影响居民的消费—储蓄选择，进而改变居民消费支出；二是通过改变居民消费环境，提高消费便利性，影响消费习惯，改变居民消费支出；三是通过税收、经济增长改变居民可支配收入，影响居民消费支出。在这三种途径下公共支出对居民消费的影响可能是挤出效应，也可能挤入效应，这与公共支出结构类型有关，因此，公共支出对居民消费的影响是不确定的。在引入无限期界消费函数，在生产者、消费者及政府的一般均衡模型推导下得出公共支出与消费增长率之间关系呈抛物线形状，当公共支出规模等于公共支出的产出系数时，消费增长率达到最大值，此时，公共支出规模继续增加，公共支出产出系数不变时，公共支出增加会使消费增长率不断降低，甚至降低到 0 以下，从而对居民消费的引致作用转化为抑制作用。

第二，在多分类公共支出划分下，得出多分类下的公共支出影响居民消费机理存在差异。在研究公共支出总量影响居民消费的理论机理基础上，本书以公共支出性质对公共支出进行分类，将公共支出分为购买性支出与转移性支出两大类，并在大类基础上将购买性支出进一步划分为投资性支出与民生性支出两类。为深入研究公共支出对居民消费的影响机理，本书分别研究了投资性支出、民生性支出与转移性支出对居民消费的影响机理。结论表明：①投资性支出在两方面对居民消费产生影响。一是投资性支出通过影响税收、经济增长等，改变居民可支配收入，进而影响居民消费；二是投资性支出通过改善消费环境，影响消费习惯，进而影响居民消费。在消费者无限期存活及同质性的假定下，构建生产—消费的一般均衡模型在社会最优路径的目标下推导得出投资性支出对居民消费的影响作用取决于投资性支出的产出弹性，在资本边际产出率递减的规律下，投资性支出的产出弹性取决于投资性支出的存量，随着存量增加，产出弹性会不断降低，而最优的投资性支出规模等于投资性支出的产出率，此时，投资性支出对居民消费促进的作用最大。②民生性支出从三个方面对居民消费产生影响：一是通过影响居民预期，改变居民储蓄—消费选择，扩大或缩小居民消费支出；二是通过改变民生性商品相对价格，影响居民实际收入，从而改变居民消费；三是通过改变民生环境，影响居民消费习惯，进而改变居民消费支出。但民生性支出在这三种途径下对居民消费的作用结果究竟是挤入效应还是挤出效应是不确定的，这与地区的社会发展状况有关。本书引入消费效用函数和家庭幸福函数，在社会最优路径下求解民生性支出规模得出民生性支出存在合理规模，拥挤的民生性支出将抑制居民消费增加。③转移性支出对居民消费的影响重在影响居民未来预期，改变居民的储蓄与消费选择，从而影响居民消费，具体体现在对两种效应上，一是资产替代效应，指转移性支出增加，居民的养老金收益提高，进而降低为保障退休期消费而在工作时期积累财产的需要，从而提高了工作期消费水平。二是引致退休效应，指转移性支出增加，会提高居民未来退休保障，有工作的居民会倾向于提前退休，享受退休的保障待遇，但为平滑家庭一生的消费，居民倾向于增加储蓄，减少消费。因此，在两种效应的共同作用下，转移性支出与居民消费间的关系也是不确定的。通过在消费效用最大化的目标下构建拉格朗日函数求解得出社会保障对居民消费的影响作用取决于社会保障支出的消费效用系数和居民的风险厌恶程度。

第三，公共支出对农村与城镇居民消费影响路径基本一致，但影响机理与结果不同，导致相同的公共支出依然可能造成城乡消费差距。本书通过理论研究得出公共支出通过改变要素收益、消费环境、交易成本、储蓄习惯、消费习惯及居民可支配收入等影响农村居民消费，但由于二元经济结构的存在，公共支出对城乡居民消费影响结果存在差异。首先，城乡发展的异质性导致城乡公共支出产出系数存在差异，致使城乡公共支出对居民消费影响作用存在差异。其次，城乡税收体系差异，导致公共支出的挤出效应在城镇更加显著；最后，城乡社会条件差异导致公共支出对城镇居民产生的引致退休效应将大于农村。可见，区域经济发展状况、城乡二元结构等导致城乡公共支出对居民消费的影响作用存在差异。为深入研究城乡公共支出不均影响城乡居民消费差距的作用机理，本书构造城乡异质性消费函数，在假定城乡存在收入差距，城镇为高收入群体，农村为低收入群体的基础上，构造拉格朗日函数求解得出城乡相同的公共支出也可能造成城乡居民消费差距，从而推断出一味地扩大农村公共支出比例不一定能缩小城乡居民消费差距。

二 经验研究结论

第一，以基础设施投资支出为例的投资性支出对城镇或农村居民消费支出的影响作用存在显著差异，城乡公共支出不均对城乡居民消费差距的影响作用因时空变化而异。本书选取1994—2015年除西藏外30个省城镇与农村基本建设支出的面板数据测算城乡基础设施投资存量对城乡居民消费支出的影响作用，以及城乡基础设施投资差异与城乡消费差距的关系，在检验了城乡消费差距存在空间集聚性的基础上，构建了SEM、SAR、SDM等空间面板模型。得出四个结论：一是城镇基础设施投资对城镇居民消费的影响作用在东部地区为负向，在中西部地区为正向，农村基础设施投资对农村中、西部地区的影响作用为正，且正向效应远大于城镇，但对东部地区影响并不显著。二是在1994—2003年和2004—2015年两个时间段，城乡基础设施投资不均在缩小城乡消费差距的作用由推进转为抑制。三是在将全国样本数据分为东、中、西部进行实证检验，得出基础设施投入对缩小东部地区城乡消费差距的作用无意义，对中部地区有较小作用，对西部地区作用最明显。四是在时空分异下，研究了不同时间段、不同区域间城乡基础设施投资不均与居民消费差距的关系，得出现阶段我国西部地区城乡基础设施不均与城乡居民消费差距之间依然呈正向关系，而东、中部地区二者之间关系可能是反向的，但不显著，说明缩小城乡基础设施投资差距不一定能缩小城乡居民消费差距。以基础设施投资支出为例的投资性支出对城镇或农村居民消费的影响作用存在显著差异，城乡公共支出不均对城乡居民消费差距的影响作用因时空变化而异。选取1999—2015年除西藏外30个省城镇与农村基本建设支出存量和城乡居民八类消费支出比重的面板数据来测算城乡基础设施投资存量对城乡居民消费结构的影响作用，以及城乡基础设施投资不均与城乡居民消费结构差距的关系，在检验城乡消费结构存在空间集聚性的基础上,构建了 SDM 空间面板模型进行实证分析,得出四个结论:(1) 城镇基础设施投资正向促进城镇居民消费结构升级。城镇基础设施投资的增加对城镇居民食品、衣着和其他商品服务消费需求的影响不显著,但能够显著提高城镇居民居住、家庭设备、文教娱乐和交通通信消费需求,从而推动城镇居民消费结构升级。(2) 农村基础设施投资的增加对农村居民食品、衣着、居住、文教娱乐和其他服务消费需求的影响并不显著,但会促进农村居民在家庭设备、交通通信和医疗保健消费需求。可以发现城镇基础设施投资对居民消费结构的促进作用大于农村。(3) 城乡基础设施不均并没有给居民食品、衣着、家庭设备和其他服务消费结构带来显著的影响,但会扩大城乡居民在交通通信、文教娱乐和医疗保健消费结构的差距,即通过城乡基础设施的均衡建设投资会缩小城乡居民在交通通信、教育、文化娱乐以及医疗保健等消费领域内的差距;城乡基础设施不均会缩小居民在居住消费上的差距,其原因可能在于随着国民收入水平的提高,城乡基础设施不均会使农村居民出于对高水平生活质量的追求而增加购房和居住消费需求。

第二,本书基于中国 1998—2015 年省际面板数据,采用门槛回归模型估计了城乡教育投入不均对于城乡居民消费差距的影响效应及约束机制,得出以教育支出为例的民生性支出对农村居民消费的作用较城镇显著,教育支出在调整城乡居民消费差距时存在合理的调整区域。具体结论有以下几点:一是城镇教育支出对全国、东部城镇居民消费呈不显著的抑制作用,但对中、西部呈不显著的正向推进作用;农村教育支出对农村居民消费的影响作用在全国、东、西部都呈显著正向推进作用,且对西部地区的推进作用最显著。二是教育投入对于城乡居民消费差异的非线性影响存在一定的空间差异,中部与西部地区较为类似,呈现为倒"U"型关系,东部地区呈现不显著的相关性。三是在控制了城乡收入差异的门槛条件下,均等化教育投入对于缩小城乡居民消费差距呈现出明显的正效应且具有区域差异性,全国、东部及中部地区均呈现出 U 型的相关性,且门槛值分别为 0.038、0.138、0.076;对于西部地区表现为大于门槛值 0.073 的正向线性关系。四是在控制城乡财富差异的门槛条件下,区域差异性更为明显,全国、东部、中部及西部地区分别呈现出 N 型、N 型、U 型及线性关系,这与区域发展条件及特征相关。为检验城乡教育支出对居民消费结构的影响以及城乡教育支出不均与居民消费结构差距之间的关系，本书基于我国1999—2015年省际城乡教育经费支出和城乡居民八类消费支出比重面板数据，采用门槛回归模型进行测算，主要得到以下几个结论：（1）城乡教育支出对城乡居民消费结构的影响具有非线性的动态特征，并且农村教育支出对农村居民消费结构的优化作用大于城镇教育支出对城镇居民消费结构的作用。（2）城镇教育支出与城镇居民食品、衣着、家庭设备用品消费需求呈线性正相关与非线性正向相关关系，但这种正向促进作用具有逐渐减弱的趋势，这正是城镇居民消费结构优化升级的体现；城镇教育支出与城镇居民居住消费需求呈"U"型相关关系，与医疗消费需求呈倒"U"型相关关系，与城镇交通消费需求呈非线性负向相关关系，与文教娱乐消费需求之间呈非线性正相关关系但不显著，与其他服务消费需求之间的"U"型相关关系不显著。（3）农村教育支出对农村居民消费结构升级起正向推动作用，农村教育支出与农村居民食物消费需求总体呈负向相关关系，与农村居民居住、家庭用品、交通通信、文教娱乐、医疗等消费需求呈线性与非线性正向相关关系。（4）城乡教育支出不均与城乡居民食品消费结构差距之间呈非线性负相关关系，即城乡教育支出不均会缩小城乡居民食品消费结构的差距，与居民衣着和医疗消费结构差距之间呈倒"U"型关系，与居民居住、家庭设备用品和交通通信消费结构差距之间呈非线性正向相关关系，与文教娱乐和其他服务消费结构差距之间呈线性正向相关关系，即城乡教育支出不均会扩大城乡居民在居住、家庭设备、交通通信、文教娱乐和其他服务消费结构上的差距。

第三，以社会保障支出为代表的转移性支出对农村居民消费的推进作用是城镇的6—10倍，但城乡社会保障支出不均对城乡居民消费差距的影响却是非线性的。在实证检验过程中，引入城乡经济协调水平差异因素，利用30个省1991—2015年的相关数据，采用多重面板门槛模型对全国和由城乡协调分异指数由高到低划分的四个阵营城乡社会保障支出不均对城乡居民消费差距的影响进行实证检验，得出以下三点：一是各阵营社会保障支出对城镇和农村居民消费支出的影响存在显著差异，对第一阵营城镇呈显著负向影响，对其他阵营农村的正向影响作用接近城镇的10倍，在第四阵营这一差距达到最大。二是城乡社会保障支出不均与城乡居民消费差距之间呈非线性相关,全国 1991—2015 年数据通过了在以城乡社会保障差异为门槛变量的三重门槛效应检验,结果显示全国的城乡社会保障支出不均与城乡居民消费差距之间关系呈倒"U"型,只有城乡社会保障支出不均程度小于 0.769 时,改善社会保障城乡支出的扭曲程度才有助于缩小城乡居民消费差距;城乡经济协调分异下的四个阵营城乡社会保障支出不均与居民消费差距之间的相关关系因城乡经济协调水平高低变化而存在一定差异,第一阵营二者呈反向非线性相关,第二、第三阵营二者呈倒"V"型相关,第四阵营二者呈倒"U"型相关。可见,除第一阵营调整城乡社会保障支出比例对居民消费差距缩小无意义以外,其余三个阵营在各自城乡社会保障支出不均指数小于门槛值 0.991、0.997、0.776 时,社会保障支出城乡比例调整都有意义。三是城乡收入差距和城乡财富差异约束社会保障支出对城乡居民消费差距的影响作用发挥:①在城乡收入差距约束下,全国、第一、第三、第四阵营城乡社会保障支出不均对居民消费差距的影响在各自门槛值之后由负转正,二者呈"U"型相关,当城乡收入差距在全国、第一、第二、第四阵营分别大于 0.048、0.174、0.059 及 0.144 时,改善城乡社会保障支出不均有助于缩小城乡居民消费差距。但第二阵营二者间呈非线性负相关关系。②而在城乡财富差异约束下,全国社会保障支出对城乡消费差距的影响在门槛值前后呈现先负向后正向的影响,相关关系呈"V"型,可见,城乡财富差异也存在需要跨越的门槛值。第一阵营、第二阵营城乡社会保障支出不均与城乡居民消费差距之间呈显著的非线性负向相关,而第三、第四阵营未通过门槛效应检验,社会保障支出不均与城乡消费差距之间呈显著的反向线性相关。本书利用 1992—2015 年各省域城乡社会保障支出数据和消费结构数据,采用门槛模型对全国城镇和农村社会保障支出与居民消费结构之间的关系以及城乡社会保障差异和居民消费结构差距之间关系进行实证检验,结论主要有以下几点:(1)城镇社会保障支出与城镇居民食品、衣着、城镇家庭设备用品、城镇交通通信、城镇文教娱乐、城镇医疗保健、其他服务消费需求均呈非线性正相关,即城镇社会保障支出的增加有助于提升城镇居民的食品、衣着、城镇家庭设备用品、城镇交通及通信、城镇文教娱乐、城镇医疗保健、其他服务等消费需求;城镇社会保障支出与城镇居民居住消费需求呈线性负相关。（2）农村社会保障支出与农村居民食品、衣着、居住、农村家庭设备用品、农村交通通信、农村文教娱乐、农村医疗及其他服务消费需求间均呈现非线性正向相关，且对其正向促进效应会逐渐减弱，即农村社会保障支出的增加有助于提升农村居民的食品、衣着、家庭设备用品、交通通信、文教娱乐、医疗保健、其他服务等消费需求，但其提升消费需求的程度会逐渐降低。（3）城乡社会保障支出不均与城乡居民食品消费结构差距呈非线性正向相关，城乡社会保障支出水平超过其门槛值0.840后，对食品消费结构差距的加剧效应有所减弱；城乡社会保障支出不均与城乡居民衣着、家庭设备用品、文教娱乐、其他服务消费结构差距之间呈非线性负向相关关系，当城乡社会保障支出不均水平超过其门槛值-0.926、-0.698、1.860和1.516后，城乡社会保障不均对以上消费结构差距的抑制作用就会减弱；城乡社会保障与城乡居民居住消费结构差距呈线性正向相关关系，与城乡居民交通通信、医疗保健消费结构差距之间呈线性负向相关关系。

第二节 进一步研究的问题

本书基于促进城乡平衡发展的目标，综合运用区域经济学、产业经济学、公共经济学、政治经济学等相关学科的理论，引入无限期界消费模型、生产—消费的一般均衡模型等推导得出公共支出影响居民消费以及城乡公共支出不均影响城乡居民消费差距的理论机理，进而构建面板固定效应模型、随机效应模型、空间误差模型、空间滞后模型、空间杜宾模型及多重面板门限模型实证检验多分类下的公共支出对居民消费的影响作用及城乡公共支出不均对城乡居民消费差距的影响作用，进而在优化公共支出视角下提出缩小城乡居民消费差距的路径及对策建议。本书虽在理论研究与经验研究中取得一定成果，但依然存在不足之处，具体表现在以下几个方面。

第一，理论研究方面：在对现有文献进行梳理的基础上，本书对公共支出、居民消费内涵特征、变化机理进行深入分析，并在此基础上研究了城乡居民消费差距的演变特征，进而引入无限期界消费模型、生产—消费的一般均衡模型等推导得出公共支出及公共支出各分类影响居民消费的理论机理，最终阐明城乡公共支出不均影响城乡居民消费差距的理论机理。但理论研究重点在于公共支出及公共支出各分类对居民消费水平提升还是降低的影响机理分析，并未涉及消费结构变化的分析。但随着广大人民对美好生活的向往，消费升级将是未来消费领域的研究重点，因此，在进一步的研究中，拟分析城乡公共支出不均对居民消费结构差异的影响，以期提升公共支出效率，促进居民消费升级。

第二，经验研究方面：一是本书在构建面板固定效应模型、随机效应模型、空间误差模型、空间滞后模型、空间杜宾模型及多重面板门槛模型实证检验多分类下的公共支出对居民消费的影响作用及城乡公共支出不均对城乡居民消费差距的影响作用时更多关注的是公共支出对居民消费支出量的影响，由于篇幅限制和工作量难以达到的原因，缺乏从城乡公共支出不均视角研究城乡居民消费层次差异的实证检验。二是本书目前使用的实证数据为省级面板数据，较为宏观，在这样的数据实证下所提出的缩小城乡居民消费差距的路径与对策建议精准性较低。为此，下一步应通过调研获得一手数据，将研究范围缩小到市、县一级，进而提出更有针对性的缩小城乡居民消费差距的路径。

参考文献

习近平:《携手消除贫困,促进共同发展》,2015年10月16日。

习近平:《决胜全面建成小康社会夺取新时代中国特色社会主义伟大胜利——中国共产党第十九次全国代表大会上的讲话》,2017年10月18日。

白萍、伊成山:《城乡居民消费升级的内生动力机制——基于互联网视角的考察》,《商业经济研究》2019年第8版。

白永秀、吴丰华等:《2016年城乡一体化水平评价报告》,经济科学出版社2016年版。

白重恩、吴斌珍等:《中国养老保险缴费对消费和储蓄的影响》,《中国社会科学》2012年第8期。

蔡伟贤:《公共支出与居民消费需求:基于2SLS模型的分析》,《财政研究》2014年第4期。

查道中:《吉文惠·城乡居民消费结构与产业结构、经济增长关联研究——基于VAR模型的实证分析》,《经济问题》2011年第7期。

陈赤平、丰倩:《动态视角下我国农村社会保障制度变革对农村居民消费的影响》,《消费经济》2014年第6期。

陈冲:《收入不确定性的度量及其对农村居民消费行为的影响研究》,《经济科学》2014年第3期。

陈冲:《政府公共支出对居民消费需求影响的动态演化》,《统计研究》2011年第5期。

陈东、程建英:《我国农村医疗卫生的政府供给效率——基于随机生产边界模型的分析》,《山东大学学报》(哲学社会科学版)2011年第1期。

陈共:《财政学》(第八版),中国人民大学出版社1998年版。

陈平路、鲁小楠:《政府教育支出的挤入挤出效应分析》,《教育与经济》2013年第4期。

陈诗一、张军:《中国地方政府财政支出效率研究:1978—2005》,《中国社会科学》2008年第4期。

陈守东、杨东亮:《我国财政支出不确定性对居民消费影响的实证研究》,《数量经济技术经济研究》2009年第9期。

陈志广:《财政自主与公共支出效率:自地方政府实践维度观察》,《改革》2012年第1期。

成峰、席鹏辉:《财政民生支出对居民消费的区域效应研究——基于CFPS数据的实证分析》,《经济问题探索》2017年第7期。

储德银、闫伟:《财政支出的民生化进程与城乡居民消费——基于1995—2007年省级面板数据的经验分析》,《山西财经大学学报》2010年第1期。

崔海燕、范纪珍:《内部和外部习惯形成与中国农村居民消费行为——基于省级动态面板数据的实证分析》,《中国农村经济》2011年第7期。

邓宏亮、黄太洋:《经济发展中教育投入效应的空间计量与门槛分析》,《中国高教研究》2013年第3期。

樊行健、李憨劼:《政府支出对城乡居民消费的影响效应——基于动态面板数据模型的经验分析》,《消费经济》2011年第5期。

方福前、孙文凯:《政府支出结构、居民消费与社会总消费——基于中国2007—2012年省级面板数据分析》,《经济学家》2014年第10期。

方匡南、章紫艺:《社会保障对城乡家庭消费的影响研究》,《统计研究》2013年第3期。

方匡南、章紫艺:《社会保障对城乡家庭消费的影响研究》,《统计研究》2013年第3期。

方松海、王为农等:《增加农民收入与扩大农村消费研究》,《管理世界》2011年第5期。

方显仓、王昱坤:《社会保障、预防性储蓄与上海居民消费》,《上海经济研究》2013年第10期。

高帆:《中国城乡居民消费行为的差异性——基于省际面板数据的实证研

究》,《经济学家》2015 年第 2 期。

高帆、汪亚楠:《劳动力市场扭曲与城乡消费差距:基于省际面板数据的实证研究》,《学术月刊》2016 年第 12 期。

高梦滔、毕岚岚:《家庭人口学特征与农户消费增长——基于八省微观面板数据的实证分析》2010 年第 6 期。

龚锋、卢洪友:《公共支出结构、偏好匹配与财政分权》,《管理世界》2009 年第 1 期。

顾静、吴忠:《社会保障、居民消费与地区差异性——基于 2006—2010 年各省面板数据的实证研究》,《社会保障研究》2013 年第 1 期。

郭长林:《财政分权与经济增长的相关性分析》,博士学位论文,东北财经大学,2007 年。

郭东杰、余冰心:《计划生育、人口变迁与居民消费需求不足的实证研究》,《经济学家》2016 年第 8 期。

郭锐:《我国社会救助支出效率研究》,博士学位论文,西北大学,2010 年。

韩立岩、杜春越:《收入差距、借贷水平与居民消费的地区及城乡差异》,《经济研究》2012 年第 S1 期。

郝慧娟:《公共品供给对农村居民消费结构的影响分析》,《商业经济研究》2022 年第 9 期。

贺俊、刘亮亮、张玉娟:《财政分权、政府公共支出结构与居民消费》,《大连理工大学学报》2016 年第 1 期。

贺俊、吴照龚:《财政分权、经济增长与城乡收入差距——基于省际面板数据的分析》,《当代财经》2013 年第 5 期。

贺俊、吴照龚:《政府公共支出结构与内生经济增长——基于省际面板数据的分析》,《上海经济研究》2013 年第 6 期。

胡宝娣、汪磊:《基于分位数回归的我国居民消费研究》,《商业研究》2011 年第 1 期。

胡兵、涂先进、胡宝娣:《转移性收入对农村消费影响的门槛效应研究》,《财贸研究》2014 年第 1 期。

胡日东、钱明辉、郑永冰:《中国城乡收入差距对城乡居民消费结构的影响——基于 LA/AID'S 拓展模型的实证分析》,《财经研究》2014 年第

5 期。

胡书东:《中国财政支出和民间消费需求之间的关系》,《中国社会科学》2002 年第 6 期。

胡永刚、郭新强:《内生增长、政府生产性支出与中国居民消费》,《经济研究》2012 年第 9 期。

黄海峰、丰齐同:《政府公共基础设施投资与居民消费:基于省级面板数据的分析》,《郑州大学学报》2014 年第 4 期。

黄威、丛树海:《我国财政政策对居民消费的影响:基于省级城乡面板数据的考察》,《财贸经济》2011 年第 5 期。

黄娅娜、宗庆庆:《中国城镇居民的消费习惯形成效应》,《经济研究》（增）2014 年第 1 期。

纪江明、赵毅:《中国区域间农村社会保障对居民消费的影响》,《中国人口·资源与环境》2013 年第 5 期。

贾小玫、焦阳:《我国农村居民消费结构变化趋势及影响因素的实证分析》,《消费经济》2016 年第 2 期。

姜百臣、马少华:《社会保障对农村居民消费行为的影响机制分析》,《中国农村经济》2010 年第 11 期。

姜淼、何理:《中国城镇居民消费结构变动研究——基于 ELES 模型的实证分析》,《经济与管理研究》2013 第 6 期。

焦健、罗鸣令:《民生性财政支出对城乡居民消费差距的效应检验》,《经济与管理》2018 年第 1 期。

金戈、史晋川:《多种类型的公共支出与经济增长》,《经济研究》2010 年第 7 期。

靳涛、陶新宇:《政府支出和对外开放如何影响中国居民消费?——基于中国转型式增长模式对消费影响的探究》,《经济学》（季刊）2017 年第 1 期。

孔祥利、司强:《新农村建设财政支出与农村消费需求的相关性》,《云南民族大学学报》（哲学社会科学版）2007 年第 5 期。

李春琦、唐哲一:《财政支出结构变动对私人消费影响的动态分析——生命周期视角下政府支出结构需要调整的经验证据》,《财经研究》2010 年第 6 期。

李国正、艾小青:《"共享"视角下城乡收入与消费的差距度量、演化趋势与影响因素》,《中国软科学》2017年第11期。

李普亮:《财政农业投入与农村居民消费:理论与实证分析》,《广东商学院学报》2010年第5期。

李姗姗:《城乡居民消费结构升级的差异性研究》,《消费经济》2014年第2期。

李树培、高连水、魏下海:《贸易开放与发展中国家收入差距扩大——基于中国的理论与实证分析》,《财经研究》2009年第12期。

李涛、陈斌开:《家庭固定资产、财富效应与居民消费:来自中国城镇家庭的经验证据》,《经济研究》2014年第3期。

李涛、胡菁芯、冉光和:《基础设施投与居民消费的结构研究》,《经济学家》2020年第11期。

李文星、徐长生等:《中国人口年龄结构和居民消费:1989—2004》,《经济研究》2008年第7期。

李翔、朱玉春:《农村居民收入与消费结构的灰色关联分析》,《统计研究》2013年第1期。

李晓嘉、蒋承等:《地方财政支出对居民消费的空间效应研究》,《世界经济文汇》2016年第1期。

李晓嘉、钟颖:《地方政府支出对居民消费需求的影响研究——来自中国区域面板数据的证据》,《上海经济研究》2013年第8期。

李旭洋、李通屏、邹伟进:《互联网推动居民家庭消费升级了吗?——基于中国微观调查数据的研究》,《中国地质大学学报》(社会科学版)2019年第4期。

李志兰、韩冀东、江林:《我国不同规模家庭消费意愿的差异性》,《中国流通经济》2013年第7期。

梁东黎:《提高财政支出效率的结构因素》,《南京审计学院学报》2004年第3期。

林江、蒋涌:《新医改中的公共医疗支出效率探讨》,《现代财经》(天津财经大学学报)2009年第11期。

林毅夫、陈斌开:《重工业优先发展战略与城乡消费不平等——来自中国的证据》,《浙江社会科学》2009年第4期。

林毅夫、余淼杰：《我国价格剪刀差的政治经济学分析：理论模型与计量实证》，《经济研究》2009年第1期。

刘江会、董雯、彭润中：《两次金融危机后我国财政支出结构对居民消费率影响的比较分析》，《财政研究》2016年第1期。

刘苓玲、徐雷：《社会保障支出、经济增长与居民消费的区域差异研究》，《人口与经济》2012年第3期。

刘吕吉、申经宇：《福利性财政支出对城乡居民消费差距的影响》，《首都经济贸易大学学报》2017年第3期。

刘伦武：《农村基础设施发展与农村消费增长的相互关系——一个省际面板数据的实证分析》，《江西财经大学学报》2010年第7期。

刘琦、黄天华：《财政支出与城乡居民消费支出差距的关系研究——基于全国省级地区面板数据的经验分析》，《上海财经大学学报》2011年第4期。

刘尚希：《公共支出范围：分析与界定》，《经济研究》2002年第6期。

刘生龙、胡鞍钢：《基础设施的外部性在中国的检验：1988—2007》，《经济研究》2010年第3期。

刘小川、汪利锬：《居民消费与最优政府支出：理论与动态估计》，《财贸研究》2014年第7期。

刘晓光、张勋等：《基础设施的城乡收入分配效应：基于劳动力转移的视角》，《世界经济》2015年第3期。

刘艺容：《中国城乡收入差距对居民消费影响的实证分析》，《求索》2008年第1期。

刘勇政、冯海波：《腐败、公共支出效率与长期经济增长》，《经济研究》2011年第9期。

刘志忠、吴飞：《地方政府财政支出的民生化进程与农村居民消费——基于总量和分类支出视角下的理论分析与实证检验》，《财经理论与实践》2014年第1期。

骆永民：《中国城乡基础设施差距的经济效应分析——基于空间面板计量模型》，《中国农村经济》2010年第3期。

马骁、王斐然、陈红娜：《我国城乡收入差距测度：一种新思路的应用》，《财经科学》2017年第8期。

毛其淋：《地方政府财政支农支出与农村居民消费——来自中国 29 个省市面板数据的经验证据》，《经济评论》2011 年第 5 期。

倪红福、李善同、何建武：《人口结构变化对消费结构及储蓄率的影响分析》，《人口与发展》2014 年第 5 期。

欧阳斌、何娇：《城镇居民不同养老保障类型对家庭消费的影响》，《消费经济》2015 年第 3 期。

潘彬、罗新星等：《政府购买与居民消费的实证研究》，《中国社会科学》2006 年第 5 期。

潘城文：《我国居民消费方式的转变及对策研究》，《改革与战略》2017 年第 6 期。

曲创、李曦萌：《经济发展还是要素流失：交通基础设施经济作用的区域差异研究》，《当代经济科学》2015 年第 1 期。

冉光和、李涛：《基础设施投资对居民消费影响的再审视》，《经济科学》2017 年第 6 期。

单德朋：《教育效能和结构对西部地区贫困减缓的影响研究》，《中国人口科学》2012 年第 5 期。

申琳、马丹：《政府支出与居民消费：消费倾斜渠道与资源撤出渠道》，《世界经济》2007 年第 11 期。

沈妍：《基于不同部门消费结构的跨期结构式凯恩斯乘数分析》，《经济与管理研究》2010 年第 12 期。

沈妍：《消费结构变迁拉动我国经济增长的传导机制分析——基于跨期结构式凯恩斯乘数的视角》，《未来与发展》2011 年第 2 期。

师玉朋、伏润民：《公共支出结构与居民消费关系的统计检验》，《统计与决策》2014 年第 10 期。

时磊、田艳芳：《收入不平等、"公共支出结构偏向"与长期经济增长》，《浙江社会科学》2017 年第 5 期。

孙皓、胡鞍钢：《城乡居民消费结构升级的消费增长效应分析》，《财政研究》2013 年第 7 期。

唐任伍：《习近平精准扶贫思想阐释》，《人民论坛》2015 年第 30 期。

田青、马健等：《我国城镇居民消费影响因素的区域差异分析》，《管理世界》2008 年第 7 期。

田艳平、王佳：《城市化对城乡基础教育投入均等化的影响》，《中国人口·资源与环境》2014年第9期。

涂立桥：《财政教育支出对农村居民消费影响实证研究》，《商业经济研究》2015年第6期。

王笳旭：《人口老龄化对我国城乡居民消费差距的影响研究——基于省际动态面板数据的实证分析》，《当代经济科学》2015年第5期。

王猛、李勇刚、王有鑫：《土地财政、房价波动与城乡消费差距——基于面板数据联立方程的研究》，《产业经济研究》2013年第5期。

王麒麟：《生产性公共支出、最优税收与经济增长》，《数量经济技术经济研究》2011年第5期。

王小华、温涛等：《习惯形成、收入结构失衡与农村居民消费行为演化研究》，《经济学动态》2016年第10期。

王雪琪、赵彦云、范超：《我国城镇居民消费结构变动影响因素及趋势研究》，《统计研究》2016年第2期。

王燕、杨文瀚：《教育对农村居民消费结构的影响》，《统计与决策》2004年第7期。

王怡、李树民：《城镇居民消费结构与经济增长关系的实证研究》，《统计与决策》2012年第10期。

王子敏：《基于空间溢出视角的城乡消费差距问题研究》，《农业技术经济》2012年第2期。

温涛、田纪华、王小华：《农民收入结构对消费结构的总体影响与区域差异研究》，《中国软科学》2013年第3期。

吴海江、何凌霄、张忠根：《中国人口年龄结构与城乡居民消费差距：2000—2011》，《山西财经大学学报》2013年第10期。

吴瑾、张红伟：《消费结构与经济增长相互影响机制研究》，《现代经济探讨》2010年第10期。

吴俊培：《财政支出效益评价问题研究》，《财政研究》2003年第1期。

吴庆田、陈孝光：《农村社会保障消费效应的协整分析与误差修正模型》，《统计与决策》2009年第18期。

吴晓涵：《互联网使用对家庭消费结构的影响研究》，《商业经济研究》2019年第5期。

武晓利等：《财政支出结构对居民消费率影响及传导机制研究——基于三部门动态随机一般均衡模型的模拟分析》，《财经研究》2014 年第 6 期。

向玉冰：《互联网发展与居民消费结构升级》，《中南财经政法大学学报》2018 年第 5 期。

肖立：《城乡居民消费结构对比分析——基于 1990—2010 年的数据》，《财经问题研究》2012 年第 11 期。

肖攀、李连友、苏静：《农村社会保障对农村居民消费影响的门槛效应与区域异质性——基于面板平滑转换模型的分析》，《软科学》2015 年第 6 期。

肖挺：《交通设施、居民的消费区域流向与消费结构——来自我国省际层面的经验证据》，《财贸研究》2018 年第 9 期。

徐敏、姜勇：《产业结构提升能够缩小城乡消费差距吗?》，《数量经济技术经济研究》2015 年第 5 期。

徐秋艳、李秉龙：《基于 AIDS 模型的中国农村居民消费结构分析》，《统计与信息论坛》2015 年第 1 期。

严成樑、龚六堂：《财政支出、税收与长期经济增长》，《经济研究》2009 年第 6 期。

严奉宪、胡译丹：《新常态下农村居民消费结构的变化与优化》，《统计与决策》2018 年第 6 期。

阎东彬、付正：《基于 DEA 的河北省城市公共支出效率评价研究》，《经济研究参考》2016 年第 33 期。

杨丽、陈超：《政府公共品供给对农村居民消费结构的影响——基于教育和医疗投入的分析》，《南京农业大学学报》（社会科学版）2013 第 6 期。

杨琦：《财政支农对农村居民消费的效应分析》，《财经科学》2014 年第 11 期。

杨琦：《农村基础设施投资是拉动还是挤出了居民消费》，《南方经济》2018 年第 1 期。

杨汝岱、陈斌开：《高等教育改革、预防性储蓄与居民消费行为》，《经济研究》2009 年第 8 期。

杨芷晴、袁玉洁:《农村社会保障支出对农村居民消费的影响研究》,《社会保障研究》2015 年第 6 期。

杨志明:《农村社会保障与农村居民消费的关系——基于中国数据的经验分析》,《经济与管理》2011 年第 6 期。

杨智峰:《地区差异、财政支出与居民消费》,《经济经纬》2008 年第 4 期。

易行健、刘胜、杨碧云:《民生性财政支出对我国居民消费率的影响——基于 1996—2009 年省际面板数据的实证检验》,《上海财经大学学报》2013 年第 2 期。

易行健、张家为、杨碧云:《家庭教育支出决定因素分析——来自中国城镇住户调查数据的经验证据》,《南方人口》2016 年第 3 期。

余官胜、王睿:《社会保障参与和居民消费需求——基于省际动态面板数据的实证研究》,《软科学》2011 年第 4 期。

俞剑、方福前:《中国城乡居民消费结构升级对经济增长的影响》,《中国人民大学学报》2015 年第 5 期。

元惠连、夏庆杰、王志伟:《中国城镇居民消费需求分析》,《经济科学》2016 年第 4 期。

袁宇晨:《我国城乡居民消费差异问题研究》,《农村金融研究》2017 年第 8 期。

袁志刚、冯俊:《居民储蓄与投资选择:金融资产发展的含义》,《数量经济技术经济研究》2005 年第 1 期。

苑德宇、张静静、韩俊霞:《居民消费、财政支出与区域效应差异——基于动态面板数据模型的经验分析》,《统计研究》2010 年第 2 期。

曾广录、颜建晔、李三希:《城乡基础设施财政投入不均的收入差距效应》,《浙江社会科学》2014 年第 1 期。

张光南、洪国志、陈广汉:《基础设施、空间溢出与制造业成本效应》,《经济学(季刊)》2013 年第 10 期。

张丽丽:《我国城镇化与农村居民消费结构变化关系的实证分析》,《商业经济研究》2019 年第 7 期。

张苏秋、顾江:《居民教育支出对文化消费溢出效应研究——基于全国面板数据的门限回归》,《上海经济研究》2015 年第 9 期。

张晓娣、石磊:《中国公共支出结构的最优调整方案研究——区域聚类基础上的梯度法求解》,《财经研究》2013年第10期。

张治觉、吴定玉:《我国财政社会保障对居民消费产生引致还是挤出效应》,《消费经济》2010年第3期。

赵曼、王玺玮:《农村公共教育支出与地区经济增长——基于劳动力流动视角的分析》,《中国人口科学》2017年第5期。

赵伟、王丽强:《新时期的城乡收入差距抑制了消费吗?——基于省际面板数据的城乡消费率差异分析》,《消费经济》2015年第6期。

钟成林:《城乡居民收入差距对于居民的消费示范效应影响研究——基于GMM方法的实证分析》,《上海经济研究》2015年第12期。

朱诗娥、杨汝岱:《城乡居民消费差距与地区经济发展水平》,《经济评论》2012年第1期。

朱信凯、骆晨:《消费函数的理论逻辑与中国化:一个文献综述》,《经济研究》2011年第1期。

庄腾飞:《公共支出与经济增长关系的新视角——基于省际面板数据的经验研究》,《财经科学》2006年第11期。

A. Craig Burnsidea and Martin S. Eichenbaum, "Sectoral Solow Residuals", *European Econonic Review*, No. 40, pp. 861–869.

Alessandra Guariglia and Mariacristina Rossi: Consumption, habit formation and precautionary saving: *Evidence from British household panel survey*, Ph. D. dissertation, Oxford Economic Papers, 2002.

Andrew Mountford and Harald Uhlig, "What are the Effects of Fiscal Policy Shocks?", *Journal of Applied Econometrics*, Vol. 24, No. 6, 2009.

Anna Brown and Graeme Wells, "*Substitution between Public and Private Consumption in Australian States*", New Zealand, November 6, 2008, pp. 9–11.

Binkai Chen and Yang Yao, "The Cursed Virtue: Government Infrastructural Investment and Household Consumption in Chinese Provinces", *Oxford Bulletin of Economics and Statistics*, Vol. 73, No. 6, 2011.

Christopher D. Carroll ed., "Saving and Growth with Habit Formation", *American Economic Review*, Vol. 23, No. 9, 2000.

Costas Meghir and Guglielmo Weber,"Intertemporal Nonseparablity or Borrowing Restrictions? Adisaggregate analysis using a U. S: consumption panel", *Econometrica*, Vol. 64, No. 2, 1996.

Dan Li and Yingyao Wang ,"Study on Rural Social Security on Local Residents Developmental Consumption", *Video Surveillance for Sensor Platforms*, Vol. 225, No. 8, 2013.

David Alan Aschauer, "Fiscal Policy and Aggregate Demand", *American Economic Review*, Vol. 75, No. 1, 1985.

Dean R. Leimer and Selig D. Lesnoy, "Social Security and Private Saving: New Time-Series Evidence", *Joural of Political Economy*, No. 3, 1982, pp. 606–629.

Emanuele Baldacci and Ding Ding. , Public Expenditures on Social Programs and Household Consumption in China, IMF Working Paper, Ph. D. dissertation, 2010.

Franco Modigliani and Richard Brumberg,"Utility Analysis and the Consumption Function: An Interpretation of Cross-Section Data ", *Journal of Post Keynesian Economics*, 1954, pp. 388 –436.

H Yigit Aydede, Saving and Social Security Wealth: A Case of Turkey , *Available at SSRN*, 2007, p. 42.

Jan-Egbert Sturm and Gerard H. Kuper ed. ,"Modelling Government Investment and Economic Growth on a Macro Level: A Review", *Market Behaviour and Macroeconomic Modelling*, No. 29, 1998, pp. 359 –406.

Laura Jaitman, "Urban Infrastructure in Latin America and the Caribbean: Public Policy Priorities", *Latin American economic review*, Vol. 24, No. 1, 2015.

Luigi Marattin and Salotti simone ,"The Response of Private Consumption to Different Public Spending Categories: VAR Evidence from UK", *Journal of Economic Literature*, Vol. 46, No. 4, 2014.

Milton Friedman,"Savings and the Balance Sheet", *Bulletin of the Oxford University Institute of Economics & Statistics*, Vol. 15, No. 2, 1957.

M. Feldstein, "Social Security, Induced Retirement, and Aggregate Capital

Accumulation", *Journal of Polical Econcmy*, Vol. 82, No. 5, 1974.

M. L. Ngullie and Sudhanshu K. Mishra, " Relations Among the Components of Household Income and Expenditure in Kohima, Nagaland", *The IUP Journal of Managerial Economics*, No. 7, 2009, pp. 23 – 53.

Marianne Baxter and Robert G. King, "Fiscal Policy in General Equilibrium", *American Economic Review*, Vol. 83, No. 3, 1993.

Michal Horvath, "The Effects of Government Spending Shocks on Consumption under Optimal Stabilization ", *European Economic Review*, Vol. 53, No. 7, 2009.

Olivier Blanchard and Roberto Perotti, "An Empirical Characteriziation of the Dynamic Effects of Changes in Government Spending and Taxes on Output", *Quarterly Journal of Economics*, Vol. 107, No. 4, 2002.

Orazio P. Attanasio and Agar Brugiavini, "Social Security and Households Saving", *The Quarterly Journal of Economics*, Vol. 118, No. 6, 2003.

Osvaldo U. Becerril – Torresa and Inmaculada C. Alvarez – Ayuso ed., "Do Infrastructures Influence the Convergence of Efficiency in Mexico?" *Journal of Policy Modeling*, Vol. 32, No. 1, 2009.

Paul Evans and Georgios Karras, " Are Government Activities Productive? Evidence from a Panel of U. S. States", *The Review of Economics and Statistics*, Vol. 76, No. 1, 1994.

Philip Cagan, "The Effect of Pension Plans on Aggregate Saving: Evidence firom a Sample Survey", *NBER Books*, Vol. 21, No. 3, 1965.

Riccardo Fiorito and Tryphon Kollintzas, "Public Goods, Merit Goods, and the Relation between Private and Government Consumption", *European Economic Review*, Vol. 48, No. 6, 2004.

Rob Alessie and Annamaria Lusardi, "Consumption, Saving and Habit Formation ", *Economics Letters*, 1997, pp. 103 – 108.

Robert J. Barro, "Are Government Bonds Net Wealth?", *Journal of Political Economics*, Vol. 82, No. 6, 1974.

Roberto Perotti, "Estimating the Effects of Fiscal Policy in OECD Countries", *University Bocconi Discussion Paper*, No. 276, 2004, p. 60.

Roger C. Kormendi and Philip Meguire, "Government Debt, Government Spending and Private Sector Behavior", *American Economic Review*, Vol. 73, No. 5, 1983.

Rosenstein Rodan P. N., "Problems of Industrialization of Easter and South-Eastern Europe", *The Economic Journal*, Vol. 53, No. 210, 1943.

Stevern Barentt and Ray Brooks, "China: Does Government Health and Education Spending Boost Consumption?", *IMF Working Paper*, No. 10, 2010, p. 14.

S. Rao Aiyagari and Lawrence J. Christiano ed., "The Output, Employment and Interrest Rate Effects of Government Consumption", *Journal of Monetary Economics*, Vol. 30, No. 1, 1992.

Sanjit Dhami, "Optimal Consumption Taxes and Social Security under Tax Measurement Problems and Uncertainty", *International Tax and Public Finance*, Vol. 23, No. 9, 2002.

Shaghil Ahmed, "Temporary and Permanent Government Spending in an Open Economy", *Journal of Monetary Economics*, Vol. 17, No. 1, 1986.

Shantayanan Devarajan and Vinaya Swaroop ed., "The Composition of Public Expenditure and Economic Growth", *Journal of Monetary Economics*, Vol. 37, No. 2, 1996.

Stephen P. Zeldes, "Optimal Consumption with Stochastic Income: Deviations from Certainty Equivalence", *The Quarterly Journal of Economic Literature*, Vol. 104, No. 2, 1998.

Sugata Ghosh and Andros Gregoriou, "The Composition of Government Spending and Growth: Is Current or Capital Spending Better?" *Oxford Economic Papers (New Series)*, Vol. 60, No. 3, 2008.

Thomas L. Hungerford, "The Social Security Surplus and Saving", *Public Finance Review*, No. 37, 2009.

Todd Gormley and Hong Liu ed., "Limited Participation and Consumption-Saving Puzzles: A Simple Explanation and the Role of Insurance", *Journal of Financial Economics*, Vol. 96, No. 2, 2010.

Todd Gormley and HongLiu ed., "Limited Participation and Consumption-Saving Puzzles: A Simple Explanation and the Role of Insurance", *Working Paper*, *Vol.* 96, No. 2, 2006.

Wouter Zant, "Social Security Wealth and Aggregate Consumption: An Extended Life-Cycle Model Estimate for the Netherlands", *De Economist*, Vol. 136, No. 8, 1988.

Sha Yang and Greg M. Allenby, "Modelling Interdependent Consumer Preferences", *Journal of Marketing Research*, Vol. 40, No. 3, 2003.

后　　记

在长期的城乡二元经济结构下，城乡差距一直是阻碍平衡发展的突出矛盾，这使得学界颇为关注城乡协调发展问题。我有幸在2008年师从严汉平教授，开始了区域协调发展的相关研究工作，三年硕士阶段，严汉平教授高屋建瓴、深入浅出地给我教授关于区域协调发展的相关理论与知识，并要求我自己撰写论文，将区域协调发展的相关理论融会贯通，在严汉平教授的指导下，我完成了自己的硕士论文《国土空间功能分异下区域协调发展研究》，从主体功能区划分入手，探索了区域协调发展的路径，为后期进行城乡协调发展研究奠定了理论与实践基础。

2014年起我幸得白永秀教授提携，师从白永秀教授在城乡一体化课题组进行博士阶段的研究与学习工作，虽然我在区域协调发展的研究方面已有所启蒙，但对城乡协调发展的相关研究并不了解，于是，白永秀教授在组织的多场城乡一体化学术会议中，都要求跟我一样的"小白"博士生积极参加，并在会下给我们授课，要求我们积极学习各类关于城乡协调发展的文献，在白老师的谆谆教诲下，我们很快对城乡协调发展的相关研究有了一定了解，那时也正值我的博士论文开题阶段，我的两位导师白永秀教授与严汉平教授都鼓励我研究城乡协调中关于居民消费差距的问题，因为两位恩师均认为城乡收入差距的困境在不久将必然解决，但由于长期城乡生活差异、消费习惯等是难以改变的，因此，城乡消费差距问题是值得关注的。在两位恩师的指导下，我确定了以城乡消费差距为研究落脚点，但从哪个角度去研究却是值得我深思的，我遍查了中文关于城乡消费差距的研究文献，多从收入角度分析消费问题，认为城乡收入差距是造成消费差距的主要根源，对于这一点我也接受并认可，但是解决了收入差距就能解决消费差距问题吗？那长期以来城乡生活差异只受到收入的影响吗？我认为并不尽然，于是，我尝试从公共政策角度分析城乡消费差距的成因，在对中国1990年之后的城乡公共支出数据进行分析之后，我发现城乡公共支出存在严重的不均等状况，那么，是否这种不均等也会带来城乡消费差距呢？沿着对这一问题的思考，我撰写了题为《公共支出不均影响城乡居民消费差距研究》的开题报告与博士论文，其间也遇到诸多困难，曾多次请教白永秀教授与严汉平教授，两位恩师总是不厌其烦地给我详细解答，使我在2018年初顺利完成博士论文写作工作，同时还发表了几篇关于城乡消费差距的期刊论文，在此书后记，由衷感激两位恩师的教导！

2020年我在西北大学社会学系从事教学科研工作一年多之后，依然想继续研究从公共政策角度研究区域协调发展问题，但苦于没有团队和指导，自己的理论基础也被禁锢在区域经济学、政治经济学范围内，于是，我求得公共管理学院任宗哲教授、曹蓉教授同意，师从两位教授继续博士后研究工作，两年来，在任宗哲教授的指导下我对地方政府行为的相关理论有了一定了解，能够从宏观上分析和理解中央与地方间财政关系，对财政分权理论也有了新的认识；同时，在曹蓉教授的指导下，我学习了制度主义相关理论，理解了政府组织关系对经济的影响机制，在这两位恩师的帮助下，我将财政分权理论与制度主义的相关理论吸收进我的博士论文中，并在先前仅考虑城乡居民消费水平差距的基础上，深入剖析了城乡居民消费结构差距的成因，以期回应我国居民对美好生活期望的新需求。在此，由衷感谢任宗哲教授与曹蓉教授对我的指导与帮助！

在本书撰写过程中，王欣亮老师也从公共经济学方面给予了我一定的启发与思考，在此表示感谢！此外，在著作完善过程中，叶茹完成了数据与内容的一次校对工作，张根毓完成了第四部分和第六部分关于民生性支出、转移性支出影响城乡居民消费结构差距的实证分析内容、白冰阳完成了第五部分关于投资性支出影响城乡居民消费结构差距的实证分析内容。

在本书完成之际，由衷感谢西北大学多年来对我的培养之情！时至今日，我已在西北大学学习、工作十八年，"公诚勤朴"的校训已完全融入我的内心深处。回顾十八年在西大的求学与工作历程，有太多的梦想、汗水、希望与喜悦，母校积极向上的学风、严谨求实的治学态度让我砥砺奋进、求真务实。

在本书出版之际，我仍借用《格言联璧·学问》中的名言激励自己奋发向上，勇攀学术高峰："志之所趋，无远勿届，穷山距海，不能限也。志之所向，无坚不入，锐兵精甲，不能御也。"

刘　飞
2022年6月于西北大学